美國第二

America Second: How America's Elites Are Making China Stronger

美國菁英如何助長中國取得世界霸權

伊薩克・斯通・菲什 Isaac Stone Fish 著
顏涵銳 譯

獻給我的祖母珊蒂

她告訴我，鯊魚用不著睡覺。

導讀

跌宕起伏的美中關係

溫洽溢

在尼克森敲開中國冰封大門五十週年前夕，前駐北京記者伊薩克・斯通・菲什（Isaac Stone Fish）出版了《美國第二：美國菁英如何助長中國取得世界霸權》一書，從美中關係的宏觀歷史，重新反思自尼克森以來美國對中國所採取的交往／接觸政策。在美國朝野、民主及共和兩黨幾乎對「中國威脅論」取得一致共識時，菲什一書的獨特性，同時也是最富爭議之處，就在於他所劍指的對象，不是中國海權的擴張、對南海海域的染指、「一帶一路」政策扭轉了歐亞大陸的地緣政治、核武能力的大幅成長等中國崛起後所帶來國際政治的變化，而是把苗頭指向美國政商學界的菁英如何覬覦中國龐大市場利益，為中國進行政策遊說，無意之間壯大了中國的國力，對美國造成傷害。

菲什甚至指名道姓，抨擊前國家安全顧問季辛吉（Henry Kissinger）、前國務卿歐布萊特（Madeleine Albright）、迪士尼公司的執行長艾格（Rob Iger），還有布希家族。儘管菲什在書中提出種種道德性的控訴，尚且缺乏確鑿的法律事證，不過，由於指控歷歷，太具爭議性，還是引起美國各大智庫和媒體的廣泛討論。

菲什在書中指控的政商菁英，我不認為他們全都是在蓄意傷害美國的利益，反倒不少人懷抱崇高、普世的價值理念，追求美國的國家利益。假使，真如菲什所描述的，他或她壯大了對手中國的國力，如此悖論的現象，就必須放在美國中國政策的歷史演變脈絡中才能被真切理解。

事實上，自從尼克森五十年前的破冰之旅，美國的中國戰略主軸從遏制／圍堵轉向交往／接觸，美中關係從來就不是一片坦途，而是跌宕起伏，有時甚至是出乎意料的戲劇化轉折，美國知名「中國通」大衛．蘭普頓（David Lampton）便以「同床異夢」（Same Bed，Different Dreams）來形容美中關係的貌合神離。造成美中關係「異夢」的原因，可以說是根深蒂固、難以根除，韓戰的創傷記憶、意識形態認同的迥異、民主與威權體制的南轅北轍、對自身利益認知的差異，還有台灣問題的從中作梗，古希臘歷史學家修昔底德（Thucydides）所描述的戰爭因素都可以從中找到。

讓美中最終捐棄成見，擱置種種爭議，其中包括台灣主權歸屬的認知，即在於雙方共同的戰略利益——抗衡蘇聯，即美中關係正常化的推手、卡特時期的國家安全顧問布里辛斯基（Zbigniew Brzezinski）口中所說的，主要是針對「我們的共同敵人」。冷戰時代，在布里辛斯基的戰略「大棋盤」中，他所有的思考，甚至包括與中國的建交，都是圍繞在他所提到的「我們的共同敵人」——蘇聯的威脅。布里辛斯基是波蘭裔的移民，波蘭數度遭受瓜分的悲慘命運，籠罩在波蘭人心中的「恐俄症」，一直都是揮之不去的歷史陰影，布里辛斯基自然也不例外。即使在蘇聯已解體的後冷戰時代，布里辛斯基的歐亞戰略，都是一貫地圍繞在俄羅斯幽靈重生的這一問題展開，連帶也使他一直把中國視為對抗莫斯科的盟友。

祕密穿梭北京為尼克森中國之行鋪路的季辛吉，巧合的，和布里辛斯基一樣，都是歐洲裔的移民（季辛吉係德裔猶太人），並列美國國際戰略「國師」的季、布，兩人皆強調「均勢」作用的現實主義者，戰略思維明顯帶有濃厚歐洲地緣政治的色彩。不過，對比於布里辛斯基一貫的地緣政治邏輯，季辛吉面對中國崛起的挑戰，似乎顯得曖昧不清，不見其昔日犀利的現實主義戰略主張（儘管他玩弄權謀的手法讓人難以苟同）。而菲什或許會認為，恐怕正是因為垂涎中國龐大的經濟利益，麻痺了季辛吉往日的銳利心智，讓他對中國崛起的威脅消極失語。

戰略大棋重新洗牌

後冷戰之初，隨著俄羅斯還在「震盪治療法」的震盪中苦思經濟出路，中國則膠著於天安門事件的餘波中努力追尋平安的經改路線，美國原本依托制衡蘇聯為槓桿的中國政策，也轉向一種烙印了威爾遜理想主義色彩的戰略。沉醉在「華盛頓共識」典範的美國決策菁英，開始改弦更張，主張應誘使可能的修正主義大國（revisionist power），即有能力且有意願挑戰美國既有霸權地位的國家（這裡所指涉的自然是中國和俄羅斯），加入國際組織，融入國際體系，透過國際社會的力量來約束他們的野心，並伺機自其內部孕育扶持自由民主的進步力量。

所以，自一九八九年之後，美國每次中國政策的重大轉折，都是以這種論述向其公眾做訴求。不論主政的總統是民主黨或是共和黨籍，一提到與中國的交往／接觸戰略，往往都是把它視同為促使中國政治體系開放、改變中國威權統治的一種手段。當老布希和柯林頓政府先後給予中國「最惠國待遇」的貿易條件時，他們所秉持的理由就是繁榮的貿易有助於中國的多元開放。美國國會投票同意中國加入世界貿易組織，國會領袖又再度重彈老調，認為讓中國融入全球化經貿體系將能促進中國的政治自由化。負責與中國就「入世」進行談判的前美國貿易代表白茜芙（Charlene Barshefsky），在接受媒體專訪回顧這段歷史時表示，柯林頓總統「把入世當成一個為中國民眾創造機會的途徑。」而柯林頓自己亦曾說過，與中國交往／接觸，可以「為中國人民創造一個選擇社會體制的機會。」

用民主換來的中國大餅

菲什用了一整章的篇幅抨擊美國電影工業鉅子牽就中方政治立場、出賣自己的靈魂，而美國電影工業鉅子的如此行為，其實正是與中國「入世」談判結果的後遺症之一。二〇〇一年中國是以「開發中國家」的身分加入世貿組織，其中也包括電影市場。所以，外國電影進入中國市場便受到「配額」的限制，起初的額度為十部，後經好萊塢鉅頭的遊說，提高為三十四部，其中十四部保留給IMX或3D電影。如此放寬的額度仍無法滿足好萊塢的胃納，於是中國又提出「合拍」模式，規避配額的限制。配額影片的內容自然不得牴觸中國的核心利益和主流價值，而採取合拍模式的影片更是可以事先劃下紅線，左右劇情的設定。美國電影進入中國市場還得面臨各種可能的干預手段，如把較好的檔期保留給中國片、同一時段安排兩部好萊塢大片任其互相廝殺等等。對好萊塢而言，中國市場是一塊難以吞嚥的大餅。不過，只要能促成中國的民主、自由，一切犧牲損失都是值得的。

自欺欺人的「改變中國」論述

這套「改變中國的論述」彷彿就像萬應的咒語，不論是否相信它真的靈驗，美國政商學界不時各取所需召喚誦念，既能合理化與中國交往／接觸，心安理得謀取經濟利益，又可用來安撫企業出走後的夕陽產業者、失業工人心裡的怨懟。然而，當中國經濟越來越蓬勃發展，人民生活水準大幅提高，這套改變中國論述的效度反而日益流失，顯得自欺欺人。自鄧小平時代以來，中共的權力轉移受到年齡七十歲上限的約束，而有了民主國家兩任制的「類」任期效果。隨著習近平總書記以六十九歲之齡即將在今秋邁向第三任，乃至終生掌權，過去一絲絲的權力輪替跡象也不復存在。

對美國而言，融入國際體系的中國，亦未受到國際機制的制約而收斂野心，甚至還努力扮演美國人期待她的「負責任的大國」的角色，在國際組織內和國際重大議題方面有所作為，與美國大唱反調。中國的崛起，即受惠於既有國際機制和經濟全球化，或許不必然會成為推翻現有國際秩序的修正主義者，但她也沒有如改變中國論述所預期的，亦步亦趨配合美國的國際作為，反倒處處展現外交戰狼的咄咄逼人，和美國針鋒相對。美國著名國際關係學者約翰．米爾斯海默（John Mearsheimer）曾撰文評論說，把中國整合進國際機制，「或許是近代有史以來，任何國家所犯過的最大戰略錯誤：找不出相應的例子，會有大國積極餵養等量對手的崛起。」

菲什應該會對米爾斯海默的判斷心有戚戚焉，同意美國人在改變中國的論述中自我陶醉、自我麻痺，結果「養虎為患」。只是他所發出的警聲有些刺耳，對美國華裔尤其如此，在美國社會歷來面對外部威脅時，似曾相似。如果貪婪弱化了美國國力，拖累美國與中國的競賽，那菲什在書中所流露的「恐中」情緒，也有可能將美中推向戰爭。恐懼的情緒和利益的貪婪一樣，都可能是啟動戰爭的原因。在戰爭史上，恐懼感往往會互相傳染、渲染，不自覺合理化不理性的戰爭行為，而這就是我們當前的國際處境。

溫洽溢簡介

政治大學東亞研究所博士，世新大學社會發展研究所副教授兼所長，專研國際關係與中共研究。

目錄

前言

大家知道Grindr吧，沒錯，就是那個改變美國同志文化的交友軟體。二〇一八年一月，中國一家私人科技公司，北京崑崙萬維（Beijing Kunlun）收購了該軟體。二〇一七年五月，Grindr提前在其部落格上公布此消息，並宣稱「中國政府並不會因此取得您的帳號個資或內容，因為北京崑崙萬維並無中國政府股份。」北京崑崙萬維的確是私人企業，而且其創辦人周亞輝在中國也家喻戶曉，大家都知道，他光離個婚，就花掉十一億美金。外界也不覺得他和中國共產黨有太多的連結。[1]

但，Grindr並沒說實話。因為，只要一家中國企業擁有了Grindr的數據、用戶照片、私訊，中國共產黨就可以依法取得這些資訊，就算遠在海角天邊都一樣。而在Grindr上的數據，包括了美國重量級人士的私密照和交友、約砲私訊，這些重量級人士，有些是出櫃同志，有些則沒出櫃。中國政府一旦握有這些訊息，再加上他們日新月異、比美國先進的人臉辨識科技，那可是會有美國國家安全方面顧慮的。講白了，就是這麼一來，中國政府可以任意取得上百萬美國公民的屌照。二〇一一年，美國國會議員安東尼．韋納（Anthony Weiner）真的就曾因為在推特上發了一張不雅照，引發一連串事件，搞得他鋃鐺入獄。如果被北京政府透過Grindr，拿到沒出櫃美國同志國會議員的類似照片，他為了不想落得像韋納一樣下場，就可能在北京政府脅迫下，任由其予取予求。[2]

Grindr落入中國人手中，從很多方面來看，都是場災難。Grindr被北京崑崙萬維收購後的新任總監陳俊仰（Scott Chen），根本就不適合來管理這個軟體，因為他竟然公開在自己的臉書頁面上表示，他反對同性婚姻。我們雖無法確定，中國政府是否曾取得Grindr的數據，但路透社卻查到，Grindr的確開放讓在北京工作的工程師，取得該軟體數百萬美國用戶的個資，包括用戶的私訊以及是否感染HIV的資料。二〇一九年三月，因為對於中國滲透美國情形益發感到不安，美國主管海外併購事宜的美國海外投資委員會（Committee on Foreign Investment in the United States, CFIUS）下令，要求北京崑崙萬維撤回收購案。力倡美國國安者無不高聲喝采。

但即使北京崑崙萬維放棄併購Grindr，問題還沒完。Grindr轉售後，它和北京當局依然暗通款曲，也因此造成該軟體用戶隱私外洩的風險。原因在於，前來收購Grindr的買方，即聖維森收購有限責任公司（San Vicente Acquisition LLC），是在與北京崑崙萬維售出Grindr交易案達成前數週才成立的新公司。而到二〇二一年八月前，擔任轉手後Grindr新任董事長陸復斌（James Lu），同時也擔任另一家中國投資公司的董事長，而該公司的主要出資人則是中國政府。（譯注：陸復斌原任百度副總裁、兼百度貼吧事業部總經理等多個高層職位）而根據近期挪威政府的一份報告指出，出售後的Grindr，依然將其數據分享給另一家中國科技巨頭騰訊（Tencent），該公司也同樣和北京政府有相當緊密的連結。但偏偏，Grindr的用戶數量卻是不減反增：二〇一八年時，原本每日活躍用戶數為三百八十萬人，到二〇二〇年時，已經增加到四百五十萬人。至於崑崙萬維，它當年買進Grindr九成八股份時，付了兩億四千五百萬美金，但不到三年後賣出時，則賺進六億八百萬美金：可說獲利驚人。但這一切，卻建立在無視Grindr用戶隱私的情形之上。Mozilla基金會研究團隊在二〇二一年二月，曾發表一份評鑑，當中他們針對用戶隱私和安全性，評比了二十四個流行的交友軟體：「我們實話實說，所有我們評比的交友軟體中，沒有比Grindr更差的。」[3]而不同於中國人自創的熱門影片軟體抖音（TikTok），頂多就是收集用戶個資，Grindr所獲得的資訊，可是再私密也不過的內容。

繞了一大圈，結果卻是，二〇二二年二度轉手後的Grindr，儘管是賣給一家美國公司，還是美國海外投資委員會審核調查過的，卻比幾年前益發充滿資安危機。

看到Grindr所引發的問題，美國上下，不管是在企業董事會、好萊塢製片公司、政府機關、或者是大學任職的人，無不人人自危。美國市場，究竟要開多大的門，讓中國企業進來蠶食鯨吞？中國私人企業，究竟有多少成份是真的屬於私人所有，還是根本都是變相國營企業，只是股份多寡的差異？美國企業又怎麼會跟中國政府體制發展成這麼盤根錯結？對於那些在美國幫中國共產黨說話、提供協助的人，不論是有心或是無意，心甘情願或是違背己意，美國是否該多加提防？Grindr的董事長是美籍華人。但在處理其與中國政府有爭議的連結時，要如何避免不傷害、歧視、汙名化美籍亞裔人士？在美國，我們講究言論自由，但是當為中共宣傳的人打著美國的言論自由而來時，要如何加以制止？與中國大機構合作，的確帶來經濟上的好處，但是否就該為此犧牲美國政治和國安？最重要的則是，我們的底線在哪？

本書要講的主題，就是中國共產黨把手伸進美國後，所造成的種種影響。但本書同時也很在意，在反擊時，不要變得像川普那樣，帶有種族歧視的偏見：本書所提的戰略，包括應揭露美國企業在中國的不道德和違法行徑、加強與美國盟友的合作關係；教育美國人民，讓他們對於中共一些組織對美國的傷害有更多的瞭解。比如像是統一戰線（United Front）這類的組織；減少美國大型機構成為中共新疆種族屠殺幫兇的機會；以及不汙名化美籍華人。數十年來，北京政府已經靠著提供各種誘因、利多，促使許多美國人做出損美國而利中國的事。美國要訂出一套綿密有效的政策，來抵消中國政府所提供的利多誘因。同時，這套政策還要能圍堵中共、削弱中共左右全球的能力。

要先說，我個人是絕對的親中派（在考量所有優缺點後，我屬於最親中的一邊）。我在中國待過六年的時間：大半時間是在北京、但也在上海、香港、還有東北的哈爾濱住過。中國上下二十二個省份、四個直轄市、以及包括新疆、西藏在內的五個自治區（其實名不符實）、還有香港和澳門兩個特別行政區、以及台灣這個國家，在此提及，只是因為北京長久以來對外宣稱台灣為他所管轄，上述這些地區我全待過。但我卻也是反中共派。我希望將來有一天，可以搬回中國去住，只要中國共產黨不再掌權，我可能就會回去了。

中國官員總愛對美國人說，別忘了「我們有五千年文化」。但事實上，中共不過才統治了中國七十二年，比起那五千年中的歷朝歷代，遠遠短了許多。中共最常幹的一件事，就是洗腦中國人民和美國人，讓他們以為中國沒有共產黨不行。才沒有這回事。

中共把手伸進美國的方式，和俄國總理普丁政權完全不一樣。中共不會刻意在美國國內製造動亂，而是暗著來，不引人注意也沒人會去查。他最常用的方式，就是讓人腐敗這種軟性訴求。多年來，中共已經誘使許多美國公民、公司行號以及機構，作出違法的事。這些人數量龐大，而且許多人都是赫赫有名、響叮噹的大人物：吉米・卡特（Jimmy Carter）、麥德琳・歐布萊特（Madeleine Albright）、迪士尼總裁鮑布・艾格（Bob Iger）、前芝加哥市長李察・戴利（Richard M. Daley），這些人都曾在美國為中共說話、幫中共謀取利益。

二〇一七年初，美國反情報官員曾出言提醒，要川普女婿兼助理賈瑞・庫許納（Jared Kushner）提防美國報業鉅子梅鐸的前妻鄧文迪（Wendi Deng Murdoch），這位歸化的美國公民有可能正在「暗助中國政府謀取利益」*4。上述的卡特總統、國務卿歐布萊特、艾格等人，他們圖利於北京當局、為之說項，可能並非蓄意而為，但越是這樣，反而更有效、對美國的傷害也更大。

本書要談的，是外國勢力可以化身什麼千奇百怪的型式來影響美國，像是個人和企業的貪婪和妥協軟弱，就可以讓它找到機會，發揮其影響力。本書會談及中共如何在迪士尼公司（Walt Disney Company）的協助下，摧毀西藏獨立運動，而動作明星史提芬・席格（Steven Seagal）和拳王泰森（Mike Tyson）又如何幫助中共宣傳其意識型態。

而書中更特別著墨於一位美國政商界大老，他成為中共助力，更是大家料想不到的事。這位大老數十年來一直是美國最廣為人知的政治家，他的地位毀譽參半，評價兩極，他就是季辛吉（Henry Kissinger）。參議員麥肯（John McCain）稱他是世上最值得敬佩的人。小說家約瑟夫・海勒（Joseph Heller）則稱他是「熏死人的臭窮酸，發動戰爭是他最快樂的事」。中國領導人習近平則稱他是「中國人民的老朋友」。

但季辛吉此人，尤其是他離開白宮、在一九八二年開顧問公司以後，對他最正確的形容，卻是散播、助長中國影響力的代理人。他或許稱得上是二十世紀最絕頂聰明的美國人，但身為前情報官的他，行事實在有欠細膩妥當。（本書曾試圖取得他的意見，但季辛吉的發言人否認季辛吉是中國影響力的代理人一說，稱這說法是惡意詆毀。這位發言人說，季辛吉與中國的關係「是美國政治傳統的最高典範」。）

美國人應該對北京當局多小心提防？中共到底想從美國手上得到什麼？我們首先要知道的就是，對於中國領導人，我們的瞭解真的很有限：我們對於中共領導人瞭解的程度，大概就跟一九五〇年代時，美國對於蘇聯領導人一樣，所知無幾。習近平究竟是打算徹底摧毀、推翻美國民主、還是希望和美國和平共存？我們不得而知。中國霸權的計劃，外界無從得知，是否有一份「百年馬拉松」計劃，是否打算要在建國百

* 在當時，梅鐸夫人鄧文迪的發言人說她「對於自己或自己相關的人，引發美國聯邦調查局或其他情報機構疑慮之事，全無所知。」

年的二〇四九年時，取代美國全球地位，我們也沒看到。中共領導人無法預測未來：他們畢竟跟我們一樣，都只是凡人。我不相信北京當局真的有一套鴻圖大計，想將美國打倒在地，或是讓美國變得手無縛雞之力。但我一定要一再強調，美國的經濟真的太依賴中國了，就算在川普和拜登兩任總統一再努力脫鉤之後，依然難以擺脫。

但從證據來看，中共的確是要美國低頭。它想要美國認錯、道歉。北京當局想要的就是，美國乖乖的跟在中國後面，奉它為群龍之首，當它的跟班。這時它才會當美國是朋友。

本書中，我也會談到在我這二十年來，與中國打交道過程中，違背良心道德的地方。我之所以會在本書所提的眾多大人物之外，也提到自己過去的經驗和可議之處，並不是因為我自覺和他們一樣了不起。而是因為我有以下四個原因，認為應該在此提及自己的經驗。一、要認出這種打交道過程中的軟弱妥協，當然是自己的經驗最說的準，沒有人比自己更清楚，曾經為了利益做了哪些違背良心的事，而在寫這本書的過程中，更讓我不斷回想起過去自己做過了哪些不足為外人道的事。

二、唱高調、裝清高是騙不了世人的，記者和智庫權威人士一向就喜歡讓那些雙標的假正人君子露出真面目：像是明明就是同志還在Grindr上註冊帳號約砲，卻又恐同得要命的國會議員、或是一方面指責川普種族歧視、迫害言論自由、卻又在香港反送中議題上自我審查言論，不敢指責中共罪行的ＮＢＡ球星詹皇（LeBron James）。這些都逃不過記者和權威人士的法眼。中國人有句俗諺：「五十步笑百步。」我有嘴指責別人，當然也要先檢視自己。

三、我的職業生涯中，一直希望有人能在這些議題上給我指引方向。讓我瞭解什麼樣的行為舉措才是恰當的。二〇〇九年，二十五、六歲的我，以無約自由記者的身分，在灰濛濛的北京勉強過活，住的公寓一個月租金要三百五十元美金，盥洗室卻小到蓮蓬頭直接架在馬桶上方，在這樣的生活條件下，如果《中國警察》（*China Police*）這本中共國家安全部的官方刊物，願意付我一字三毛美金，我當然是人家要我寫什麼，我就寫什麼。在此，我提供我的經驗，希望下一代從事這方面的記者、商人、思想家能避免重蹈我的覆轍，淪為中共的喉舌。

我在二〇〇六到二〇一一年間住在中國，那時習近平還沒掌權，那時的中國共產黨也似乎不像現在一樣如狼似虎，也沒有新疆集中營。但不能就因為這樣，就認為為中共喉舌、做些違反美國公民義務的事無傷大雅。而如果要論起做一件事的動機意圖，那我當初為中共做那些事，更無法以我沒有別的賺錢機會自我開脫。十年後，即使我的狀況好些，對於要拿誰的錢、做誰的工作可以比較挑剔。但是因為這個模糊的灰色地帶實在太大、涉及層面太廣，所以還是難免偶爾會誤踩禁區。我希望這種情形將來能夠有所改善，大家能以我過去的錯誤為前車之鑑。

四、我的出發點不同，不僅和本書所寫的那些人不同，也和其他中國觀察家不同。怎麼說呢？作為記者，如果將自己過去和中共交手的經過寫出來，遭到中共斥責、或甚至從此不發給我入境簽證，對我的記者事業幾乎可以確定是個加分，或許只是短期加到分，但也不是不可能有更長遠的助益。因為這一來，這就讓我冠上了「異議分子」的美譽；這等於幫我獲得中共認證為反中派，會讓美國大眾相信我直陳中共之非，增加我的公信力。

雖然，我公然批評中共，但我在申請入華簽證時，從來沒遭到刁難（不過新冠期間，我沒有申請進入中國過）。那為什麼我就這麼好運，申請中國簽證一直很順利呢？或許是因為中共不認為我具有威脅性。又或許是中共有另一個單位認為應該發給我簽證，所以無視外交部的意見。也或許是因為駐紐約領事館覺得我很挺中國，又或許單純只是因為我無關重要，根本就懶得理我，也就無所謂要禁發我簽證的事。（但我也知道，他們很清楚我是誰，沒把我和另一個同名同姓的人搞混。）

詩人路易斯．詹金斯（Louis Jenkins）稱人生是被「命運之手任性而盲目地牽引著」。[5]我也是這麼看中國核發簽證的態度，純粹就是看他們高興。你講再多一帶一路的好話、再怎麼恭維他五千年悠久的歷史、或是讚美他囚禁百萬穆斯林，到頭來還是可能被拒發簽證。而你也可能跟我一樣，批評中國不該由中國共產黨統治，而他們照樣讓你三天就拿到入華簽證。

老實說，我當然還是寧願可以自由進出中國。寫這段序言時，是二〇一九年八月，我人就坐在北京市中心商業區的豪華咖啡廳中，這座城市陪伴我度過二十到三十歲中諸多的歲月。這天天空是青藍色的。前一晚我在一家日式威士忌酒吧中，喝到一杯完美的雞尾酒，之後搭上了地鐵。原本北京的地鐵跟跨年時紐約時代廣場一樣，總是人擠人、又非常多彩多姿的，但這天地鐵卻非常的安靜怡人。香港正在反送中示威，這裡卻是完全兩樣情。雖然北京滿眼奢華精品、手機支付順暢無礙、街道乾淨，讓人再怎樣也無法和種族大屠殺聯想在一起，但中共卻真真確確地在新疆進行著違反人道的罪行。

對中共的這些惡行，作為美國人，我們有負起哪些責任過？哥倫比亞大學知名國際公共事務學院，從二〇一三到二〇二一年間，該院院長由梅莉特．傑諾（Merit E. Janow）出任。傑諾是經驗老道的國際貿易律師，曾擔任小布希（George H. W. Bush）總統內閣美國對日和對華的貿易代表（USTR）。但從二〇〇九年起，她卻同時出任中國投資有限責任公司（China Investment Corporation）的國際顧問團，而中投公司可是中共國有的財富基金，掌握了一兆美元的資產。[6]美國頂尖大學的院長，去擔任中共國家基金投資理財顧問，這種行為恰當嗎？我不敢說。傑諾本人覺得沒什麼不妥。二〇一九年十月一場公聽會上，會議上質疑，她參與中投公司年度顧問團會議一事，會影響她的公正判斷力，對此指控，傑諾痛斥為「讓人作嘔」。她說，難道「面對中國這樣的國家，我們只能把頭埋進沙裡嗎？」在回覆筆者的電子郵件中，她則稱別人說她有所偏私的事是「無憑無據、不盡公允」。她進一步道，中投公司除了支付她旅館和旅遊費用外，並未支付她其他經費。[7]

許多美國知名人士和其親友，也和傑諾一樣，出任中國政府機構顧問和董事會。季辛吉就出任國營中國開發銀行（China Development Bank）的國際顧問團。[8]川普任內的運輸部長趙小蘭（Elaine Chao），其父親趙錫成（James Chao）、小妹趙安吉（Angela Chao），分別是美國船運公司福茂集團（Foremost Group）的創辦人和現任總裁，這兩人又同時擔任中國船舶集團（China State Shipbuilding Corporation）的董事，偏偏該集團負責為中共生產軍艦。在川普當選十天後，中共國營中國銀行（Bank of China）更選趙安吉出任董事。[9]此舉是否恰當？*（不是只有為中國作嫁對美國有害，為沙烏地阿拉伯和阿拉伯聯合大公國（United Arab Emirates）作嫁，更是有害美國利益。）

杜爾修正案（Dole Amendment），是以轉任台灣說客的美國參議員鮑伯・杜爾

（Bob Dole）為名，該法案禁止卸任的美國貿易代表或副貿易代表，出任外國政府的顧問。但傑諾因為是卸任副助理貿易代表，而得以不受此法案約束。但前世界銀行總裁羅伯・佐利克（Robert Zoellick）就在此法案限制之列，因為他除了曾出任副國務卿以外，也曾在二〇〇一到二〇〇五年間，出任美國貿易代表。二〇一三年，在離開世界銀行一年後，佐利克加入了淡馬錫控股公司（Temasek Holdings）的董事會，淡馬錫控股是新加坡政府國營財富基金。杜爾修正案因為限制的範圍過小，所以無法阻止佐利克出任淡馬錫的董事席次。但難道這就不算為外國政府擔任顧問職嗎？他接下的此類工作可不只這一個，他也幫公關公司博然思維集團（Brunswick Group）擔任資深顧問，另外他也在推特（Twitter）擔任董事。他擔任淡馬錫董事時，曾討論如何增進中美關係，在二〇一九年十二月另一場深具影響力的演講上，也同樣談到此話題。這些算不算是在為外國政府說項？[10]

像佐利克這樣擦邊球的例子，我可能要求過於嚴厲。美國運通前首席執行長詹姆斯・羅賓森（James Robinson）就說過：「這世上哪可能沒有利益衝突，沒有利益衝突

* 福茂集團內部認為此事無可厚非。該公司發言人告訴我，趙安吉在二〇一六年六月獲公開提名為中國銀行董事，該發言人指出，此提名是由一名正要離開該董事會的美國人所推薦，而他同時也是趙安吉的哈佛校友。趙安吉出任中國船舶董事的那段期間，「中美雙邊關係要比二〇二一年時良好」。

就無所成就。」[11]權力人士行事決斷時，往往會面臨各種誘惑和標準，有的是對其的制衡、限制，有的是作為判斷的根據。要時時提高警覺當然很累人、變得綁手綁腳很難做事。一九五〇年代蘇聯領導人赫魯雪夫（Nikita Khrushchev）曾抱怨，美國連一顆扣子都不肯賣給蘇聯。[12]他說：「扣子可以幫我們阿兵哥扣褲子。」

傑諾的問題，並不是出在擔任中共黨營機構董事。而是出在她本人和與她交手的人沒能意識到，她擔任董事以及她和中共的關係，會左右她對中國這個國家、以及中國在世界影響力的判斷。

隨著職涯發展，人會產生關連的企業和機構數量，不可避免會越來越大，也會讓他越來越難對這些機構、企業批判，因為它們都是他的衣食父母。二〇一九年底，美國智庫戰略暨國際研究中心（Center for Strategic and International Studies, CSIS）舉辦一項計劃，探討俄國與中國的假情報工作，我列席諮詢委員會。不蓋你，華府一些正值政治生涯中期階段的專家，熱衷參與這類活動的程度，遠勝於去自己小孩的家長會。這樣的會議，兩場各一小時下來，他們付我五百美金，雖不是多大一筆錢，但以參與時間而言，算是相當好的待遇。我當然因此對該智庫衍生好感，因為感覺自己獲得賞識和厚待。就這樣不著痕跡地，我們之間就建立了一種大家同在一條船上的革命情感，他的品牌價值也掛到了我身上，如果我去外面說他們壞話，不就等於在說我自己壞話？（我自己有開一家顧問公司，這也讓我在操守上有另一層的顧慮，稍後會提到。）

二〇一七年五月《美國醫學會雜誌》（*JAMA*）刊登一份很具影響力的研究，該研究發現，如果醫院禁止藥廠代表送禮和來訪，該院從該藥廠訂藥的數量會大幅減少，另外，二〇一六年紐約新聞查核機構ProPublica的研究也顯示，平均而論，凡是醫生接受藥廠的獻金越多，「他開立藥單時就越會採用原廠藥，而少開學名藥。」[13]即使是和藥廠代表吃頓飯，都會增加醫生開藥時選擇較昂貴原廠藥的機率。在一篇二〇一七年六月的文章中，妮可．范．葛羅寧根（Nicole Van Groningen）醫師，就談到自己擔任住院醫師的經驗，她說一名藥廠代表招待她，到一家時尚的曼哈頓餐廳吃晚餐，名義上是介紹新藥：「當天晚上他推銷的藥品，比起同樣有效但價格低廉的藥品要貴上五倍，但至今只要遇到要用到這種藥的疾病，即使明明這病在我的領域很尋常，並非非用該藥不可，但我第一個想到要開的藥，還是他家的藥。一頓飯就能讓我對該藥印象深刻至此，想必，同樣做法在別的醫師身上，也一樣管用。」[14]但多數醫師並不會就這樣出賣自己的尊嚴。

要是只被請吃一餐牛排，就可以讓醫師開藥時受到左右，那像漢學家費正清（John K. Fairbank）所說的「獲得中國人的盛情款待」，會產生怎樣的影響？

第一部　如何贏得友誼並影響他們

第一章　歷來美國對中國的影響

雖然美國一直到近年才慢慢摸清楚，北京是透過什麼管道在左右美國的，但中國本身卻是早從十九世紀中葉開始，就深自擔憂自己受到美國擺布，當時中國正進入國力衰退的時期，這個時期一直延續到一九九〇年代才結束。

對中國這個非常驕傲、且多數朝代都對外孤立的文明而言，這樣的衰退是他從來沒有遭遇過的。在十九世紀中葉以前，中國幾乎沒有注意到美國的存在。中國的高層一貫認為，中國以外盡是蠻夷之邦，遠不如他，既稱為中國，即自己是世界的中心。清朝時代的欽差大臣耆英一八四四年上奏給道光皇帝時，即寫道：「米利堅地處西隅，在各國中最為荒遠，今蒙恩准特降詔書，俾得奉為世守，既已嘉其慕義之忱，復以堅其向化之志，殊方異類，莫不感戴皇仁。」[1]言下之意是，美國不只地處極西荒涼之地，人民亦缺乏教化，連中國高深的用語都不懂，所以要把話說得更淺白方便教化他們。

耆英這種對美國高高在上的態度，在中國當時非常普遍。不要忘了，一四九二年，哥倫布之所以發現新大陸，原本的目的是要找到一條捷徑，通往傳說中富裕的遠東，而倫敦也在十七世紀初，特別送了一群拓荒者前往美國的詹姆斯敦（Jamestown）拓荒，目的也是希望以此為據點，開發出一條從大西洋通往太平洋淘金的捷徑。對當時歐洲的探險家和拓荒者而言，美國只是前往遠東發財的中途站。

之後隨著歐洲文明慢慢在美國生根，歐洲當時視中國為文明進步之邦的印象，也在美國流傳下去。當時的政治作家湯瑪斯．潘恩（Thomas Paine）稱中國人為「溫和善良的人民」，傑佛遜總統（Thomas Jefferson）還曾想過美國應效法中國，且應和歐洲不相往來，富蘭克林（Benjamin Franklin）則稱中國是「最聰明的國家」，甚至還主張美國應以中國為榜樣，而不該師法歐洲。[2]華盛頓總統（George Washington）收藏了數百件珍貴的中國製品，有一整套的中國瓷器，就連波士頓茶黨倒進港口的茶葉，也都是產自中國。當時很多美國人視中國為「赫赫有名的財富與智慧之源，是我們這個年輕的共和國應好好效法的對象。」歷史學家張少書（Gordon H. Chang）所著《宿緣：美國對中國的歷史觀》（*Fateful Ties: A History of America's Preoccupation with China*）一書就這麼寫道。中國一直到十九世紀中葉，都是世上最富有的國家，茶商伍秉鑑當時在美國投資造鐵路，則應該是當時的全球首富。[3]

但中美關係之後出現了幾個關鍵的變化，美國人也因此對中國逐漸改觀。在工業時代來臨前，中國人口數量就反映在其經濟規模上。所以儘管對外而言，中國是個富裕的國家，但當時數百萬中國人，卻是民不聊生、吃不飽穿不暖。蘇格蘭經濟學家亞當·斯密（Adam Smith）在《國富論》（*The Wealth of Nations*）中就寫道：「中國長久以來就是世上最富裕、肥沃、文明、工業化、人口最多的國家，但中國最底層的人口，卻比歐洲最窮國家的人民更窮。」此言可以說一語中的，而且一直到一九九〇年代時都還是顛撲不破。

十九世紀百年間，美國跟隨歐洲的腳步，邁上工業化和都會化的道路，同時期的中國，卻始終停留在農業社會。貪汙和鴉片削弱了中國國力，也導致清朝走向敗亡，讓這個從一六四四年就統治中國的王朝奄奄一息。

這期間，美國不斷向北和向西拓展，再加上十九世紀中葉快速經濟成長，讓美國獲得自信，也不再視中國為效法對象。最能代表美國人對中國態度改觀的，就是培里將軍（Commodore Matthew Perry），一八五三年他率領美國海軍艦隊進入東京港，從此打開了世界通往日本的門戶。[4]一八五六年，他將自己這段海上之旅寫成書，書中他寫道：「我們的領土橫跨兩大洋、居與歐亞之間。」當時美國土地才剛發現金礦八年，加州也才剛正式成為美國的一州。過去，中國老愛自稱為『中間的王國』，但這個封號，如今似乎更適合我們來用。」[5]

而隨著中美國力此消彼長，自信心也出現同樣的消長。十八世紀時，一些美國觀察家還苦惱著自己在這麼化外之地，是不是永遠都跟不上中國的偉大。到了十九世紀後半葉時，情勢逆轉，卻換成是中國殷羨美國，為自己的未來憂慮了。中國的憂慮主要是跟基督教文化有關：當時有高達數千名美國的傳教士，因為受到基督教千禧至福宗（millenarian）的影響，相信若要迎得基督再臨，必得讓全人類都改宗信基督教，所以就視中國為催生「基督共和國」的關鍵，此話出自當時一位傳教士之口。另一名傳教士則寫道：「全天下沒有比讓中國改宗，更值得讚揚、更必要、換來的成就更難以想像的傳教工作。」[6]十九世紀中國，受到基督教傳教士的影響之深，遠勝於西方商賈或軍隊。

基督教對中國最大的影響，卻是一場災難。失意的落第秀才洪秀全，受到傳教士所譯宗教教義影響，深信自己是耶穌基督的兄弟。所以就在一八四〇年代開始在中國鄉間旅遊，宣揚真神耶和華、並為改宗者行浸洗禮、組成一支基督信徒的軍隊。他揮舞著「斬妖劍」，帶領大軍攻陷南京，建立「新耶路撒冷」，即天京，成為太平天國的首都，由自稱聖靈的天王治理。[7]清朝政府花了將近二十年才剿滅太平天國，過程中導致兩千萬人死於動亂和饑荒，是歷史上最慘烈的起義。洪秀全一八六四年病逝於天京，生前不斷引述聖經《出埃及記》教誨信眾，稱太平天國信眾就如以色列人在沙漠中，要吃嗎哪維生。

清廷一方面派遣大軍剿滅太平天國，一方面也對基督教信仰展開宣傳戰。一八六一年署名為「天下第一傷心人」的作者，出版了一本《辟邪實錄》，其對於基督教的詆毀和不堪描述，遠勝於俄國一九〇三年惡名昭彰的反猶太著作《錫安長老會紀要》（*The Protocols of the Elders of Zion*），書中偽稱猶太人有統治全球的陰謀。這本《辟邪歌》可能是一位清廷將領所作，書中提醒讀者，指有一個邪教，父親娶自己女兒，「與神父雞姦不忌」，還會取兒童內臟。[8]

對於洪秀全究竟是基督徒還是褻神者，在中國的美籍傳教士立場兩極。但當時中國的基督教，除了太平天國起義造成的強力衝擊外，其實是非常勢微的。（《辟邪實錄》斥道：以子所見彼教之徒，真迷惑至盡，兇惡無復加也！）也因此，到了十九世紀末以後，來自美國和英國的新教傳教士，就只好另闢蹊徑，將基督教「與西方教育、科學、資本主義、政治理論綁在一起，包裝成使中國富強的靈丹妙藥。」此語出自新聞記者潘文（John Pomfret）二〇一〇年書作《美國與中國：十八世紀末以來的美中關係史》（*The Beautiful Country and the Middle Kingdom: America and China, 1776 to the Present*），書中又寫道：「他們和中國人合作，共同建立起現代中國教育系統、引進西方醫藥、印刷媒體、科學、運動、廢纏足、廢殺女嬰、組織眾人對抗貧窮、重建鄉村、並培育了好幾代志士能人，成了中國現代化的動力。」[9]

新的方法雖然比純粹宣教來的有效，但還是衍生另一種負面的聲浪。一八九八年，義和團（英文叫拳民）基於對基督教徒的反感、以及對於外國勢力的厭惡，再加上清廷在背後力挺，他們開始在中國各地攻擊外國人。火上加油的是，慈禧太后作為中國的實質統治者，竟然在一九〇〇年六月，不顧革新派的反對，對中國境內的外國人宣戰，讓革新派面上無光。她在宣戰詔書中寫道：「小則欺壓平民，大則侮慢神聖。我國赤子，仇怨鬱結，人人慾得而甘心。此義勇焚毀教堂、屠殺教民所由來也。」[10]受害諸國於是組成八國聯軍，反抗拳民和清廷，此役成了歷史上唯一一次，俄、日、美、德等國並肩作戰的戰役。《紐約太陽報》（*New York Sun*）稱義和團之亂為「文明史上最精彩的一頁」。

拳民之亂讓中國與西方關係惡化。八國聯軍於一九〇〇年八月戰勝清廷後，各國士兵在北京城燒殺擄掠。「一股恐懼之氣依然緊緊攫住這座滿布斷瓦殘垣的大城。」[11]英國記者喬治．林區（George Lynch）在八國聯軍獲勝後造訪北京時，這麼寫道。「有些事我實在不該寫出來，或許也不該讓它在英國印行，因為這會顯得我們西方文明不過是虛有其表，難掩底下的野蠻。」八國在戰後要求清廷以四十年的時間，賠償白銀四億五千萬兩，清廷也只能依條約付出同樣金額的美金，這讓原本就有著數百萬瀕臨饑荒人口的中國，更加的國庫虛空。

清廷被八國聯軍擊潰，對他是一記當頭棒喝。史學家文安立（Odd Arne Westad）寫道：「拳民希望可以讓中國不再受到不公平待遇，所以靠著殺人放火，想要讓家園和祖國不再蒙受屈辱。」[12]但卻反而加快了大清覆滅的速度，對許多中國人而言，清朝本來就是異族，因為他們來自關外的滿族，可是清朝的覆滅，卻沒有因此讓中國免於外來勢力的影響。

八國聯軍雖是一場浩劫，但也帶來一些意想不到的好處。美國退還庚子賠款，在中國成立獎學金，並在北京成立了清華大學。清華日後成為跟美國哈佛大學一樣的名校，培育無數政治家，中國共產黨許多高層就出自該校。像是總書記胡錦濤，一九六五年畢業於該校水利工程系，繼任的習近平則取得該校化工學士學位，以及馬克思主義理論與思想政治教育學科博士學位。

儘管如此，義和團事件整體而言是徹底失敗了。它讓清廷蒙羞，更讓中國人日後一提到八國聯軍，就想到中國積弱不振、在近代全球起不了作用的恥辱。文安立即寫道：「是義和團之亂，而非其他此前的事件，讓中國真正被排除在西方所領導的國際體制之外，從此成為國際社會中的賤民，一九〇〇年代邪惡軸心的主謀。」

又隔十年，一九一一年，清朝的國祚告終，換來的卻是中國的另一場苦難，新中國完全無法運作。從一八三九年第一次鴉片戰爭，英國為了打開鴉片進口中國的門戶而與中國開戰，到一九四九年中華人民共和國建國，這段時期被中共稱為百年國恥。就是這國力衰敗的百年，創造出毛澤東這人，讓他在一九五〇年代統整了全中國，再次將中國帶回到過去與世界隔離的狀態。*

清朝滅亡到毛澤東建國，這中間的歲月，美國對中國的影響達到了最高峰，而中國也最以美國馬首是瞻。

這段期間，中國一方面充滿了政治紛擾，另一方面則百家爭鳴。一九一九年，時年二十五的毛澤東就痛陳「危險在全國人民思想界空虛腐敗到十二分。」[13]部份中國知識分子深信，美式民主制度將能救亡圖存。革命志士鄒容在一九〇五年死於獄中，他知名的一段文字就寫道：「掃除數千年種種之專制政體……黃帝子孫皆華盛頓。」[14]

而說來也不算意外，當時許多美國人也同意中國知識分子的想法。美國政府官員，並不像當時的德國、英國和日本等列強那樣，看中國陷入混亂，只想到要趁虛而入，擴張自己帝國主義版圖，美國官員卻反而相當支持中國人民為民主和富強而做的

* 東方紅／太陽升／中國出了個毛澤東。

奮鬥。一九一三到一九一九年美國駐華大使芮恩施（Paul Reinsch）就在回憶錄中寫道：「從來沒有一個國家，能遇到這麼美好的機緣，可以成為另一國家的良師益友，幫助一群數量眾多又可愛的人民，達成追求美好生活的夢想。」[15]歷史學家張少書為此說明道：「當時許多人相信，成為中國的好友、護衛、恩人、救星是美國命中注定。」

當然，這裡頭也不免帶著一點自抬身價，一方面來自當時美國普遍瞧不起中國人，一方面也來自中國政局動盪不安。一九〇〇年美國國務卿海約翰（John Hay）就寫道：我們希望能與在「和平與友愛」中與中國同在，雖然當時的北京當局，身陷「無政府狀態」。

在這政治真空的年代，醫師出身的政治思想家孫逸仙脫穎而出，他登高一呼，希望創造一個擺脫異族統治的「民主」中國。（滿清統治者是滿族人、來自北方關外被主流漢人視為異族）。在後代眼中，孫逸仙被中國和台灣奉為國父，他的名字「中山」二字，成為兩岸各地大學、街道和廣場的名字。「逸仙」意為「飄然逸仙」，卻是出自一位美國傳教士的手筆，是他為十七歲的孫中山施洗時，依原本孫的教名粵語諧音，而取的號。孫逸仙高中是在檀香山畢業的（離百年後美國總統歐巴馬念的高中不遠）。檀香山的孫逸仙紀念公園就有一塊牌子，上頭寫著：「這是我的夏威夷。」[16]

「……我在這裡長大、受教育，這裡讓我認識了現代文明政府的樣貌和意義。」孫逸仙的妻子宋慶齡在他過世後，又活了五十六年，日後在中國共產黨中位居要職，她一口流利的英語，畢業自美國喬治亞州的魏斯理學院（Wesleyan College）。

二十世紀的頭十年間，孫中山發動了多次革命，意圖推翻滿清。一九一一年十月，他終於成功推翻滿清時，許多美國人都深信，就是因為孫和美國的淵源，讓他興起了推翻滿清的念頭。紐約市刊物《獨立報》（*The Independent*）就寫道：「這場革命是因為美國。……其領導人多數為在美國受過教育，或是由美國人成立的傳教學校受過教育的年輕人。他們從我們的身上吸收了自由的精神。」（革命成功當下，孫中山正在美國丹佛展開募款之旅；聽到消息後就立刻趕回中國。）一九一二年一月一日，孫中山宣布成立中華民國，由他擔任第一任總統，但短短不到四十五天的時間，他就讓位給袁世凱這位前清總理大臣。[17]

一九一三年四月十七日，袁世凱就任後，請求中國各地基督教堂在四月二十七日，共同為新成立的中華民國作一次禱告，這贏得了美國政治觀察家的讚美。當時美國總統伍德羅．威爾森（Woodrow Wilson）在四月十八日內閣會議中因此說：「在報上看到這則消息時，內心的喜悅與興奮無與倫比。」而在場的美國國務卿威廉．詹寧斯．布萊恩（William Jennings Bryan）則說，這是：「一輩子才一次的天大消息。」[18]威爾遜總統原本還打算請全美教堂也同步為中國祈禱，但後來考慮到美國立國基本原則是政教分離，才不得不打消念頭。但後來還是有數萬座美國教堂主動為中國祈禱。在美國聯邦教會理事會（Federal Council of Churches）請求下，十五萬座美國新教教堂特別為中國辦了彌撒。同時，一九一三年五月，美國成為全球第一個正式承認中華民國的大國。

而且，許多現代人也想像不到的是，在中國創立早年，其實有很多美國人扮演了關鍵角色，在當中穿針引線、伸出援手。美國駐華大使芮恩施就經常和中華民國高層會面。他寫道：「既然我代表美國出使中華民國，而中國的制度許多都以美國為模範、中國人民更積極想要師法美國人的精神，我就該擔負為中國領導人提供意見的責任，以身為其中一員為職。」一九一三年，學者法蘭克・古德諾（Frank Goodnow）在即將成為約翰斯・霍普金斯大學（Johns Hopkins University）校長前，更曾受袁世凱之邀，擔任其首席法律顧問。[19]他為袁世凱草擬憲法，並依袁世凱要求，去除憲法中對總統權力的限制，以利他既能掌握實權，又能在國內和國際上掩人耳目。[20]結果，就憑著這部美國人為他捉刀的憲法，讓袁世凱拿到了大權。一九一五年十二月，他自立為帝。所幸他在六個月後死於腎衰竭，讓中國歷史上的復辟事件嘎然而止，中國現代化的任務，重新回到孫中山肩上。

孫中山上任後，同樣尋求美國人給予治國建議，於是找來從史丹佛大學輟學的李何默（Homer Lea）（亦稱荷馬李），受聘擔任孫中山的軍事顧問。李何默身高五呎、又因為幼年摔傷脊椎而駝背，但孫中山稱讚這位來自美國科羅拉多的青年「可稱為天下最大之陸軍專學家。」（欣賞李何默的不只孫中山。列寧也稱讚李何默一九〇九年的著作《無知之勇》（*The Valor of Ignorance*）一書，因為該書成功預言日本的侵略野心，他說：「李何默比目前在位的任何內閣首長更瞭解世界政局。」）孫中山原打算聘李何默為參謀長，不幸一九一二年二月，李何默校閱中國軍隊時中風，九個月後離開人世，享年三十五歲。一九二五年時，孫中山也罹癌辭世，享年五十八歲，中華民國總統一職乃交由他的左右手蔣介石繼任。[21]）

孫中山生前明顯想讓中國走上師法美國的道路，或者該說是他心中所嚮往的那個美國。但繼任的蔣介石卻比較獨裁傾向，雖然他和美國依舊保持密切關係，也和美國緊密合作、處處向美國看齊。但他在中國的頭號勁敵，對美國的態度，可就天壤之別了。

長久以來，毛澤東就對美國不信任，而且也痛恨美國經常在中國攪和。一九二一年他說出美國是「世上最大的劊子手」這樣的話，因為美國支持共產黨的敵人，但毛卻未出言指責仍在中國占據「租界」的歐洲列強。[22]

所以毛澤東不向美國取經，反向蘇聯尋求支持，當時的蘇聯在一九一七年革命後，成為世界共產主義運動的領導人。中華人民共合國至今依然信奉馬列主義，許多一九二〇年代從蘇維埃引進的觀念制度，也依然奉行不悖：政治局（Politburo）是國家最高領導階層；黨書記則是各省、市、大學的領導人；政委（commissar）則帶領軍隊士官兵向黨效忠。

孫中山過世後，美國觀察家開始為中國情勢感到擔憂。像美國駐華大使芮恩施之流的美國人，都很希望中國能成為「亞洲的美國」，國務卿布萊恩更送了袁世凱一部介紹傑佛遜總統的百科大全，期許袁能「將中國建立成美國的樣子」，但十八世紀末美國所用的那一套，卻不適用於二十世紀初的中國。在好戰的鄰國日本推波助瀾之下，中國隨即陷入無政府狀態的軍閥割據、最後更發展成國共內戰。這場內戰，美國站在國民黨這邊，但國民黨輸了，毛澤東於是在一九四九年成立了中華人民共和國。

中華人民共和國從此不再贊同美式民主，只有在一九八九年天安門事件和二〇一九年香港反送中事件中，少數的示威者例外。清朝的康有為在反思中國的救贖究竟何在時，就主張效法美國「如盲人騎瞎馬，夜半臨深池也。」[23]

列寧在一九二〇年構思共產主義全球化時，寫下了成功的必要策略。「要想擊潰有力敵人，只有藉由一切努力、小心、徹底、專注、靈巧地利用敵人之間的嫌隙，再小也不能放過。」[24]無產階級一定要「找到任何機會，贏得最多的盟友，就算盟友只是一時、三心兩意、搖擺不定、難以信賴、有條件，也不能放過……不能明白這個道理，就不算明白馬克思主義的真諦。」他更舉例，忠誠的蘇維埃信徒，其實也可結合英國的碼頭工人，共同推翻大英帝國主義。列寧和托洛斯基（Leon Trotsky）兩人，將這樣的結盟關係稱為「統一戰線」。全球每一個角落裡都有朋友，而每一個角落也都有敵人。

一九二四年，中國共產黨接收了列寧的策略，成立「中共中央統一戰線工作部」，毛澤東將「動員友人打擊敵人」的工作交給該部門。[25]該部門透過國際代表團和訓練工作、縝密繁複的情報工作，再加上細心勾勒的宣傳手法，將中國人民和各國人士一一說服，讓他們接納了中國共產黨為中國擘畫的理想。

中共統戰部在美的工作，主要是要破壞美國大眾對蔣介石和國民黨的支持。一九三〇和一九四〇年代，中共統一戰線滲透到中國和美國等地國民黨支持的團體中，成功削弱這些團體的影響力，同樣的方式他們現在也在做，藉此讓中國和美國基督徒、生意人、知識分子從內部產生分裂，並且為共產黨所吸收。一份統一戰線的文物中指出：「目的是……盡可能增加支持者、減少反對者。」[26*]

對毛澤東和中國共產黨而言，贏得內戰不單單只為了在軍力上較勁。還是意識型態的角力，這決定了戰後中國未來的方向。所以毛澤東不僅發動軍隊，還利用各種詭計和宣傳，分化了國民黨的各個團體，這正是他軍事戰的延伸。

毛澤東和周恩來將列寧的統一戰線原則，融入中國傳統的「政治戰」策略中，這種策略是公元前五世紀思想家孫子所倡導的。他的《兵法》中寫道：「上兵伐謀，其次伐交，其次伐兵，其下攻城；攻城之法為不得已。」政治戰和統一戰線正是所謂的上兵，要不費一兵一卒，贏得戰事。

中共至今仍使用這樣的戰略。人民解放軍分析家張長軍在二〇〇七於中國《軍事記者》雜誌上就寫道：戰爭應「透過輿論攻心並消磨士氣，以打擊敵人意志」。[27]二〇一七年，兩名中國教授則在一篇文章中說明：「實質戰事是方法，心理戰事是目標。實質戰事要支援心理戰事，兩者相輔相成。」[28]他們更強調，心理戰包括了外交，輿論、法律、意識型態、以及政治意識型態工作，傳播「正確」政治觀念。什麼叫做「正確」觀念？二〇二一年，親香港政府智庫顧問在報紙專欄提到，香港有一家媒體對政府批評太過嚴厲。要怎麼解決呢？「聘請專家，對那些不願接受真相、不聽勸說的頑固政治立場分子發動宣傳戰和心理戰。」[29]

統一戰線早期在美國相當成功。中共和美國記者艾德加・史諾（Edgar Snow）數十年互通聲息，關係緊密。史諾本人在一九三六年拿到大獨家，成為全球第一位採訪毛澤東的外國記者。在他一九三七年的暢銷書《紅星照耀中國》（*Red Star over China*）（又名《西行漫記》）中，就提到了這段經歷。他和毛澤東共度了數週，當時毛還只是個率領叛亂分子孤立一隅的領導人，靠著熱情打著贏不了的仗，苟延殘喘，史諾用傳記式的文風，向世界介紹了中國共產黨。

在史諾眼中，毛澤東是位「消瘦、像林肯一樣的人物」，「接受眾人英雄崇拜儀式」。史諾又寫道：「你會感受到，這人之所以鶴立雞群、卓然不群，都是因為他所懷抱的滿腔壯志，全是來自中國數百萬人民迫切的需求。」但當時讀史諾這本書的人所不知的是，他這篇長達兩萬字的採訪稿，並不完全出自他的手筆，而是經由毛澤東

* 毛澤東在一九二五年一篇很具影響力的文章中寫道：「誰是我們的敵人？誰是我們的朋友？這個問題是革命的首要問題。中國過去一切革命鬥爭成效甚少，其基本原因就是因為不能團結真正的朋友，以攻擊真正的敵人。」（譯注：出自「中國社會各階級的分析」）

和同僚改寫和「潤筆」過的。*30

落入毛澤東彀中的不只史諾一人。毛澤東有時還會和史達林（Joseph Stalin）互通聲息，說服許多前來見他的美國人，讓他們相信他一心致力於推動西式民主，促進「真正的自由普選」。毛澤東對西方記者說的是一套，但在中文寫作的文稿中，他從來講的都是另外一套，不忘痛陳美國之非；但因為當時欠缺懂中英雙語的記者和外交官，讓毛澤東對兩群不同群眾玩弄的兩手策略，得以稱心如意。（其實這種兩手策略至今仍方興未艾，像阿里巴巴創辦人又是共產黨員的馬雲之流的生意人，他們往往說英文時，口氣就像是美國矽谷的科技業老闆，但是說中文時，卻像極了共產黨員。31）

隨著第二次世界大戰到來，國共內戰變得更為錯綜複雜。日本在一九三七年入侵中國後，國民黨把重心轉向抗日，共產黨因此逮到機會休養生息。一九四四年八月，美國和國民黨聯手，忙著將日本逐出中國的同時，也派了一支代表團，前往中國北方小城延安，去探訪中國共產黨的總部。這次拜會中，毛澤東對這支代表團說：「中國人和美國人的利益相同、息息相關。」32「我們不畏懼民主美國的影響。我們歡迎它。」這話現在聽來讓人感到詫異，怎麼可能這個一向獨來獨往、不聽號令的革命分子，會說願意聽候美國將領的差遣，對日抗戰？但毛澤東說這話可是算準時機的。因為早在一個月前，美國總統小羅斯福（Franklin Delano Roosevelt）已經對蔣介石提出要求，希望他能允許美國的史提迪威（Joseph Stilwell）將軍，前來中國主導抗日戰役。但是蔣並不願意放棄軍權，所以遲遲不肯回應，小羅斯福見狀乃不再提起此議。毛在一個月後對來訪代表團說：「我們願全心效忠美國將領。因為這是我們內心的願望。」他看到美國的戰爭夥伴蔣介石不肯聽命美國，這正給自己製造了大好的機會，所以藉機向美國輸誠示好。此舉看在美國人和歐洲人眼中，為毛澤東打造了絕佳的形象，讓他們覺得他是一個有國際觀的人，而且支持美國。這同時，史達林也在一旁敲邊鼓，幫助毛澤東打造他認同美國的假象。

數年後當國共內戰來到尾聲，眼看國民黨大勢已去，時機成熟，毛一改過去對美

* 史學家茱莉亞·洛維爾（Julia Lovell）二〇一九年相當出色的著作，主要在談毛澤東思想，書中也提到史諾。「因為若不是他的話，就不會激起國際上和美國各地的毛澤東崇拜。」但其實，在中共還沒建國前，美國記者跳出客觀記者身分，為中國政黨幫腔的其實並不是只有史諾一人。白修德（Theodore H. White）日後除了寫了一本談中國的暢銷書外，也寫過一系列談美國總統大選的著作，他最早原本是為國民黨宣傳的，一直到他轉到《時代》（*Time*）雜誌工作前幾個月，他都一直是這角色。但是這種用記者身分幫中國政黨在美宣傳的人中，最臭名遠揚的莫過於《國家》（*Nation*）和《新共和國》（*New Republic*）的專欄作者史沫特萊（Agnes Smedley），她在公開場合上好辯強悍的程度，不下川普的助理凱莉安·康威（Kellyanne Conway），只差在史梅莉真的當上了蘇聯的間諜。一九三二年時她曾說：「我或許有罪，但我是對的。」

態度。一九四九年八月，就在共軍攻占北京前數個月，毛澤東寫下一篇知名的文章，抨擊即將去職的美國駐華大使司徒雷登（John Leighton Stuart），司徒大半輩子都住在中國，但毛卻說他：「平素裝著愛美國也愛中國，頗能迷惑一部份中國人。」[33]（譯注：該篇文章為〈別了，司徒雷登〉。）毛這時改口稱一九四五到一九五九年的國共內戰中，要反的就是國民黨意圖「變中國為美國殖民地」的計劃，他還說如今「整個美帝國主義在中國人民中的威信已經破產了」。

共產黨一九四九年上台後，原住在中國的數萬美國人逃離中國，原沒打算逃離的美國人中，也大多數被毛澤東下令逐出中國。接下來二十年間，中國發動宣傳戰，痛斥美國價值和理想，數千與美國有連繫的中國人受到中共迫害和屠殺（但卻不見得真的有證據證明其與美國的關連）。一九五〇年美國投入韓戰，與中國對峙，這時住在中國的美國人就只剩下幾十人了，而且這個數字一直維持到將近一九七〇年代後期，都沒有太大變化。

那些住在中國的美國人或他國人士，北京一律稱之為「外籍友人」。當時這些所謂的外籍友人，多半是和美國立場不同的國家來的。像是祕魯哲學教授阿畢梅爾．古茲曼（Abimael Guzmán），他後來創建了毛派游擊隊「光輝道路」（the Shining Path），一九六〇年代還到中國待過幾個月，並遊遍第三世界許多國家，追隨其他共產革命分子學習。另外，一九七〇年，柬埔寨國王施亞努（King Sihanouk）政權遭叛軍推翻，下台後的施亞努流亡中國，就住在北京法國駐清大使館中，在這裡他密謀奪回政權，還親自寫了好多宣傳歌曲讚揚毛澤東。（二〇一二年施亞努逝世於北京，當時習近平聞訊，更表示對「中國人民的老朋友」之逝感到「震驚」。）[34]

另外，有小群美國人是和中共維持友好關係的，像是李敦白（Sidney Rittenberg），原是美國大兵的他，後來成為第一位加入中國共產黨的美國人，他在中國負責為中共高層翻譯；另一位是馬海德（George Hatem），他是位醫生，史諾第一次拜見毛澤東時，他就陪同在旁，之後他就留在中國，一待數十年，在中國從事性病和痲瘋病（譯注：現台灣稱漢生病）防治工作。[35]

因為美國聯邦調查局在麥卡錫主義作風下對史諾緊咬不放，史諾在美國待不下去，選擇在一九五九年遷居瑞士，但和中國依然維持友好。一九六〇年，中共特許史諾在中國待六個月的時間，隨後他就在一九六二年出版《大河彼岸》（*Red China Today: The Other Side of the River*），將這次的中國之旅寫入書中。書中他寫道：「在中國我並沒有見到挨餓的人，不像傳統定義的饑荒。」但這真是太諷刺了，因為當時中國正發生二十世紀最嚴重的饑荒，害死了數千萬人。[36]「我不相信中國發生饑荒。」

毛澤東在中國的地位穩固後，就不再掩飾對美國的敵意。在一九五〇和一九六〇年代，中共在國外最重要的關係網路，都是與美國政府為敵、或對其有意見的人。毛澤東主政時期，在美國國內，最受到中共煽動、也最受到其宣傳影響的，就是美國黑人。美國黑人原本在美國就為了爭取基本公民權，而常在示威運動中頭破血流，這讓他們非常不滿，所以中共很成功就說服了他們，相信了北京當局的說法，以為中共真的是想讓全世界去殖民化、去帝國主義、並且反種族主義。

一九五九年，中共邀請了黑人民運作家杜波伊斯（W. E. B. Du Bois）前往北京，為他慶祝九十一歲大壽。杜波伊斯長久以來飽受美國人種種不堪的對待，曾說：「我活了將近一世紀的時間，但始終就只是個黑人。」杜波伊斯讚揚北京當局：「非洲同們，到中國來，來這裡四處看看。」這是他在北京演講中的一句話，中共還將他的演講放上廣播放送。[37]「中國就是你們的骨肉親人。中國也是有色人種，所以深知有色人種在現代世界要怎麼約束其主子。」一九六八年四月，馬丁・路德・金恩（Martin Luther King Jr.）遇刺後不久，毛澤東即對外表示：「我代表中國人民，對美國黑人的正義鬥爭，表示堅決的支持。」[38]（譯注：「支持美國黑人抗暴鬥爭的聲明。」）

中國共產黨熱衷於革命，所以讓它深受美國和全球各激進團體歡迎。在法國、義大利、和西德等地，左派分子都崇拜毛澤東，也著迷於文化大革命那種無政府的狀態。黑豹黨（Black Panthers）的創辦人，會在柏克萊大學校園兜售《毛語錄》，再用賺來的錢當作購買槍枝的基金。《毛語錄》在英語世界以《小紅書》（*Little Red Book*）廣為人知，在一九六〇和七〇年代初期，紐約哈林區總會見到此書。[39]

但北京當局對美國和部份非洲國家黑人的處境，只是嘴上說支持，卻從來都沒有伸出援手，它的目的只在把自己形容成被人欺負的可憐蟲，好拉攏那些受到壓迫的少數人種，以一起對抗帝國主義者。而藉由拉攏到像杜波伊斯這樣，對於種族歧視批評最力的人，北京當局得以掩蓋自己對新疆和維吾爾少數民族的打壓和屠殺。

雖然偶爾會有像杜波伊斯、或義大利大導演安東尼奧尼（Michelangelo Antonioni）之流的知名知識分子到訪，但毛澤東統治下的中國，其實是像今日北韓一樣與世隔絕的。也因為中國被孤立，再加上其與世界為敵，台灣和蔣介石就找到了機會，後者獨裁統治台灣，直到一九七五年過世。台灣和美國有密切的關係，也深受美國戰略觀的影響，這讓它有機會影響美國。*這時，那些在美國以非官方形式為台灣說項的有力政客，被稱為「中國遊說團」（China Lobby）。一九四九年美國承認台灣首都台北，是中國合法政府所在地，這項政策一直維持到一九七九年，華盛頓當局與中華人民共和

＊美國對台灣的影響遠比台灣對美國深遠，同時兩方在國防安全上的結盟關係，更曾防止中共一次對台灣的軍事攻擊。

國恢復邦交關係才結束。一九五〇和一九六〇年代，「華盛頓的外國說客中，就以台灣說客最是荷包滿滿、又實力雄厚、而且還能夠無聲無息地插手美國政府的運作。」這是兩名記者在一九七七年著作中的一段文字，該書專講華府遊說。[40] 一九六〇年，一本批評華府中台灣說客的書《美國政界的台灣遊說團》（*The China Lobby in American Politics*）原要交由麥克米蘭（Macmillan）出版社發行，但因為該書主張，台灣政府曾介入，讓美國政界對台批評聲浪消聲匿跡，所以就被台灣政府出手攔阻，讓該書一直到十四年後才得以出版。[41]

而除了和美國幾乎斷絕往來，且極度的敵對狀態、以及台灣對美國的高度影響力外，中國在一九六〇年代後期，和蘇聯的關係也在快速惡化中。一九六九年，中俄因為邊境衝突打了一次仗，這讓毛澤東不禁擔心，是否和這北方的鄰國會出現大型戰事。

所幸毛澤東福星高照，美國突然想開了，尼克森（Richard Nixon）為了對抗蘇聯，開始想到中國可以是很好的制衡力量。再者，中國的孤立狀態也讓他不安。一九六七年《外交》（*Foreign Affairs*）雜誌的文章中，他寫道：「讓中國永遠被排除在國際大家庭之外，這代價我們負擔不起，因為這會讓他的想法越走越偏、仇恨越來越濃、對鄰邦也只會越來越危險。」這篇文章寫於尼克森就任總統兩年前。[42] 也因此了一九六〇年代後期，中美之間，就開始伸出觸角，探測對方心意。這時，毛澤東又找上了史諾，後者在一九七〇年十月，最後一次踏上中國的土地。毛澤東告訴史諾，他歡迎尼克森前來中國訪問，「當作旅行者也行，當作總統來談也行。」但這個訊息美方卻沒加以理會。

一九七一年七月，周恩來和季辛吉見上面了，這是數十年來中美第一次有高階官員的接觸，周恩來一開場就問到史諾。[43]周說：「三十五年前，他和我們結為朋友，現在已經是老朋友了。」而在史諾與毛澤東最後一次會面時，毛也稱史諾是「史諾朋友」（Friend Snow），「朋友」一詞，被當成了頭銜，像毛主席或是尼克森總統一樣在使用。史諾本人在一九七二年二月十五日過世。[44]六天後，尼克森和季辛吉的專機就飛抵中國，展開了尼克森歷史性的訪華之旅，中美關係史第一階段就此閉幕，下一階段中美關係就此展開，為現今中美關係進展鋪路。

第二章　利益之交

馬丁．路德．金恩曾說：「道德的定義雖然非常廣，但總是涉及公平正義。」這話是他在一九六七年說的，那時的中國還是一團混亂，無心顧及全球事務，也就談不上要在國際上發揮影響力。但今天的中國，既富裕又強大，其對世界和美國的影響，可就不容小覷了。北京當局用非常複雜的方式，勸說、威逼、利誘、脅迫美國企業、機構、以及個人，要他們在企業和社會整體文化上，去為中共說話、謀利、當他的應聲蟲、宣揚其觀點、並進行自我審查。現在我們已經可以看出中國影響力的模式了，其影響幾乎無處不在，差別只在程度多寡，現在道德的定義依然很廣，只是都看大家方便。

本書就是在談大家便宜行事這個現象，或者稱「套交情」，這是中共最拿手的，而這個現象現在瀰漫在美國，無孔不入。這種套交情的現象有一個源頭可循：這個源頭可以讓我們看清，美國現在所面對的中國問題所在，從而知道要如何對付這個問題。早在迪士尼感謝中國公安局圍捕穆斯林、並將他們送進集中營之前、也早在籃球巨星詹皇批評休士頓火箭隊經理，指責他不該發言支持香港反送中之前、或是在萬豪酒店（Marriott）因為員工支持西藏，而將之開除之前、在波音公司刊登廣告讚美北京當局之前、早在謝爾登・艾德森（Sheldon Adelson）以富豪身分遊說立法機關，讓譴責中共人權法案胎死腹中之前、更早在雷根總統美稱中國「不是典型共產國家」之前，有一個人，為這一切的「賣美圖中」開了大門，打從這個人在一九七一年七月，在中國中南海釣魚台國賓館坐下來，和周恩來講人生大道理以後，日後這一切賣「美」求榮的種種就開始了。[1]

接下來的五年間，周恩來用他如簧巧舌、不懈不怠、再加上其個人魅力，花了好多鐘頭，慢慢讓季辛吉成為站在中國這邊的朋友。雙方的友誼超越了外交關係，也超越了公事公辦的政策。一名美國前助理國務卿，就在一份原本機密的研究檔案中揭露中國這套談判的伎倆，他形容季辛吉當時的回憶錄是「充斥了讓人看了瞠目結舌的往事，內容盡是關於他從一九七一到一九七六年間，九次訪華行程接受個人伴遊、精心策劃的旅行、以及中國官方用心安排的豪華餐宴等等招待，這段期間，毛澤東在第一年過世，之後周恩來也在最後一年過世。也就是在這幾年間，中國在季辛吉的幫助下，重回到世界舞台，他也成為了外界熟知的周恩來的心腹。季辛吉對周恩來的賞識，並未隨著時間消逝而減少。在他二〇一一年的著作《論中國》（*On China*）中，他寫道：「在我六十年的職涯中，沒有人比周恩來更讓人讚賞。」*2

季辛吉在一九七〇年代初的多次訪中行程，具有劃時代的意義，原因不只在於其重建中美兩國關係。這開啟了兩個現象，讓美國變成現在這個樣子，而這兩個現象，雖是獨立，卻又彼此有連結。第一個現象是，北京透過季辛吉，使用了統戰的伎倆，一方面拉攏朋友、一方面削弱敵人，改變了美國政壇和企業界。第二個現象則是，出現一種所謂外交顧問的人遊走中美之間，這種人特別適合中國社會中，傳統打交道、走後門的思維。

當然，和中國有越來越多接觸後，對美國經濟帶來了巨大的影響，也讓數以百萬計的美國人開始有勇氣去中國發展。這都是正面的，也不能一筆勾銷。但同時，這些外交顧問就像是中共勢力的延伸，是他們的代理人，尤其是在商業界，一方面雖是在幫美國企業更有競爭力，但另一方面，卻也是在調整其企業文化，使之符合中共標準，並且告訴指導這些企業，當出現反對中共的言論時，該怎麼打壓異議。

只要是情報單位，都會需要外國情報員。但中共跟他的美國好友們，包括季辛吉在內，他們的關係則不一樣，因為中共對於情報工作的定義非常得廣。華府和北京兩邊對於收集情報工作的看法，主要有兩個不同點。第一點是中共情報和國內反間諜工作上，都是非常政治性的。中國的情報機構，就跟中共政府其他部門一樣，當中的政委和黨書記，會和同階行政官員合作，共同監督底下官員遵守正確政治路線。「國家安全部人民警察是效忠黨的紅軍」，這是該部發言人於二〇二一年一月，在提到中共內部警力時，所說的話。[3]

第二點則是，北京當局的盟友種類非常多樣，其中有很多都是不會出現在一般情報工作上的，像是學生、學術界、商界人士、乃至非營利組織的僱員，而且不分中國人或外國人都有，這些人都在幫忙北京當局進行情報工作。在冷戰期間，中情局贊助一家文學刊物《文匯》（*Encounter*），這是由極具影響力的新保守派人士厄文・克里斯托（Irving Kristol）共同創辦。[4]根據艾德華・史諾登（Edward Snowden）在二〇一三年揭露的內容顯示，美國國家安全局（National Security Agency）和威訊電信（Verizon）等部份美國企業，也存在某種連結。但在中國，這種政府部門與企業之間的連結，則是鐵律，不容例外。

北京當然還是有一般的間諜和情報伎倆：像是滲透敵方組織、駭進敵對國家政

＊至於周恩來對季辛吉的看法，則不為外界所知。一九七三年，毛澤東曾對英國來訪外賓說，季辛吉「不過就是個每次來見我，都嚇得直發抖的滑稽小矮子。」

府、培植外國情報人員等等，有時甚至還會在領英（LinkedIn）上傳訊息給他們。[5]但北京政府的情報工作範圍不限於此。

中共中央黨史研究室（Party History Research Center）負責推動中共史觀，是相當重要的機構，該研究室在二〇一八年發表了一篇論文，談周恩來對於情報工作的態度。[6]周認為中共在情報工作方面有一個「特別」之處，不同於其他國家，因為它將情報與統戰連結在一起。「周提出了廣交朋友，『以統戰帶動情報』」，該文這麼寫道。[*7]周恩來在當上中共總理之前，是中共情報單位的創辦人，一手建立起中共首支情報支部。[8]可以說，周恩來就是中共的第一位情報頭子。而依中共對於「情報工作」的定義來看，季辛吉正是周恩來手中美國牌的一只重要棋子。套句中國人的說法，就是朋友。

歷年來，為中共進行情報工作的人，有許多都被蒙在鼓裡，純粹是被中共牽著鼻子走的傻子。「不知情的情報工作者反而更有效，因為他們自以為是秉著良心操守在作事，不知道自己正在為極權國家的情報機構當走狗。」湯瑪斯·里德（Thomas Rid），倫敦國王學院國防研究教授在二〇一七年三月，在美國國會作證時就這麼說。[9]換言之，最佳的情報工作者，是不知道自己正在從事情報工作的人。

正因為這種中美雙方對於情報工作認知上的差距，中方的定義比美方廣義很多

（再加上上當的美國人往往以為這只是交朋友），所以美國人往往沒意會到，接受中方的友誼，究竟會衍生出哪些後果。而事實上，沒幾個中方友人真正公開說清楚，中美情誼真正的意涵：支持中共而非中國。中共希望的是，這些美國朋友幫他們，讓批評中共者噤聲、才不會讓中國「沒面子」或是「觸怒」中國，同時也要對中共的政策歌功頌德、並且推動中共的政策。「當中國的『朋友』意味著，你要在政治上和中共站在同一陣線上。」這是長期中國研究專家林培瑞（Perry Link）所說的：「不論你是否知情。」**10

在卡特（Jimmy Carter）於一九七六年贏得總統大選後，季辛吉離開白宮，之後五年輾轉幾個工作都沒有太大發展。任公職時，他的權力驚人。一九六九年到一九七五年間，他先是擔任國安顧問。一九七三到一九七七年間，則成為國務卿，他是美國史

---

* 一份統一戰線刊物稱周恩來是「統一戰線工作的藝術大師」。

** 另一位長期中國研究學者愛德華·傅利曼（Edward Friedman），他本身就是中國的老朋友，他說：「通常，一名外國訪客是不是朋友，是由中共這邊來認定的。對我而言，這個名稱根本是侮辱，等於是當面說你是中共養的狗，討好他還來不及。」另一位學者安－瑪麗·布瑞迪（Anne-Marie Brady）則說：「用友誼這詞，目的只在消解對立心態，以美化所做的醜事。」

上第一位同時身兼此二要職的官員；祕密轟炸柬埔寨是由他親自監督完成的、一九七二年美國對中國敞開大門也是由他主導，而他更因為負責斡旋越戰停戰，而獲得一九七三年諾貝爾和平獎。

一九七四年尼克森因為水門事件辭職下台，季辛吉卻幾乎毫髮無傷，繼續在接任的福特（Gerald Ford）總統任內，負責斡旋阿拉伯世界與以色列的紛爭，還主導美國在拉丁美洲為反共而對各國進行的干預行動。「季辛吉憑那副厚重的眼鏡和濃厚的德國口音，實在很難讓人想像會有巨星架式。」華特．艾薩克森（Walter Isaacson）在一九九二年的季辛吉傳記中就這麼寫道：「他比較像是紐約布魯克林區賣熟食的有錢店老闆，而不像是國際知名性感象徵。」但曾說過「權力就是最好的春藥」這句名言的季辛吉，卻有著驚人的魅力。一九七二年他被花花公子俱樂部的兔女郎們，票選為全球最想約會的男性。[11]一九七三年蓋洛普（Gallup）民調中，他則是美國最受愛戴的男性。[12]他曾說，毛澤東「不管走到哪裡，都自然成為眾人的焦點……他走到哪，焦點就在哪。」季辛吉其實也一樣，在任職政府官員期間，他同樣也是焦點所在。

所以，離開公職、遠離權力核心，讓他有很長一段時間難以適應，他先是搬到紐約市，打算參加一九八〇年的參院選舉。他也曾擔任高盛證券（Goldman Sachs）的顧問，該公司甚至願意邀他擔任合夥人，但為他所拒。[13]之後他到喬治城大學

（Georgetown）任教。寫了兩部暢銷的回憶錄，談自己在白宮時期的經歷，辦了數百場的演講，有些是收費的、有些則是免費。之後他加入美國國家廣播公司擔任播報員和顧問，一度還想投入雷根總統的內閣，但雷根不喜歡他。他還曾出資推廣黃金和白銀鑄的歷史人物紀念套幣，由一家名為富蘭克林鑄幣廠（Franklin Mint）的公司銷售。他之後談到紀念套幣的工作時說：「這種事我以後完全再也不想幹了。」

之後哥倫比亞大學對他發出教授聘書，他一度考慮接受，但該校學生發起示威，抗議他在越戰中的作為，因而讓他打消念頭。「聘季辛吉當教授就像聘殺人魔查爾斯・曼森（Charles Manson）教宗教課一樣。」一名示威者這麼說，左派語言學家諾姆・喬姆斯基（Noam Chomsky）在哥大示威演講時，則說校方應讓季辛吉去教「殺人系」。[14]

反正學術生涯本來就不適合季辛吉的本性。他在公職時期最高年薪是六萬三千美金，說自己離開公職後「揹了一身債」。[15]「我可是世界級的人物。」哈佛大學一位系主任請他考慮到該校任教時，他這麼說。「我不能單單只過普通教授的生活。」而在福特總統任期將屆那段期間，季辛吉有次招待朋友搭他的波音七〇七私人飛機時就開玩笑說：「有哪間大學會派一架私人專機給我？」[16]

所以去職後，什麼樣的工作才能滿足他要的高所得、又享受政治家光環的呢？一九八二年，季辛吉終於想通了。他開設了季辛吉顧問公司（Kissinger Associates），專門提供美國和外國企業發展策略、生意開發、地緣政治風險、偶爾也提供訣竅、安排政府高層和企業高層會晤等等的服務。「季辛吉本人沒有專業法律訓練，也對財務一竅不通，所以無法像一般美國政府內閣高層那樣，依循旋轉門規定，回到律師事務所或銀行上班。」艾薩克森這麼寫道。「所以他就把自己設計成聘僱制的政治家，只要付得起高薪，他就提供外國政策專業給私人企業，為他們擔任外交工作，並為這些企業的總裁擔任個人國家安全顧問。」季辛吉自己定義這家顧問公司是提供「地緣政治經濟建議。」[17]比如一九八六年，美國運通（American Express）就付給季辛吉顧問公司四十二萬美金，服務項目包括每一季邀季辛吉前來演講，偶爾通通電話、參加美國運通高階執行長和季辛吉員工之間的會議。這些參與會議的季辛吉員工，在這段期間，包括接任季辛吉國家安全顧問一職的布倫特．史考克羅夫特（Brent Scowcroft），以及季辛吉擔任國務卿時的執行祕書羅倫斯．伊格爾柏格（Lawrence S. Eagleburger），卸任後也被延攬到季辛吉顧問公司擔任董事長。*

這讓他在新工作和舊工作之間獲得銜接。這份顧問工作，讓季辛吉又得以和全世界接觸，他掛上顧問頭銜、用他拿手的本事，擔任協調溝通、並在外交上運籌帷幄。一九八〇年代，季辛吉居中為美國國際集團（AIG）保險公司和阿根廷政府談判。也幫過亨氏（Heinz）食品的總裁東尼．歐萊利（Tony O'Reilly）疏通，讓他得以晉見土耳其、象牙海岸、津巴威等國的總統。「感覺還是像在跟美國國務卿搭同班機一樣。」季辛吉客戶羅伯・戴（Robert Day）就這麼說，他是西部信託公司（Trust Company of the West）當時的執行長。伊格爾柏格則說，季辛吉顧問公司「就像是迷你國務院一樣運作。」[18]

而季辛吉手中最有用的一張王牌則是中國，在一九八〇年代初期，中國剛要轉型成國家資本主義。「季辛吉顧問公司在這方面發揮很大作用，我們覺得該公司在這類中央計劃型的經濟體中特別有用，這類國家主要的決策者、以及其決策者之間的互動關係，主導了一切。」歐萊利在一九八六年這麼說道。[19]「在中國尤其是這樣，因為他在那邊很受歡迎，備受尊崇。」**[20]歐萊利這番話最適合來講上述那些季辛吉服務過的企業：他和周恩來還有其他中國高官搏感情建立的友誼（反之亦然），就是他服務的賣點。這種交情在中國特別管用，其他國家則沒那麼好用，在中國普遍的觀念就

*「別忘了，這費用並不是強制性的，」季辛吉在一九八六年時說：「所以如果客戶認為我們的服務不划算，他們是不會願意付費的。」

** 一九八七年底，季辛吉辦了「到中國去」（Day to China）的活動。一九八八年五月，他就帶著客戶，大通銀行（Chase Manhattan Corporation）總裁大衛・洛克斐勒（David Rockefeller）前往北京，去拜會鄧小平。

是，有關係就一切好談，法律不外乎人情，這和自由民主社會中，只講法律不講人情是完全不同的。

也因此，有了季辛吉顧問公司，季辛吉得以靠他與中國的關係大發利市。但也因為這些錢，讓他對中國的說法有了改變，至於他內心是怎麼想的，則已經無所謂了。「一旦中國強大到可以獨當一面，那就會拋下我們了。之後為了利益還可能反噬我們。」早在一九七九年季辛吉就在回憶錄中寫下了這段先見之明。但他公開的立場卻是自相牴觸。之後整個一九八〇年代，季辛吉對中國極盡恭維之能事，過去總是嚴肅、客觀談論世界局勢的他不見了。「問題是，中國在未來有可能成為美國的盟友嗎？」季辛吉在一九八〇年於東北伐木業零售協會（Northeastern Retail Lumbermen's Association）的演講中曾這麼問道，「我個人呢，倒是對於中國懷抱著強烈個人好感，可以說是頗感情用事的。」

一九八五年，在底特律經濟俱樂部一場演講中，季辛吉曾說：「我所見過，最複雜、冷靜、不感情用事、不受情緒影響的外國政策分析，就是北京政府所做的。北京當局讓我們看到，一個國家為什麼可以三千年來，始終維持獨立，而屹立不搖的原因，這絕非偶然。」當中第一句話，深深影響了來聽他演講的底特律政商界重量級人士，因為說這話的人，可是一位以作法實際知名、又外交手段圓融、思維絕頂精明的人。但對於自己受到政商界信賴的情形，他卻又常常自謙，認為自己是感情用事，一九八五年，他在一份準備在華府智庫戰略與國際研究中心（CSIS）發表的演講草稿中就寫道：「沒人比我對中國更感情用事，也沒有人比我更用心在和中國交朋友。」儘管他這麼坦承自己對中國立場不客觀，他對中國的溢美之辭，不論是否肺腑之言，卻在當時左右了美國與中國合作的看法，同時也為季辛吉取得了通往中國領導高層的捷徑。

季辛吉是二十世紀最出色的思想家，在與中共打交道方面，古今美國人中更沒有人能超越他。既然是這樣，那他對中國的評價，又有什麼不可盡信的呢？為什麼我們不能就把他的言行，視為是他智慧和經驗的結晶？這個問題，或許可以藉由一些季辛吉同輩重量級人物對他的評價來回答。像季辛吉這麼權傾一時的人，肯定難免會樹敵。但是對季辛吉的惡言，卻往往來自意想不到的人，尤其是和他直接共事過的人口中。雷根總統第一任國安顧問李察．艾倫（Richard V. Allen）就說[21]：「我欣賞亨利，但我不懂，他做事何必那麼拐彎抹角、把人玩弄在股掌之間，他那麼聰明、又那麼認真工作，事情來龍去脈別人還沒滲透之前，他就先滲透了。如果他行事光明正大的話，肯定還能更上層樓。但他這人不知為什麼，就是不喜歡明著來，而老是喜歡在暗處操弄人。」季辛吉在哈佛大學的恩師比爾．艾略特（Bill Elliott），在一九六三年退休晚宴上，稱這位高徒是「我見過最傲慢的人。」[22]一九八九年一月，老布希總統致電蘇聯領導人戈巴契夫（Mikhail Gorbachev），電話中他感謝戈巴契夫接見季辛吉，並說期待聽到季辛吉回來後向他簡報會面過程。[23]但「大家可能不見得會盡信季辛吉的簡報，因為，畢竟這人是季辛吉。」這通電話的譯文記載布希當時這麼說。許多跟季辛吉密切共事過的人，也都直陳他這人講話不講真話。「季辛吉說謊不是因為對自己有好處，而是因為，他本性就愛說謊。」這是季辛吉貼身助理赫穆特．桑能菲特（Helmut Sonnenfeldt）所說的，《紐約時報》在二〇一二年桑能菲特過世時的悼文[24]，稱他是「季辛吉的季辛吉」。

在中國政界高層，想要套關係，那就要一方面擺低姿態，一方面又盛情招待對方，拍馬屁要拍得恰到好處，讓對方覺得自己很被看重。季辛吉這人的個性，既聰明、又有權力慾、再加上好權謀和操弄人，中國政壇那套用在他身上，是最合適的。

到了一九八〇年代後期，季辛吉和中國的接觸越來越多。一九八八年十二月，他設立了一個基金會，名為中國風險投資有限公司（China Ventures），由他自己擔任總裁、董事長和普通合夥人。[25]該基金會與中國中信集團（China International Trust and Investment Corporation, CITIC）合作，而中信集團是中國國營投資公司，是中共對「全世界的投資窗口」。[26]季辛吉的檔案庫中，可以看到一九八九年五月，他與該公司創辦人榮毅仁在簽約時的合照。[27]根據當時提案的備忘錄記載，該基金共募到七千五百萬美金，投資在「中華人民共和國相關主管機關都會絕對支持的」計劃案中。我們無法確知季辛吉當時推動這個投資，是為了中國的利益還是為了美國的利益，但很肯定的是，這絕對有利於季辛吉本人。

這裡我們要稍微岔開話題，先談一下中國共產黨和中國經濟之間的互動。這樣接下去談其他季辛吉的中國情事，才能夠瞭解其來龍去脈，雖然在這裡會加以簡化，但卻很關鍵。

中國的國營企業（SOES），都是由中國共產黨監管和所有：這些都是正式被納入政府之下的公司。在美國也不是沒有類似的國營企業，像是著名的小羅斯福（Franklin Roosevelt）一九三三年成立的田納西河谷管理局（Tennessee Valley Authority）、以及美國國家鐵路客運公司（Amtrak）等都是。但是國營企業在中國，比起美國來，不僅數量更多，更有權力，也和政府之間更難以劃分界線。中共國營企業的高層主管，幾乎一律是中共黨員，而中共也要求這些國營企業要奉行其政策。比如說，在季辛吉和榮毅仁簽約合作前數月，中共就已經指派榮毅仁為全國人大常務委員會副主席，這是中共黨中央要職，雖然只是象徵性。[28]中國官員，在國營企業和省市書記間無縫接軌就任的情形所在多是。有人會說，類似的情形也發生在美國，從政府轉到大型企業任職的「旋轉門」條款，像是錢尼（Dick Cheney）原任職於國防部，之後轉任哈利伯頓（Halliburton）油田公司，之後又從該公司轉任副總統。但錢尼在哈利伯頓任職期間，並不在政府部門作事，而美國政府在哈利伯頓公司也沒有股份。但季辛吉和榮毅仁合夥做生意，卻是直接和中國共產黨合夥。*29

但是，季辛吉和中國風險投資公司的合作，卻挑錯了時機。因為，一九七六年毛澤東過世後，隔年由鄧小平接任領導，但毛澤東留下來的中國，卻是一個殘破敗落的國家。因為毛生前發動了兩次改革，分別針對社會和經濟，卻導致數千萬人民死亡。

鄧小平從一九七〇年代後期帶領中國，一直到一九九〇年代初結束，他讓中國經濟高度自由化，也勉力讓政治體制獲得改革。「打開一扇窗戶，新鮮空氣進來了，蚊子蒼蠅也進來了。」鄧小平曾這麼說，一方面代表他擁抱改革的決心，一方面也表示他瞭解這對中共權力會有鬆動的風險。[30]但終究，原本毛澤東在世時對美國疑神疑鬼的擔心退去了，換來的是中國些微的開放。一九八七年，肯德基炸雞成為首家登陸中國的美國速食店，其開在天安門附近的分店尤其受中國人歡迎。中國人也再次可以赴海外旅遊，這時他們才發現，中國在中共的領導下，落後其他國家的程度有多嚴重。

一九八八年中央電視台播出紀錄片《河殤》，此片對中國的落後諸多批評，也盛讚西方國家的成功，卻意外受到歡迎，片中讓中國人看到中國的貧窮對比紐約曼哈頓摩天大樓的興盛。[31]該紀錄片認為，套一句其編劇的話：「中國問題的解方，就在民主和人權。」[32]

一九八〇年代中國政壇有兩種主張互相拉扯。這和蘇聯一樣，時而開放、時而封閉，有時是取決於領導人的一念之間，有時則是基於政治和經濟上的需要，一九八〇年代的北京政局，也在自由化和經濟自給自足、不仰賴他國之間擺盪。

到了一九八〇年代後期，中國共產黨中許多人都覺得中國門戶過度開放了。因此，從一九八〇年代後期起，一直到現在，雖然中間小有起伏，但中共基本上就採取緊收的立場。中共是再也不可能走回到一九八〇年代中葉，或是二十世紀初時那樣，對美國保持開放了。「我們有些人到國外看了幾眼摩天大樓和高速公路後，」陳雲不屑地這麼說，他們的結論是「社會主義不是資本主義的對手。」[33]

而如果說，美國的影響這樣還不夠給中共高層當頭棒喝的話，一九八九年春天，

＊榮毅仁同時也是中國人民政協（Chinese People's Political Consultative Conference）的副主席，這是負責統戰工作非常重要的組織。

當數十萬學生走上天安門廣場，開始要求實施美國式自由和民主時，中共高層終於被敲醒了。當年五月三十日，一名學生無懼地大聲唸出一段聲明，告訴當局，民主是「我們所渴望的，我們中國人數十年來在封建獨裁下受到迫害」。[34]示威群眾接著就立起一尊民主女神像，仿照美國的自由女神所塑。一九八九年六月三日傍晚，在官方鎮壓行動開始不久後，一輛坦克車推倒了這座女神像，接著雕像就被士兵用鐵桿砸爛了。[35]

六月四日這天，中國士兵對廣場周邊手無寸鐵的示威者進行屠殺，美國廣播公司（ABC）來到康乃迪克州肯特郡季辛吉週末住處，採訪這位美國最知名政治家。「美國應該有什麼作為嗎？季辛吉博士？」美國廣播公司的新聞主播彼得・詹寧斯（Peter Jennings）在一九八九年六月四日這天問他。「我不會發動制裁。」季辛吉這麼回答他。七月三十日《洛杉磯時報》（*Los Angeles Times*）上一篇專欄中，季辛吉雖為文痛斥中共屠殺行為「兇殘粗暴」，卻又說「但為了避免誤會，容我為自己針對北京事件總結一下。世上沒有哪一國的政府，會坐視其首都的主要廣場上，連續八週被數萬示威者占據，連政府主要辦公部會前的區域都被堵住。」言下之意是，若是換作白宮大門口被人靜坐示威，那當時的老布希總統就會下令對示威者開火。[36]

在電視觀眾眼中，講這番話的季辛吉，可能只是位政界元老、講求實際不滿嘴理想，無涉個人利益，只希望彰顯社會秩序。但他們卻不知道，季辛吉因為被聘為一些美國公司的董事，被許以打入中國門戶的重責，再加上他自己開設的季辛吉顧問公司客戶的利益關係、更尤其是他和中國風險投資公司的合作案等等，讓他不僅要靠中國獲取利益，也要謹言慎行，只能說中國共產黨的好話。

「若是當時我就知道這些，就不會對他進行採訪了，沒什麼好說的。」詹寧斯事後這麼說。「我也相信電視台高層能夠諒解我的決定。」

像季辛吉這樣，不為外界所知，卻在暗中圖利中國，對中國凡事忍氣吞聲的人，可不只他一個。老布希總統曾經是中情局局長，他在天安門大屠殺事件後發聲譴責中共、並且停止銷售中國武器、更下令應對事件後請求留在美國的中國學生，寬容審核其申請。[37]但不過才六月五日，他就已經迫不及待宣布「現在應該放下這個事件，聚焦重要面相，力圖讓這段至關重要的中美關係朝長遠發展。」[38]六月二十三日，在他致鄧小平的信中，他更宣布自己「對您為中國人民所做的一切，以及讓偉大中國大步向前的努力，充滿無限敬意。」他並請求鄧小平協助「保存這段我們雙方都認為極為重要的關係。」布希深信，以他作為中國友人的身分，以及他和鄧小平的關係，意味著美國就應該要和中共維持緊密的關係。他後來對為他寫傳記的作家也這樣說：「要是我沒見過鄧小平本人，我可能就不會那麼想在天安門事件後，還要跟中國維持關係。」[39]同樣的，老布希也放任剪不斷理還亂的個人關係，影響他身為總統應以國家至上的治國之道。

但這樣的情形，不過是美國總統長久以來，為了自身利益，而向獨裁者示好、套交情的歷史重演而已，上自小羅斯福和「喬大叔」（Uncle Joe）史達林套交情、下至小布希總統在九一一事件後，保護沙烏地阿拉伯，這類情形層出不窮。

這樣做所造成的問題，只有事後回頭來看才會清楚：現在，北京政府已經強大到足以威脅美國，這是自從納粹德國以來，從來沒有過的事。就是像小布希這樣的行為，尤其是在歷史上一些關鍵時刻去做，成了壯大敵人、危及美國的原因。老布希以自己豐富的外交政策知識自豪：因為他在一九八〇年當上美國副總統前，先後擔任過美國駐聯合國大使、以及中情局局長。他在天安門事件後對中國的拉攏、討好，當時他是否有想過，會造成這個當初極為貧窮的國家，日後危害到美國全球霸主地位？我們這樣要求他，或許太過嚴苛。但是，不能再小心謹慎一點嗎？曾經，在電視採訪中被問到他心目中最偉大的領導人時，老布希先是面露難色，繼而就說出鄧小平三個字，除此以外沒有再提其他人。[40]

老布希在一九七四到七五年間，中美尚未建交前，被派駐北京擔任等同於大使的職位，就是在這時期，他首次和鄧小平有了接觸。兩人的關係好到，在他打算競選總統時，還特別派太太芭芭拉前去向鄧小平傳達他參選的意願。一九八八年十月，鄧小平更難得出聲為布希參選背書，說他希望這位「老朋友」能夠「在大選中獲勝」。[41]

一九八九年七月，老布希派國家安全顧問史考克羅夫特和副國務卿羅倫斯・伊格爾柏格兩人密訪北京，兩人拜見了鄧小平，以求在天安門事件後修復中美關係。而史考克羅夫特和伊格爾柏格兩人，就是季辛吉顧問公司一九八〇年代的高層主管。*[42]

老布希同時也分別在一九八九年十月和十一月，派遣尼克森和季辛吉到中國祕訪。尼克森出訪時，他帶的是米謝爾・歐克森柏格（Michel Oksenberg），他是卡特總統任內國家安全會議成員，也是中國專家。季辛吉出訪時，則帶了他顧問公司的客戶莫里斯・葛林堡（Maurice Greenberg），他是當時美國國際集團保險公司的總裁，季辛吉當時同時也是該公司的國際諮詢委員會主席，另一位隨行的則是女律師茱蒂絲・霍普（Judith Hope），她和季辛吉當時都是聯合太平洋鐵路公司（Union Pacific）的董事。（葛林堡事後否認該出訪有任何不妥之處。雖然「當中提及經濟問題」他說，「卻沒

＊當時美國駐華大使詹姆斯・禮萊（James Lilley）記載道，北京當時的反應就是「關門打狗」：也就是說，在美國看不到的地方，狠狠教訓示威者。（伊格爾柏格卒於二〇一一年，史考克羅夫特則卒於二〇二〇年。）

有談生意。」）[43]季辛吉在《論中國》一書中，提及自己「是為了形成自己對中見解，而在當年十一月，接受了中國領導人的邀請，前往北京。」[44]書中他完全未提及葛林堡、霍普、或是他自己和中國中信集團的合作案。

密會時，尼克森對中國領導人說：「美國有許多人，其中有些還是中國友人，都認為天安門鎮壓行動過當、也師出無名。」[45]季辛吉因此對中國領導人建議，要他們多作宣傳。一九八九年十一月季辛吉訪中時，他這麼說：「真正的問題出在，共產黨內部有不和，並不是因為學生和政府意見不同。而是因為中國宣傳做的不夠，其國際形象因此受到重創。」[46]也就是說，季辛吉藉這個機會，和他那些中國政要老朋友見面，還對他們面授機宜，教他們如何模糊焦點，掩蓋屠殺學生的事實。

至於北京當局，則認為光是靠跟老布希以及季辛吉的交情，就能夠穩定美中關係。尤其是季辛吉這趟出訪，上述那番話，更讓中共服下定心丸。但美國體制設計本就有制衡作用，所以，老布希自覺和中國是「老朋友」那是他的事，國會可不當一回事，而季辛吉在商言商的一廂情願，那就更不被國會所採納了。國會認定在這件事情上，美國一定要給予中共懲罰，並且要保護在美就學的中國學生，也因此在一九八九年十一月，國會頒發保護令，保護中國在美學生，但立刻遭到老布希總統否決，造成他和國會之間極大的衝突，參議員皮特．威爾森（Pete Wilson）（加州共和黨），更為此不顧自己抱病在身，硬是下床搭機飛抵華府，只為投票反對老布希。但最後還是被老布希稱心如意了。[47]

而且，老布希當時還在美國釋出一種觀念，在整個一九九〇年代和二十一世紀前十年間，不斷被人複誦：說是中國終將走向民主化。「我深信，民主的力量，終將戰勝天安門慘案這類不幸事件。」老布希在六月五日記者會上這麼說，離天安門慘案發生才不到幾個鐘頭。[48] 他更講了一番話，在當時聽起來很合理，甚至似乎真有這可能，那就是，他聲稱，美國將來會和中共手攜手、肩並肩協助它走向民主的道路。

中美關係在天安門事件經歷調整開放口徑的階段，之後季辛吉就收掉他的中國風險投資公司。天安門慘案讓中國經濟重創，中國於是再次退縮封閉。尼克森總統時代的財政部長威廉．賽門（William E. Simon），後來擔任中國風險投資公司的董事，他就說得言簡意賅：「說委婉點吧，應該可以說事情再也沒有下文了。」[*49]

* 一九八九年十月，季辛吉在《洛杉磯時報》寫了一篇專欄文章，當中有以下注解：「季辛吉在六月初說，中國風險投資公司還未正式營運，也還沒有進行投資。六月六日，中國風險投資公司取消了原訂在六月十五日要宣布成立的計劃；七月二十四日，該公司董事會投票決定，「目前」不進行任何投資。接下來，季辛吉取消原訂十月二日在北京舉行，一場中國中信公司投資會的演講。但他依然是該投資集團的合夥人。「之所以決定這些行動」季辛吉說「是因為要讓我的發言，能夠不受到個人在中國利益影響。這份關係，我特別的看重，因為是我一手培植，而且過去曾得到兩國五任執政團隊的支持。」

賽門口中所謂的關係，可能是泛指所有美國人。一九九〇年代初，沒幾個美國人會想與中國為友的。在華府眼中，中共和其所帶來的利益，完全不具重要性，尤其是商業金融上更是如此。一直到一九九〇年代後期，想來美國華府疏通的中國官員和商業界人士，往往感覺被疏遠，遠不如台灣人士和華府親近。這裡面的緣由，部份是政治的，部份則是經濟的。天安門慘案讓中國成為全球位階最低的國家，派遣軍隊屠殺手無寸鐵學生的畫面，深深烙印在美國人心裡。儘管中國的人口足足比台灣多了四十倍，一九九五年時，美國對台灣出口數字是兩百六十九億美金，對中國卻只有一百一十八億美金。[50]「中國是美國企業未來的夢想所在」記者孟捷慕（James Mann）在一九九九年撰寫的美中關係史中寫道：「但台灣則是當前的獲利。」[51]

更何況，台灣是友邦，不論從歷史上來看、共同價值觀來看、還有親密度來看都是。台灣民間蒸蒸日上，其人民熱愛棒球。台灣駐美辦事處在雙橡園舉辦活動，雙橡園是由亞歷山大．葛蘭姆．貝爾（Alexander Graham Bell）的岳父在一八八八年所建，這是華府地區最大型的莊園。[52]一九九七年二月，柯林頓總統夫婦、高爾副總統夫婦，更在台灣駐美代表胡志強的陪同下，前往中國城參加農曆新年派對。同一時間，中國大使卻對《紐約時報》抱怨：「為什麼總統不來我們辦的派對？」

但在這兩個敵人之間，取得平衡，美國也不是始終能游刃有餘的，這裡頭有無法排除的先天性障礙在。因此也難免出現尷尬的情形。一九九四年五月，李登輝總統搭乘的台灣政府專機準備前往南非，為參加曼德拉總統（Nelson Mandela）就職典禮中途過境檀香山加油。[53]美國國務院為避免破壞美、中、台三邊敏感關係，而拒絕給予李登輝入境許可，只允許在軍用機場過境。李登輝因此拒絕下飛機。他並對前來接機的美國官員說：「我不能離機門太近，以免一不小心摔進美國。」*[54]

台灣方面始終很清楚自己處於敏感的戰略位置，他們想要藉此事件一方面提醒華府，一方面讓北京當局看看，台灣當局和美國國會代表之間的關係能展現多大的威力。一九九四年美國共和黨革命，讓該黨四十年來首次在眾院和參院都拿下多數席次，再加上三位支持台灣的國會議員都取得國會要職，包括紐特・金瑞契（Newt Gingrich）、鮑伯・杜爾（Bob Dole）、以及傑西・赫姆斯（Jesse Helms）三人分別拿下了眾院發言人、參院多數黨領袖、以及參院外交關係委員會主席三職，三人都出面為台灣說話。而台北當局，又透過智庫台灣綜合研究院（Taiwan Research Institute）與華府最有力遊說公司卡西迪律師事務所（Cassidy & Associates），簽下三年四百五十萬的合約，由其敲邊鼓。卡西迪的計劃是，以李登輝總統在一九六八年於康乃爾大學拿到農

---

* 當時台灣外交部長錢復告訴美國在台協會官員說美國人都是「牆頭草隨風倒」。

業經濟博士為基礎：透過台灣康乃爾校友會，捐贈該校兩百五十萬美金，再由該校以李登輝之名獲開設一個教授席次。[55]康乃爾隨後即邀請李，於一九九五年重返母校演講。這份邀請對日後的影響，至關重大。

當時美國國務卿還向北京當局保證，美國政府絕不會允許李登輝演講。但卡西迪事務所卻在國會遊說議員，要讓李前往康乃爾演講。「憑什麼美國要向中國『磕頭』，我們刻意反覆使用這個字，以表明這中間台灣的立場。」傑拉德·卡西迪（Gerald S. J. Cassidy），卡西迪事務所的總裁兼創辦人這麼說。「憑什麼連小到如李總統要出訪美國這樣的事，都要看中國的臉色，這難道不會實質上矮化日後美國對中國的地位嗎？而這有符合美國一向支持全球民主的原則嗎？」[56]

北京當局的盤算是，有這些美國友人在，會幫它勸退國會，不要為支持台灣，而傷害中國，也傷了中美和氣。但它盤算錯了。從一九九五年二月，金瑞契國會的證詞，就可以知道，他本人是支持李登輝出訪美國，他當時甚至還提議，要讓台灣重返聯合國。[57]到了五月，參眾兩院無條件通過決議案，支持李登輝造訪康乃爾大學。眾議院對此案投票的票數是三百九十六票對〇票、參議院則是九十七票對一票。長期以來一直支持台灣的杜爾，在這同時，還成功贏得一九九六年美國總統大選共和黨提名黨內選舉，他甚至還想要派一架專機，將國會議員載到康乃爾去拜見李登輝。當時的柯林頓總統見狀，一方面不想與參眾兩院為此開戰，一方面也擔心會造成公關危機，只能不情願地同意了李登輝的簽證。

台灣方面則向柯林頓政府保證，李登輝的康乃爾演講不會涉及政治。「面對共產主義的衰敗」李說，「不同國家的民眾也亟於嘗試追求新的制度。」他又說：「本人確信，台灣經驗中的若干部份，對我們所面臨的新時代，必能帶來新希望。」此話婉轉地呼籲中國進行民主化，也為九個月後台灣第一次舉行的民主選舉，拋出了振奮人心的競選語言。「他擺了我們好大一道。」當時美國東亞助理國務卿溫斯頓・洛德（Winston Lord）這麼說。[58]

李登輝的演講釀成第三次台海危機。北京取消了中美軍備管理協商對談，以及中美雙方官方拜會的行程、召回駐美大使、並朝台灣海峽發射飛彈。此舉意在告訴台灣，選出像李登輝這樣的政治人物，會危及台灣安全，同時，美國也不應插手台灣與中國的關係。*

正當台海危機最緊張的時刻，季辛吉之流的友中人士，也都試圖和緩僵局。一九九五年七月初，季辛吉帶了一支代表團前往北京，在美國在華商會的安排下，進行參

* 前兩次台海危機分別發生於一九五四至一九五五年，以及一九五八年。

訪（該商會創於一九八七年，目的是要加深兩國在金融和文化上的連結）。季辛吉一行人中還有前美國國務卿海格（Al Haig），這時則已卸任擔任顧問，還有前副國務卿約翰．懷海德（John C. Whitehead），還有再次隨行的美國國際集團保險公司總裁葛林堡。季辛吉帶著一行人拜會了中國高層，包括國務院總理李鵬等人，李鵬告訴季辛吉，柯林頓政府此舉已經讓中美雙邊關係「根基遭到動搖」，也「傷害了全中國人民的情感。」[*59]

同年七月十三日，季辛吉對參院外交關係委員會說，美國應該冷靜下來，觀察狀況。給北京當局「時間，去消化許多人的強烈感受。」他這麼說。「他們應該要避免在不久的將來有太多的衝突。」當天下午，他和一群友中美國人在白宮與柯林頓總統以及副總統高爾、還有政府國安團隊開會，根據該會議的解密譯文，在場四人都敦促柯林頓和高爾要軟化對中態度。「若是執政當局能夠朝改善對中關係前進，我們會盡力幫政府去處理國會中的共和黨議員，我認為這些人這陣子對這議題，表現得都太不負責任。」季辛吉這麼說。[**]

一九九五年七月初，金瑞契呼籲美國恢復與台灣外交關係。[60]他在CBS電視台的《面對國家》（Face the Nation）節目中說，柯林頓團隊應讓北京知道，要它「面對事實，台灣人民享有自由、且該當自由。」

但同一時間，季辛吉卻在幕後運作。「亨利打電話給我說『這樣不好，』」金瑞契對《紐約時報》說，季辛吉指的是金瑞契呼籲恢復對台邦交的事。「我說『我要他們注意到我』，他說，『你已經贏得他們的注意。』」就這樣，金瑞契對復交之語改口。「我是想惹毛他們，好讓他們注意到我，」他說的他們指的是北京。「我不認為美國應承認台灣。」金瑞契對《紐約時報》這麼說，「至於中國，我真的摸不著頭緒。我在跟亨利聊過後，結論是我得多花點時間多研究中國，並思考中國問題。」季辛吉則說：「我想他是第一位承認自己過去對外交政策瞭解不夠的人。」金瑞契對《紐約時報》說，季辛吉「很喜歡我」。[61]

---

* 一九八九年十月，北京政府要慶祝建國四十週年時，苦尋不著外國政要蒞臨，部份原因就在來賓必須坐在天安門廣場邊的觀禮台上，這時離六四天安門慘案才四個月的時間。就連季辛吉也敬謝不敏。北京最後只能勉強找到一位資深巴基斯坦立法委員、一名捷克政界人士、北韓財金部長、中俄友誼協會副會長，以及上述的海格，他十八個月前，才剛參與共和黨總統提名黨內選舉。

** 與會的四人，再加上前美國貿易代表卡拉·希爾斯（Carla Hills）都剛出訪北京返美。但是當時大型媒體都沒有人提到，這趟出訪是由美國在華商會所籌辦；這四人也都沒提及其實當時葛林堡亦陪同前往。一九九三年，希爾斯開了希爾斯國際顧問公司（Hills & Company International Consultants），同年她還加入美國國際集團保險公司董事會。季辛吉在一九八七年就已被國際集團保險公司顧問團指派為主席。這種安排都是很典型季辛吉的手法。

一九九六年三月，在美國政府派遣兩艘航空母艦進入台灣海峽後，第三次台海危機告終。「北京應該要知道，美國艦隊會讓他們瞭解，儘管中國武力再強大，軍威再壯盛，西太平洋最強的軍力還是美國。」柯林頓國防部長威廉·斐利（William Perry）這麼說明。[62]一九九六年三月二十三日，台灣舉行了史上首次總統民選，李登輝以接近五成五的得票率當選總統，比起其他候選人多出一倍。

這件事讓北京發現，自己在美國政界不夠主動積極，也不夠瞭解。所以就在一九九五年召集中央領導團隊，找來高層黨員，鑽研美國國會事務。[63]「我們在美國國會的遊說功夫下得不夠深，」中國當時的國家主席江澤民跟《美國新聞與世界報導》（*U.S. News & World Report*）雜誌這麼說。[64]「我向來歡迎美國參議員和眾議員來中國訪問。我相信過去那些見過我的美國友人，不會覺得我是個獨裁暴君。」他這麼說。

一九九六年美國總統大選期間，中共領導人集中力道想要影響美國，他們偏愛柯林頓，想讓他再次當選。但其實，柯林頓在擔任阿肯色州長時，曾四度訪問台灣，卻一次也沒去過中國，但他顯然比杜爾得中共歡心，因為後者曾在一九九六年三月說過，他支持台灣重返聯合國。

北京這時改弦易轍，不再採用過去那套列寧式的影響伎倆，而想藉由支持民主黨，來玩華府那套討價還價的政治買賣，但是因為欠缺經驗和專業能力，所以玩不起來。這件事現在已經沒人記得了，當年這件募款醜聞被稱為「中國門」（Chinagate），還困擾了白宮好幾個月，一直到陸文斯基（Monica Lewinsky）事件在一九九八年爆發，才被人淡忘。*這也不是中國第一次介入美國內政失利了（也不是最後一次），只是這次特別丟中國臉而已：這件事為北京上了一堂華府權力、金錢、影響力的課，進一步瞭解三者之間錯綜複雜的關係。

「中國門」這件醜聞，追根究底就是因為柯林頓本人對於募款過於熱衷所致。一九九六年總統大選中，參眾兩院都被共和黨所把持，這讓柯林頓擔心會影響自己競選連任，因此其團隊就將募款列為競選工作首要任務：為此，光在一九九六年一年間，柯林頓就辦了兩百三十七場的募款活動，數量驚人。拿人錢財為人消災，柯林頓政府為捐款者、募資單位、以及中間的聯絡人，開放以往不能上達的白宮天聽。這時就冒

* 那段期間的紀錄，很少是跳脫兩黨角度去寫的。多數提到「中國門」的書，書名就已經夠具黨派色彩，像是《鼠年：柯林頓和高爾怎麼為了賺中國錢而犧牲美國國安》（*Year of the Rat: How Bill Clinton and Al Gore Compromised U.S. Security for Chinese Cash*），還有《欺瞞：柯林頓怎麼背叛美國圖利中國軍隊》（Deception: How Clinton Sold America Out to the Chinese Military）。一九七年三月，《國家評論》雜誌（*National Review*）的封面故事有談到中國門醜聞，刊名是「滿洲候選人」（The Manchurian Candidates），封面則是青面獠牙、惹人生厭的柯林頓畫像。

出一位過去名不見經傳的募資人鍾育瀚（Johnny Chung），鍾是位台灣出生的創業家，他成了這樁醜聞的關鍵人物，他前後進出白宮多達四十九次。[65]一九九六年四月，副總統高爾在洛杉磯一家佛寺辦了募款活動，一位台灣出生的美國移民顧問，居中安排，從該寺僧尼那裡募到五萬五千美金，但僧尼本應持戒，不沾金錢才是。

一九九六年八月，鍾在香港一家鮑魚餐廳與中國人民解放軍情報頭子姬勝德將軍見面。根據鍾育瀚一九九九年在眾院的證詞：「我們希望他能連任，」姬勝德口中的他指的是柯林頓。[66]他接著說：「我給你三十萬美金，你捐給總統和民主黨。」（美國政黨接受外國捐款屬違法。）

在台海危機後，北京當局看到台灣對美大手筆捐款，想要有樣學樣，以為用錢可以討好白宮。它以為美國的國會，不過是總統說什麼就答應什麼的橡皮圖章，沒有實權。「一九九〇年代開始，北京深受對美國政治體制認識不夠之苦。」中國學者大衛·蘭普頓（David Lampton）這麼寫道：「畢竟，尼克森總統和卡特總統，在一九七〇年代大幅改變對華政策時，也都沒有和國會商量。」*[67]北京因此覺得，那何不直搗黃龍，對白宮主人下手？

但這筆捐款不僅沒讓北京得著好處，反而讓它處境更加惡劣。隨著中國門醜聞越演越烈，《紐約時報》專欄作家傅利曼在一九九七年三月寫道：

這下子，只要是政府關於中國的重大決定，不管是真實或臆測得來，其與競選捐款之間的連結，一定會被人詳細檢視了。柯林頓政府中的中國專家，也就更不敢稍越雷池。這時，國會中，對於中國的態度，就更難取得兩黨共識，因為國會中那些反中派，只要看到有人急著處理與北京有關的重大議程，就一定會拿這次中國畫蛇添足、意圖影響華府的事說嘴，削弱這些議程的說服力。[68]

這樁醜聞也讓人瞭解到，台灣遊說華府的力量有多根深蒂固。儘管這個醜聞中，四位主要美籍亞裔人士，都和台灣有連結，國會卻只提他們和北京當局的關係：此案第一份大型報告，一九九八年三月的「一九九六年聯邦總統大選相關非法或不當活動調查報告」（Investigation of Illegal or Improper Activities in Connection with 1996 Federal Election Campaigns）中，刻意強調，是幾位中國「分子，試圖影響美國大選」。[69]

在一九九六年總統大選失利十四個月後，杜爾正式登記為台灣外國說客，他所開立的律師事務所，每月為此可收到三萬美金律師費。[70]一九九八年七月，杜爾上了大

＊這中間還有很多事情，我們不清楚，畢竟，很多相關檔案鎖在北京，外人無法得見。但，很有可能，北京捐錢是要陷民主黨於不義，而中國門不過是誤打誤撞。

衛．賴特曼深夜脫口秀（Late Show with David Letterman）節目。當時柯林頓總統剛訪問北京回美，藉此讓他在美國的性醜聞暫時轉移焦點，並表明，美國不支持台灣獨立。「那我們暫時忘記莫妮卡．露文斯基的事，來談談柯林頓總統訪華。」賴特曼在節目中這麼挖苦道。

杜爾則回道：「我倒是覺得，整體而言，他這趟出訪整體表現相當好，除了提到台灣的部份，我認為，因為他這麼說，讓這次出訪成績從甲掉到丙。我認為這件事上他犯了錯。台灣和中國的問題，應該交由他們自己去釐清；總統說不該有獨立（原意），不能有一個中國、一個台灣，兩者不能同在一個世界組織中，我認為這是錯的，我預期下週國會開會時，雖然我已經不是議員了，但應該會遭到強烈的抨擊。」[71] 這段談話中杜爾完全沒提到自己有拿台灣錢的事。（筆者徵詢杜爾對此的意見，他透過發言人表示拒絕回答。）

中國門事件的調查一拖好幾年。一九九九年五月，國會找來涉案的四名美籍亞裔人士。鍾育瀚的證詞是最具爭議性。「你雖然爆紅了一陣子，但很明顯，你只是北京一顆微不足道的棋子。」眾議員湯姆．蘭托斯（Tom Lantos）（加州共和黨）說道。[72] 鍾育瀚否認為中國政府辦事，反言抨擊美國政界拿人錢財為人消災的惡習。

鍾育瀚所說的情形，至今依然存在：如果美國政治人物競選不用那麼花錢，或許北京就不那麼容易靠錢影響美國政界。他接著說：「別忘了，這制度不是我創的，是各位。」

鍾育瀚和北京算準美國行政部門見錢眼開的心態。《紐約時報》在一九九七年八月的社論標題是「白宮閘門」（The White House Turnstile），文中說道，有錢好辦事的作法，「持續毒害美國政界，且讓美國一般百姓變得對政治行事作風更加不信任。」[73]一九九七年七月，鍾育瀚接受訪問時，他說了一句話，廣為人知：「在我眼中，白宮就像是地鐵，投錢閘門就會開。」[74]北京當局在華府砸錢滲透官場，雖然失敗，卻學到了教訓，它瞭解到自己投銅板既不合法，閘門也不會開；倒不如讓美國企業、還有美國友人來為北京投這閘門的銅板。

而北京想在華府打開通路的念頭，也在另一個地方用上了。二十世紀初，是美國傳教士和政治人物，在中國為美國的利益開路，到了二十世紀後期，則是生意人當先鋒。

美國企業界想赴中國投資的念頭，在一九八〇年代開始逐漸強烈，尤其是因為美國政府帶頭，想要透過拉攏中國，來制衡蘇聯，這讓企業界也受到了鼓舞。但一九八九年天安門慘案、再加上一九九一年蘇聯垮台，這讓美國不再想要投資中國。更何況，有些美國企業開始擔心到中國發展、以及和當地中國公司競爭等問題。

一九九〇年代初期，中國的環境，的確對美國企業在當地投資不利。天安門慘案後，對台友善的共和黨在一九九四年拿下了國會多數，國會和白宮開始威脅中國，要廢除中國最惠國待遇貿易條件，這個待遇，全世界只有北韓、敘利亞、利比亞、伊朗、古巴和伊拉克無法享有。[75]一九九三年五月，柯林頓頒發行政命令，表示因為中國「整體而言，在人權方面有長足進步」，因此應該持續給予最惠國待遇。但事實上，中國官員明明持續在逮捕一些知名的異議分子，還逼違反一胎化政策的婦女墮胎，也鎮壓西藏示威，企業當然知道，說中國在人權上有進步，實在說不過去。他們希望有別的藉口，好增加與中國的貿易量，也才好讓中國進得了世界貿易組織（WTO），這樣才能讓中國永久享有的最惠國待遇。

於是新一波大外宣戰事在美國開打了。從一九九〇年代中葉開始，美國一些知名企業和官員，都紛紛放聲主張，與中國做生意，既對美國有利，又能夠讓中國民主化。換言之，開放美國企業到中國投資，藉由投資，可以改善中國的政治制度，這就可以讓阻礙貿易的人權憂慮減輕。搶先開出第一槍的就是波音、摩托羅拉（Motorola）、艾克森美孚石油（Exxon）、以及IBM（國際商業機器公司）等大型國際企業，這幾家美國企業，展開了史上最大規模的遊說工作。花了數億美金的預算，力圖讓中美貿易關係正常化，並讓中國得以進入世界貿易組織。「中國經濟自由化，將能帶動中國政治自由化。」當時擔任小布希總統競選團隊首席外交顧問的萊絲（Condoleezza Rice）在一九九九年這麼說，這個說法，許多共和黨和民主黨的政治人物以及生意人也都掛在嘴上。「這是顛撲不破的真理。」[76]

但這個說法說它太天真，還只是客氣。*[77]「只要瞭解中國，就知道，這個國家沒有自由化的可能。」芮效儉（Stapleton Roy）是一九九一到一九九五年間，美國駐華大使，他在二〇一九年採訪中對我這麼說。既是如此，那美國政府高層，沒人相信中國有一天會走上民主化的道路？我於是問他。「沒錯」他這麼回答我。會民主化這個說法「不過是政策成形後，用來推動政策用的，卻不是形成政策的真正原因。」

另一邊，北京當局卻從一九九〇年代中期開始，就發現，要影響美國政府對中政策，朝美國企業下手，給予賞罰，是最有效的方法，因為這樣一來，美國企業會為了自己在中國的利益，去向政府遊說疏通。當中首當其衝的，就是波音公司，這家全球最大航空器製造商。每次只要美國一惹毛北京當局，「我們就成為北京挾怨報復的對

---

* 華倫．克里斯多福（Warren Christopher）在一九九三年一月，國務卿就職聽證會上曾說，美國會「藉由鼓勵中國經濟和政治自由化力量，幫助中國以和平方式，從共產主義轉變為民主制」。

象，」波音當時的總裁菲利普．康迪特（Philip M. Condit）在一九九六年這麼說。[78] 一九九〇年代中期，波音所產飛機中，有一成銷往中國，該公司一心希望這個占比能夠一飛衝天。因為中國的航空業，全由中共在掌控，賣飛機到中國，只要打通北京當局，就暢行無阻，比起電腦，太多管道要疏通，賣飛機可容易多了。再者，又因為全球航空業市場是雙頭寡占，分別由歐洲合組的空中巴士和美國的波音瓜分中國市場，北京要藉教訓波音來給華府看時，就對空中巴士下單，反之亦然。波音公司的首席國際策略家羅倫斯．克拉克森（Lawrence Clarkson），就說得很好，一九九六年時他說，要是華府不照中國的意思，「我們就倒楣了。」[79]

波音和中國的關係，可以遠溯自一九一六年該公司草創時期：該公司的第一位工程師，是一位在美國留學的中國學生，這件事，波音高層和支持者在中國客戶面前，經常會提起。[80] 一九三〇年代，波音和中國公司合作，催生了中國第一家飛機製造廠。一九三二年，波音駐華代表羅伯．蕭特（Robert M. Short）駕駛中國戰鬥機保衛蘇州時，被日軍擊落，他的葬禮在上海舉行時，獲得英雄式的待遇，超過一百萬人齊聲悼念。[81] 一九七二年，在尼克森總統的牽線下，波音獲得第一筆中共的訂單，賣出十架飛機；一九八〇年，該公司在北京設立辦事處。[82]

波音入主中國時間比空中巴士早，後者一直到一九八五年才第一次成功和中國達成交易。但一九九六年四月，因為親台引起的風暴正盛，華府首當其衝，中共總理李鵬，因此向空中巴士下單十五億美元，而原本這一單，是波音很有把握會拿到的。[83]當時李鵬說，歐洲領導人「不會在和中國談交易時，附帶政治條件，不像美國，動不動就發動制裁或是用制裁來威脅」。[84]（聽聽李鵬這話，自己明明就在交易中附帶政治條件，卻要別人不准這樣。）他說，這正是中國這次選擇和歐洲合作的原因。「我們很明顯就成了中共報復美國的替死鬼，」朗諾．伍達（Ronald B. Woodard），當時波音民用飛機集團的總裁（Boeing Commercial Airplane Group）這麼說。[85]

波音向北京強調，該公司正努力改善中國在美形象、提升其地位。當時，波音在美國打出三張中國牌，而且打得都非常好。首先，因為他是美國最大出口商，所以透過他和中國出口飛機，自然能夠逆轉對中貿易逆差，一九九六年時美中貿易逆差是三百九十五億美元，而且快速增加中，這是華府執政當局很大的挑戰，深怕這個逆差加劇。[86]其次，波音更主張，透過對中貿易能增加就業率：這不單限於波音一家，還包括其許多下游供應商，其數量到了二十一世紀初時，達到將近一萬家，在全美四百三十五個眾議員選舉區中，占了四百二十個，等於左右四百二十席眾議員席次。[87]

第三張王牌是最重要的，波音懂得如何動員其龐大的影響力人脈網絡。一九九六年三月，美國駐華大使尚慕傑（James Sasser）在北京美中貿易全國委員會（US- China

Business Council）演講，他說：「想影響國會議員，沒有比接到其選區所在地或在該州設立的公司行號總裁來電或拜會更有效了。」[88]而這一招沒有人玩得比波音厲害。比如一九九六年，波音代表就前去該公司在加州艾爾蒙地（El Monte）的下游供應商史魁爾工具機公司（Square Tool & Machine Corporation），要求該公司負責人喬琳妲·雷莎（Jolinda Resa）去國會，就對華貿易事項為中國施壓國會。[89]喬琳妲於是和該州國會議員聯絡，並邀當地企業主共同參加午餐演講會，這整個午宴加演講都由波音買單安排。「為了讓我公司七十名員工有頭路，」她說，「我覺得我應該盡一切所能。」*波音總裁康迪特這麼說道，「每一位供應商就是一家出口企業，他們都該明瞭中國對他們的重要性，我相信他們也明瞭。」[90]他對我形容這個遊說過程是「傾巢而出的遊說攻勢。」

操縱關係要成功，通常就是賞罰分明，做得好有賞、不聽話就罰。波音多年不懈為中國和自己公司飛機說項的結果，換來的就是一筆三十億美元的訂金，這是江澤民一九九七年十月出訪美國時的大禮。「這真的讓人感激萬分，」康迪特這麼說。

中國加入世貿組織後，最讓美國產業界垂涎的另一塊大餅則是保險業。「這些保險業者一想到中國十二億人口，口水都滴下來了。」大都會人壽榮譽主席哈利·凱門（Harry Kamen）在一九九九年這麼說道。所以保險業者就分頭在美國和中國展開遊說。美國國家安全顧問亞洲事務處的前主任珊卓拉・克里斯多夫（Sandra Kristoff）卸任後，就成為紐約人壽（New York Life）的執行副總裁：上任後在一九九九年六個月之間，她拜見了將近一百位國會議員。伊恩・蘭開斯特（Ian Lancaster）是美國保險業巨頭安達集團（Chubb）一九九〇年代駐華辦公室主任，他經常拜見北京和華府官員。「我在公司八年來的工作，基本上就是和政府打交道外加遊說。」他這麼告訴我。

美國國際集團保險公司（AIG）數十年來一直都是全球最大保險公司，他也告訴其他保險公司，那些在中國高層有關係的美方友人對他們很重要。而在美國大型企業中，美國國際集團最不同的地方在於，他的根就是起自中國，因為該公司創辦人史塔爾（C. V. Starr）就是在一九一九年於上海開了這家保險公司，而他的美國分公司卻是晚到一九二六年才開辦。當然，也跟其他外國企業一樣，該公司在一九四九年共產黨上台後，不得不撤離中國。但該公司早在一九八〇年就已經重返中國，算是相當早進入中國的外國企業。一九八九年天安門慘案後，該公司當時的總裁葛林堡，也不願意該公司從中國撤出，此舉代替中國對全球發送了相當有力的訊息，表示中國依然對企

*「該公司的遊說沒有經費上限，不管在政治獻金或是餐費、送酒或是請說客的預算，都沒有上限，」加州國會議員南西・裴洛西（Nancy Pelosi）這麼說。「該公司不介意花多少錢，因為回收的金額驚人。」

業保持開放。而且早在一九八七年，葛林堡就已經指派季辛吉擔任該公司的國際顧問團主席；季辛吉也為葛林堡引見鄧小平，還經常帶他去見中國其他高官。[91] 一九九〇年，當時還是上海市長的朱鎔基指派葛林堡為該市國際商業顧問團的主席，一九九二年，北京當局更發給該公司在中國銷售保險業務的營業執照，這是打從一九四九年以來，第一次有外國企業拿到中國保險營業執照。葛林堡說過，美國國際集團保險公司能拿到這張執照，「與李鵬、朱鎔基、以及江澤民有很大的關係。」*[92]

作為北京當局朋友的美國高層政治官員，獲得北京的加持，得以在中國協助美國保險業者開設分公司，這些人包括史考克羅夫特，以及前國務卿海格，但最主要的兩位，則是季辛吉和前總統老布希，後者在一九九三年卸任總統後，就成為顧問。當時蘭開斯特正苦於拿不到中國保險營業執照，所以他就說服安達集團總裁狄恩・歐海爾（Dean O'Hare），效法國際集團的作法，聘用老布希當敲門磚。「這人是高手，」蘭開斯特記得一九九〇年代中葉時，他這麼說服歐海爾。「請他過來，能幫我們打通高層。」在中國這種上面說了算一條鞭式的政治體制，這招特別管用。安達集團同時也聘用了史考克羅夫特的顧問公司史考克羅夫特集團（Scowcroft Group），蘭開斯特說，他們就透過該集團和老布希交流。一九九六年四月，安達集團出錢，讓老布希和史考克羅夫特前往北京。[93] 老布希就為安達總裁歐海爾引見江澤民，再安排歐海爾和中國中信集團會晤。[94]一九九八年六月，在柯林頓總統首次正式出訪中國前幾週，安達集團又出錢，請老布希和史考克羅夫特前往北京。[95]因為歐海爾非常迫切想要拿到中國的營業執照，記者喬・史塔德威爾（Joe Studwell）在二〇〇二年著作《中國夢》（*The China Dream*）中寫道，「所以該公司出了錢讓老布希兩度飛往北京，史考克羅夫特則飛了六次，前國務次卿阿諾德・坎特（Arnold Kanter）還更多次。」（歐洲方面的中國好友，英國首相艾德華・希斯〔Edward Heath〕，同時也出席了。）[96]

歐海爾的孜孜不倦果然有用。一九九九年四月，安達集團終於拿到第一張營業執照，並於二〇〇〇年九月，在上海開了該公司第一家中國分行。[97]史考克羅夫特親赴剪綵。「如果你去拜見中國高官時說，我帶了布蘭特・史考克羅夫特和阿諾德・坎特同行，那對方一定會願意接見。要是單單只有我蘭開斯特一個人的話，那說什麼高層都不會見我。」蘭開斯特這麼對我說。「要是你在中國無親無故，卻想要攀親帶故、弄到營業執照，那有前美國總統在餐會上幫你引見，那一些原本見不到的人，肯定會讓你見上。」安達集團的副總裁馬克・葛林堡（Mark Greenberg）在二〇〇〇年解釋，為什麼該公司會聘用老布希的原因。[98]「這樣我們才能進入他們的圈子，多認識他們

*至於那些天安門慘案後離開中國的公司呢？「他們後來也回來了，」葛林堡說，「不出我們所料。」

一點。」

北京和美國打交道的方式，不同於日本、英國或是沙烏地阿拉伯。一九九七年，台灣在華府僱了十四家律師事務所，還有數不清的公關公司：北京卻只聘了一家律師事務所、以及一家公關公司直接為北京服務。[99]如果美國企業、非營利組織、前政府官員，為了換取在中國的優惠待遇，而願意為中國在華府遊說，那他何必還要多此一舉，花錢請公關公司呢？

當時，北京當局最想要獲得美國助力的，也是眾多美國企業在一旁敲邊鼓，推波助瀾的，就是進入世貿組織。美國企業和外貿協會，總計花了一億一千三百萬美元，在推動中國進入世貿組織工作上，兩千年上半年就花了三千一百二十萬，其中光是波音公司就花了四百二十四萬在為中國遊說。眾議員梅若．庫克（Merril Cook）（猶他州共和黨），說他收到二十萬美金的企業獻金，希望他能夠在國會中改投贊成票。[100]「以免投票時有人三心二意，害贊同案無法通過。」美國商會主席湯瑪斯．丹納休（Thomas Donohue）還放話：「要是國會失利，害得中國不能加入世貿組織，到時候就別來找我要競選經費。」美利肯紡織公司（Milliken & Company）則是反對中國加入世貿組織的公司，其在華府聘用的律師，喬克．奈許（Jock Nash）則說：「光靠幾家小公司對華府施壓，是不可能鬥得過財富五百大企業支持中國入世貿的壓力的。」[101]

這下子中共學乖了。早幾年，它因為捐了超過三十萬現金給民主黨全國大會，試圖助柯林頓二度當選總統，手法過於粗糙，反而偷雞不著蝕把米。但中共現在可不必再走這種地下獻金的管道了。搶著討好中共的眾多美國好友，在美國各大企業都當上董事了。這些企業和中共的利益是一致的：那就是增加在華投資，以及不要因為美國政府對北京的不滿，影響其在華生意。「中國有叫我們這麼做嗎？從來沒有！」辛蒂・史密斯（Cindy Smith），波音公司的發言人在一九九七年這麼說。「但結果讓他們滿意嗎？絕對滿意。」

二〇〇一年十二月十九日，中國加入世界貿易組織才不過八天，江澤民主席辦了一場私人晚宴，邀請商業人士尼爾・布希，也就是老布希總統的兒子、現任總統小布希的弟弟。這場晚宴辦在中國領導人辦公所在的中南海，時間是晚上六點到八點，現場一團和氣。在場其他的賓客還有副外長、美國駐華大使雷德（Clark Randt Jr.），他是律師出身，也是小布希耶魯大學時兄弟會的成員，另外還有一位通譯。「你的樣子和你當總統的哥哥好像，我和他在上海見過好多次。」江澤民這麼說，這些話取自美國國務院該次宴會解密譯文。

「中國怎會在美國形象這麼差呢？」尼爾・布希問道。

「我們的確需要更好的公關，」江澤民答。「之前我們負責這事的叫中央宣傳部，但這名字不好聽。現在我管他叫公關部。」

「共產黨這詞，在美國也不好聽。」尼爾．布希接話。

「共產黨這字什麼意思呢？」江澤民想了想。「我們自己也爭辯了好久。」

江澤民講了他在二〇〇〇年九月接受哥倫比亞廣播公司（CBS）記者麥克．沃禮斯（Mike Wallace）專訪時的經驗：「沃禮斯先生突然問，我是不是『獨裁者』。」江說。說完他就裝成很兇的樣子。「才不是，我是『強勢領導』。事後大家都說我那段專訪很成功。」晚宴吃到一半，江澤民、副外長和通譯忽然放聲高歌。「不願作奴隸的人們，把我們的血肉築成我們新的長城。」他們這麼唱著。

晚宴數天後，尼爾．布希來到清華大學這座中國名校演講。小布希總統隨後也在二〇〇二年二月來此演講，在場一名學生就提到，尼爾．布希十二月曾在此演講，並引述尼爾說美國政治人物「對中國有很大的誤解。」這名學生問小布希總統打算怎麼處置？「我們的政治領袖一定要到中國來，」小布希答道。「等我回到美國，我會告訴大家中國是個偉大的國家，不僅有著悠久的歷史，還有著無與倫比的光輝未來。」[102]

這裡有必要說一下學生所用「誤解」（misunderstanding）一字。在美國，這個字含意較廣，意思有點溫和，就是能夠接受單純是不小心的誤會。但對於中共而言，「誤解」二字含意窄很多：是指對於中國的看法，不同於中共。

比如，在二〇二一年三月，中美高層官員在阿拉斯加會面後，中國媒體就抨擊美國「誤解」中國的善意。新疆自治區書記就怪假消息造成人們對於新疆的「誤解」，二〇二〇年一月，香港特區行政長官答應港民，將來依然可以享有內地人享受不到的自由，除非他們允許「誤解」作祟。也就是說，對中共而言，「誤解」二字意味著與黨唱反調。

也因此，尼爾．布希在演講說提到「誤解」二字，可以說是用不是很起眼的試探方式，在拉攏中共，他本人可能也沒有意識到。但就是靠著這第一招，他逐漸一步步地拉近了和中共的距離，讓他終於成為在美國推動中國利益最成功的喉舌。（筆者詢問尼爾．布希，他對此的回應是：「您的評價我斷然不能同意；您這主張完全錯誤。」）

在二〇〇一年十二月的晚宴後，尼爾．布希又與江澤民的兒子江綿恆在上海見面。「請你告訴我爸我英文很不錯，」江綿恆在吃飯時這麼跟尼爾．布希說。「因為我爸認為不夠好。」江綿恆在費城的卓克索大學（Drexel University）拿到工程博士，之後他就和台灣最有影響力的商人之子王文洋在上海共同創辦華虹宏力半導體製造公司（Grace Semiconductor Manufacturing）。二〇〇二年八月，華虹宏力半導體聘尼爾．布希為顧問。該公司以連續五年、每年四十萬美元的股票作為報酬，[103]外加每次參加董事會就再付一萬美金。[104]「他對於我們的整體經濟狀況很有幫助，尤其是在美國。」王文洋提到尼爾．布希時這麼說。[105]一九九九年，尼爾．布希創了教育公司「薪火相傳」（Ignite!），目的是要幫助跟他一樣有學習障礙的小朋友學習。王文洋和妹妹共同投資他兩百萬美元。[106]

對尼爾．布希而言，中國為他個人生涯走到困境時，提供了一個大好的轉機。當時他二十二年的婚姻，正因為他與一名女子婚外情告終，為了離婚，他在二〇〇二年夏天將原是小學教師的髮妻莎朗（Sharon）告上法院。他婚離得這麼難看，所以莎朗就把事情訴諸媒體。二〇〇三年七月，休士頓電視台拿到了尼爾．布希離婚官司時，他在法庭作證的影帶。影帶中很多地方是尼爾．布希和華虹宏力半導體之間不足為外人道的醜事，而這些內容過去都是不公開的。

「請問，您過去的教育背景，完全和半導體方面無關，是嗎，布希先生？」莎朗的律師這麼問。

「沒錯」尼爾回答。他又說，「但商業方面我懂得不少，而且我在亞洲已經工作過很長一段時間……我相信在那邊我有很多企業人脈，這是我可以貢獻的部份，就一般的商業知識。」他答。

這份證詞中，也揭露了尼爾在赴亞洲進行洽商時，在泰國和香港的旅館中，都和不同女性上過床。「這遭遇真的讓人不得不說是很不尋常，」他太太的律師在證詞中問他，這份文件被外流時，成了當時媒體爭相報導的大醜聞。「因為一個大男人，一打開旅館房間大門，就看到裡頭站著個女人，然後就可以和她進行性行為。」[107]

「的確是很不尋常，」布希答道。他又說，這事發生過不下三或四次，但他不知道這些女性是否為妓女，因為他也不用付她們錢。

為此，我請教了一位當時負責中國地區的高階西方情報官員，想知道這些香港的女人，是否是北京當局在背後策劃，好構陷總統的弟弟或勒索他。「這完全沒辦法確定，」他說。或許他只是運氣好，他又補充道，也或許是精心安排來要策動布希變節。換言之，這可能只是待客之道，就是那些地區招待商業夥伴的一種禮節，但也可能是美人計，要策反布希。「想知道真相，只有等內部有人說出來。」對於中共國安部或軍方的情報伎倆他瞭如指掌，但他只願意說這麼多。我們雖然不知道中共國安單位下了哪些功夫，但只要布希被中國拉攏，開始幫他們說話，這行動就是成功了。

布希家族中，最早和中共高官見面的，是老布希總統，他在一九七〇年代就和中國見上了面，但讓布希家族和中國在生意上牽上線的人，卻是老布希的哥哥普雷斯考二世（Prescott Junior），他原本在保險業擔任執行長。普雷斯考·布希從一九八〇年代中期，開始在中國擔任商業顧問，當時他弟弟老布希則擔任雷根總統的副總統。一九八九年九月，原本因為天安門慘案離開中國的美國生意人，紛紛回籠北京，普雷斯考就是最早回去的一位。「我們可不是準備回來撿腐屍吃的禿鷹，」他在北京接受《華爾街日報》（*The Wall Street Journal*）訪問時這麼說。[108]「但是中國有著大好商機，美國人被擋在外面賺不到那就慘了。」（老布希和他哥哥一再否認，他們家和中國有任何不正當金錢往來；老布希於二〇一八年過世，他哥哥普雷斯考則於二〇一〇年過世。）

一九九三年，普雷斯考與人共同創辦中美總商會（United States of America- China Chamber of Commerce），由他擔任董事長，該會的收入，就是靠招募企業客戶前往中國投資。一九九四年一月，他代表該商會與聖路易市（St. Louis）簽訂合約，穿梭中美雙方，一方面協助該市企業在中國的行銷工作、另一方面也協助河北省與密蘇里企業合約簽訂時的溝通事宜。[109]當月他辦了一場演講，當中說道：「我不認為應該忽視人權議題，但貿易不該與人權有所牽連。」他補充道：「斷絕與中國貿易，美國只會自傷。」一九九五年一月，他對芝加哥企業高層演講時，他又建議他們，應密切配合中共。「務必讓中共高層站在你這邊，」他這麼說。「他們現在都是好人了，我見過的那些都是。」[110]一九九九年十一月，中國汽車零件製造商萬向集團聘普雷斯考為高階經濟顧問。[111]「他無需履行特定合約義務。我們需要他幫忙，就會和他聯繫，」萬向集團發言人這麼說。「他人脈很廣。」

一九九二年，老布希競選連任，敗在柯林頓手下，當時六十八歲還充滿活力的他，回到休士頓，為卸任總統後的生活作打算。在他之前的卸任美國元首，通常分成幾種退休規劃：卡特總統是投入人道關懷工作，福特總統則是忙於在各公司擔任董事和舉辦演講；一九九二年，尼克森總統指控福特「鬻爵賣官」，但福特最少都只在美國國內活動。[112]雷根總統是川普上任前，美國就任總統中年紀最長的一位，一九八九年一月卸任時，已經高齡七十七。卸任八個月後，他接受日本當時最大媒體集團，富士產經集團將近兩百萬美金的演講邀請，前往日本八天舉辦演講並接受訪問。[113]不久後，他罹患阿茲海默症，終結了他退休後其他發展的可能。

老布希總統在外交政策閱歷方面，是二十世紀美國歷任總統之最，因此他的規劃就是，接受全球各地工作邀約。一九九五年五月，他成為加拿大金礦巨人巴里克（Barrick）黃金公司國際董事會的高階顧問。[114]一年後，他寫了一封信給印尼獨裁者蘇哈托（Suharto），為巴里克黃金說好話，因為該公司當時正打算入主一家印尼金礦，該金礦的市值有數百億美元。[115]同時他在東京辦了場收費演講，觀眾多達兩萬人，在場的聽眾，多半是統一教教主文鮮明的信眾，這場演講他講的是「家庭價值」。一九九八年，他又為雪弗龍（Chevron）公司遊說科威特（Kuwait）的石油部長。（一九九七年三月，《財富》（*Fortune*）雜誌刊出一篇文章，標題是「喬治・布希，企業打手。」筆者去函求證，老布希的發言人針對此文的回應是：「我們不會跟不知來龍去脈的公司多說什麼。」這位發言人又說：「這段時間他很搶手，他應該也很感激大家，畢竟他唯一的收入來源就是這個。」）

但其實，中國才是他最大客戶。當時很少人注意到，其實中共統一戰線部門一直在積極開拓和布希家族的關係。老布希在總統任內，與統一戰線第一次接觸的時間，是一九九八年六月，當時安達集團辦了一個講座，由老布希與「中國人民對外友好協會」（Chinese People's Association for Friendship with Foreign Countries, CPAFFC）掛頭牌。「中國人民對外友好協會」創於一九五四年，過去有很長一段時間，是由位高權重的李小林所掌管，該協會刻意不讓外界知道它和統一戰線有關連。它自稱是「非政府組織」，在全世界各地廣結善緣。[116]但其實這是一個中共所設的組織，由中共外交部所掌管，透過該組織進行統戰工作：「增加支持者、減少反對者。」[117]

老布希和北京高層會面的事，都是由李小林安排的，安達集團的蘭開斯特這麼說。「在我看來，她是位很開朗、迷人的女性，又因為她父親，所以熟知中共內情。」李小林的父親李先念，是一九八〇年代中共國家主席，蘭開斯特這麼告訴我。統一戰線的工作，負責拉攏美國退休官員及其家人與中共高官之間的關係，該組織一向都是紅二代在管。李小林跟習近平一樣，都出身自中共高官世家，兩人自小就相識。[118]

「有她幫你安插，」蘭開斯特說，「上達天聽都沒問題。」

小布希在二〇〇一年一月就任總統時，原打算要對中國採取強硬態度。在競選期間，他甚至稱中國是美國的「戰略對手」，並且在就職典禮後，與各國元首通電時，刻意沒打給江澤民。[119]但同時，江澤民這頭卻不斷想提醒美國人，老布希任內，可是相當認同中國的。「現任總統的父親，老布希來過中國好多次，也和我開了好多次會。就跟你一樣，他當時也是總統。」江澤民在二〇〇一年三月對《華盛頓郵報》（*The Washington Post*）這麼說。「我們相信老布希絕對會敦促小布希，讓中美關係攀上新高。」數週後，小布希的叔叔普雷斯考對《坦帕灣時報》（*Tampa Bay Times*）的記者這麼說。[120]當時，中美剛解決了中國戰鬥機擦撞美國隱形戰機的衝突，普雷斯考因此對雙方發展深具信心。人在中國的他說，哥哥是前任總統、姪子又是現任總統，這就是「一項優勢。」他繼續道：「當然，光憑這樣不會有人跟我們做生意……但這會讓大家願意和我們坐下來聊聊。」同年四月十四日，他的中美總商會在網站上貼出一封信：「在我心中，中國有著特別的地位。我曾經和中國有過十五年的接觸經驗。我的哥哥、老布希自從一九七四年起，就對美中關係的發展下了許多功夫。」[121]他這麼寫道：「隨著我們邁入二十一世紀，美中互動創造了無限的商機：巨幅的成長以及無窮的獲利可能。」

第三章 美國認可

中國國家主席胡錦濤為人喜怒不形於色。二〇〇二到二〇一二年胡主政期間，中間有六年我都住在北京，一些講話比較沒忌諱的中國人會說他像是木頭人。老布希的回憶錄中，非常委婉地說他是「泰山崩於前而不改其色」，而據和英國政府相熟的人轉述，伊莉莎白女王說胡錦濤是她這輩子見過最乏味的人。[1]

正因如此，他所採取的一些舉措，往往都出人意料。二〇〇六年四月，胡錦濤訪美期間見到季辛吉，他給了他一個擁抱。[2] 數天後，在前往西雅圖的波音客機上，他又抱了保羅·鄧尼爾（Paul Dernier），鄧尼爾是波音公司的主管，當時他是送胡一頂波音的棒球帽。「這真的完全出乎我意料之外」，鄧尼爾這麼說，稱這一抱是他人生的巔峰。中國和美國手攜手，就能「維持世界和平、促進全面發展、並且為人類創造光明的未來。」胡錦濤這麼說，這是「雙贏局面」。[3]

而事實上，美國人也是一直遲到川普總統任期後半段，才驚覺季辛吉對於中國的評價有誤，之前大家都一直相信季辛吉的話。「自從李察·尼克森訪華以來，每一任總統、不論共和黨或民主黨」，從政府去職後，轉任顧問的史考克羅夫特在二〇〇七年這麼說：「這些人都決心要深化對中關係，這成了美國對中政策一貫以來的主軸。」結合中美兩國，只會對雙方有利，當時都是這麼以為的。（一直到最近，美國官員私下才開始出現「雙贏局面」，指的是中國贏兩次這樣的笑話。）「因為這想法太普遍了，只要一講到中國，大家就自然而然朝這方面想。」普林斯頓大學教授范亞倫（Aaron Friedberg）在二〇一九年十月這麼對我說，亞倫是副總統迪克．錢尼二〇〇三到二〇〇五年間的亞洲事務顧問。「我們就是做對了才享受到成果。大家都會賺到錢，而這條路這樣下去，最終將會讓他們走上自由化，也會讓世界走向和平。這邏輯完美無瑕，誰能質疑？合理的就像呼吸的空氣一樣。」

二〇〇一年四月發生的隱形戰機擦撞事件，原本看似是個壞兆頭，似乎美中關係即將惡化。但偏偏同時間在地球另一端發生的一件大事，讓擦撞事件在世界舞台上失焦。二〇〇一年九月十一日，兩架飛機撞上雙子星大樓和五角大廈，事件一發生，江澤民立刻表達與小布希同一立場的態度。數週後中美兩國領袖首次會面，小布希盛讚江澤民「在我們對抗邪惡勢力時，與美國人民站在一起。」[4]二〇〇二年二月，布希首度以總統身分出訪北京，這個時間點是刻意挑選，要與尼克森、季辛吉訪華三十週年同時。「雙方的關係成熟，相敬如賓。」布希這麼說。[5]「我們談了很多事，第一件事就是恐怖主義。」

九一一恐怖攻擊事件同時，中國最親近的美國老友，也重返美國政壇了。二〇〇二年十一月，布希指派季辛吉擔任美國國家恐怖襲擊事件委員會（9/11 Commission）（簡稱九一一事件委員會）主席，將調查這件美國史上最大型恐怖攻擊事件的重責大任，交付在他身上。

但是，季辛吉過去越戰以及轟炸柬埔寨的包袱，還有他開設顧問公司的利益衝突，再加上他個人行事不夠光明正大的作風，讓這個派任惹來許多非議。「想要查明事情真相，就不能交待亨利．季辛吉。掩蓋真相，那才是亨利．季辛吉拿手的。」《紐約時報》專欄作家莫琳．朵德（Maureen Dowd）這麼寫道。[6]

利益衝突的問題，一直是季辛吉顧問公司為人詬病之處，原因出在他開設的中國風險投資公司在天安門慘案期間，以及一九九〇年代的作法，而更說不過去的則是一九九七年在「中國門」醜聞中，該公司的作法。「天安門慘案過後幾天，有次我剛好和你在洛杉磯吃飯」，當時保守派主播兼社會運動人士的雅莉安娜．赫芬頓（Arianna Huffington），一九九七年十月有次在《火線交鋒》（Firing Line）節目上和季辛吉針鋒相對。[7]「而即使是在那個時間點，她這麼說，你都還是拒絕「譴責中國的作為。」而一些對你不滿的人，赫芬頓接著說：「就主張那是因為你有金錢上的利益在，畢竟，你的遊說顧問公司，代表許多在中國做生意的美國企業。」季辛吉則回答：「我的收入中，不到百分之五與中國有關。」他又說：「我認為，我們國家對事情的歧見已經嚴重到讓人遺憾的地步，竟然會對一個想要報答美國救命恩情，而效忠美國四十年的人，控以圖利金錢之罪名。」季辛吉偶爾也會鼓起他的如簧之舌，狡獪又嘴硬地淡化他和中國的利益關係：「我們的確在外被說是和中國有特別的掛勾。」二〇〇〇年三月季辛吉對《金融時報》（*Financial Times*）說：「但這傳聞是錯的。」[8]

而季辛吉個人利益衝突的爭議，在他被指派為九一一事件委員會主席後，更加劇烈。雖然這件事在當時沒被注意到，但他的確是有著龐大利益衝突在身上：這牽涉了波音公司、黑石集團（Blackstone）、以及中國國營企業中國海洋石油集團（China National Offshore Oil Corporation）等族繁不及備載的公司，在道德和責任上，都與此職有著利益衝突。中國，是季辛吉利益的指標和方向，除此之外，他還和其他幾個國家，有著特殊的關係。二〇〇〇年二月，他甚至做出極不尋常的舉動，成為印尼總統的官方「政治顧問」，此職雖不支薪，但他同時也在費利浦．麥克莫蘭銅金公司（Freeport- McMoRan）擔任董事，而該礦產公司，在印尼引發相當多的爭議。[9]

到了二〇〇二年冬，各方對於季辛吉誠信問題的疑慮急遽升高。二〇〇五年十二月，前國務卿歐布萊特也加入這個行列，呼籲季辛吉應公布客戶名單（當時她剛創辦個人顧問公司十八個月，其客戶名單則未公開。）[10]「我確實認為有必要瞭解他都接了哪些客戶。」她這麼說。*[11]

隔天，季辛吉就向委員會遞出辭呈。二〇〇三年三月，他心有不甘地對記者說，是政敵「挾怨報復」才會故意拿他的客戶名單作文章。[12]不過，他在二〇〇二年十二月所遞出的辭呈，話可沒說得這麼白。「過去半世紀多來，任何一位總統來電請益，我沒有不接的，」他這麼寫道：「也從沒將個人利益，置於國家利益之上。」[13]

九一一調查委員會主席的事儘管鬧得這麼不愉快，但，季辛吉在小布希政府中的重要性，可是自從他在福特總統內閣擔任國務卿以來，最重要的一個。「我擔任副總統一職過程中，接觸過所有外部的人士裡，」二〇〇五年夏天，副總統錢尼這麼告訴鮑伯．伍華德（Bob Woodward），「我跟亨利．季辛吉談話的次數最多。他可以隨時來找我，頻率大概是一個月至少一次，我和副總統辦公室史庫特．利比（Scooter Libby），會和他一起聊。」[14]倫斯斐（Donald Rumsfeld）公開檔案中，有一封電子郵件，當中這位當時的國防部長提到二〇〇五年六月和季辛吉的對話。「問題在於，要擬定一套未來十年對中華人民共和國的戰略……中華人民共和國使出渾身解數。但它玩的既不是西洋棋、也不是圍棋。它玩另外一套，又玩得很好，就完全照它的意思在玩。」

事後回想起來，他說的「另外一套」，就包括使用統一戰線，來改變美國高層對於台灣的看法。二〇〇三年十一月，季辛吉帶了摩根大通（JPMorgan Chase）總裁威廉・哈里森二世（William B. Harrison Jr.）這位客戶前往北京。摩根大通當時正想要承辦中國國營中國建設銀行的股票上市業務，中建銀是中國四大銀行之一。季辛吉檔案中的照片，可見前美國駐華大使芮效儉，此人卸任後，在二〇〇〇年十二月轉任季辛吉顧問公司副總裁一職。而照片中，則可見他與江澤民握手，而哈里森則難掩興奮之情。[15]「季辛吉是老朋友了，他幫我引見了他許多中國老朋友。」哈里森十一月十二日於北京的記者會上這麼說。[16]「這樣的交情至關重要。」

十一月十一日，季辛吉和芮效儉帶著哈里森拜會北京市委書記劉淇，並到中南海去拜會黨委唐家璇。[17]唐家璇在會中告訴季辛吉和哈里森，要他們反對台灣獨立。「台灣問題始終是影響中美關係發展上，最大的關鍵因素。」唐這麼說。[18]

＊美國各界關於季辛吉利益衝突的公開爭論，並不是最近才有的。早在一九八三年眾議員岡薩雷茲（Henry B. González，德州民主黨）就已經指出，當時季辛吉擔任中美洲兩黨委員會（Bipartisan Commission on Central America），但是他同時也擔任在中美洲做生意公司的顧問，在金錢上拿到這些公司的好處。

唐家璇為什麼要叫摩根大通總裁去反對台灣獨立呢？因為這能讓哈里森知道，跟台灣過不去，才能討得中共歡心。事後並沒有證據顯示，哈里斯有去刁難台北政府的作為。但他其實也不用有所作為：他只要瞭解北京對他的期許就夠了。事實上，真正能讓美國政商高層瞭解對台正確立場的關鍵，並不在哈里森身上，而在北京所費的偌大氣力。就是北京一再的耳提面命，終於讓台灣在華府的地位下降。一名曾和北京有密切合作的高階美國官員說這叫作「聲納回聲信號」。到了二十一世紀初頭幾年，這種信號響遍整個華府，已然異口同聲。

台灣在華府的影響力日衰還有別的成因。二〇〇二年，中國國內生產毛額已經高出台灣四倍之多，而且成長速度也比台灣快上許多。再加上，同年兩位國會中主要的挺台議員，傑西．赫姆斯（北卡羅萊納州共和黨）和法蘭克．穆考斯基（Frank Murkowski）（阿拉斯加共和黨）同時卸任參議員，華府台灣遊說團的「最後盛世」於是告終，長期挺台、同時是美台商業協會（US-Taiwan Business Council）的會長韓儒伯（Rupert Hammond- Chambers）這麼對我說。*19 偏偏台灣台獨意識濃厚的陳水扁總統，又因為要求美國支持，讓美方承受過大壓力，而導致白宮和國會中的支持者開始對他敬而遠之。

最後水壩終於潰堤。二〇〇三年十二月，小布希在白宮和中國總理溫家寶一同現身，公開譴責台灣試圖獨立。[20]二〇〇四年十月，國務卿柯林．鮑威爾（Colin Powell）來到北京後又加碼。「台灣不是獨立國家，」為了討北京歡心，他把之前一向模糊的立場都說白了。「台灣未享有國家主權。」[21]到了二〇〇四年十二月，全世界只剩二十六個國家承認台灣。[22]

台灣這塊礙眼的絆腳石既然被搬開，中美兩國就得以肩併肩，共同對抗恐怖主義，雙邊投資和關係也快速增溫，到了小布希第二任中期時，這情形更達到巔峰，而這時美國金融危機還沒發生。就在這之前幾個月，老布希在二〇〇五年十一月訪問北京，他講出了當時許多人心中的話：「美中關係從未像現在這麼好。」接著他又說：「但日後還會更好。」

但中美關係並非就此一帆風順。一度，美國企業界還對政府允許中共收購美國企業感到憂心，二〇〇五年八月，中國國營中國海洋石油集團就因此臨時抽腿，放棄以

---

* 造成這個改變的最大原因則是一樁大型政治醜聞。二〇〇二年初，新聞披露，從一九九四到二〇〇〇年間，台灣情報單位花了一億美元，付給外國人士和政府，以求他們能影響美國政策，其中也包括美國政府和人士：等於是拿錢換影響力的醜態全攤在陽光下了。「這樣大家就會覺得幫台灣做事卻沒辦法保密。」台灣前國家安全諮詢委員蕭美琴這麼說。「那個禮拜台灣時運不濟。」

一百八十五億美元收購加州聯合石油（Unocal）的計劃，原因是「前所未見的政治反對。」[23]

整體而言，小布希政府、跨國企業和許多國會議員都看好中共，認為它能為全球和美國帶來好處。二〇〇五年九月，當時的副國務卿佐利克發表了一場關鍵的演講，標題非常具有預言性「中國何去何從？」（Wither China?），當中他呼籲並期許中國日後在美國所建立的全球體系中，成為「負責任的一員」。[24]二〇〇六年十二月，美中展開「戰略經濟對談」（Strategic Economic Dialogue），兩國舉行一系列高峰會議。當時的助理國務卿湯瑪斯．克利斯騰森（Thomas Christensen）這麼形容這對談：「我們祝福中國，也願意協助中國兩位數經濟成長變得更快速。中國的成長對所有人都有益。我們只擔心你們沒有盡力來維持這個成長速度。」[25]

季辛吉在二〇〇七年四月，在上海與學生見面時，也是這麼說，根據人民解放軍報紙《解放日報》所載，他說，中國的大幅崛起，將對所有人有益。他進一步道：「若是今天在座有美國人列席，我依然會這麼說。」[26]

有美國政府開路，企業也就盡棄疑慮支持政府看法。二〇〇六年非營利的美中貿易全國委員會一份會員問卷調查中，九成七的受訪者，都對未來五年內在中國的經營展望表示樂觀，數字驚人。[27]這段期間，在中國的「跨國企業都發展得很好。」長住中國的企業顧問詹姆斯．麥奎格（James McGregor）這麼告訴我。「再笨的人都賺到錢了。」從二〇〇三到二〇〇七年間，中國的國內生產毛額每年都以超過一成的數字在增加，這讓全球經濟改觀。也因為中國的需求增加，推動廢鋼價格從二〇〇一年初的七十七美元，到二〇〇四年時已經漲超過三百美元。經營廢鋼的公司都因此笑不攏嘴。但買家就不好過了。二〇〇三年，靠收購廢銅提煉青銅的加州Metal-X公司，不得不裁員，原本七十名員工裁到只剩下三十八人。該公司的共同創辦人提姆．史崔利茲（Tim Strelitz）在二〇〇四年說：「去年有如地獄走一遭。」[28]有些美國人開始感到無助，因為完全無法和全球成長最快的主要經濟體競爭。

也因此，中美看似美好的雙邊貿易關係，一直有分不到一杯羹的人感到不滿。一九九九年十一月，西雅圖出現對世貿組織的激烈抗議，當時中國還有兩年才會加入該組織，但這次示威已經讓人感到風雨欲來的不祥。這次抗議吸引全球各地的社運分子前來參與，當中有位法國牧羊人更成為眾人英雄，因為他拿耕田用的牽引機，把法國鄉下一間麥當勞的屋頂給掀了。但對於美國而言，全球化讓人不滿之處，不在跨國大企業或是消費者品牌一家獨大，畢竟這些都還是掌握在美國商家手中。全球化對美國最大的影響，是在工作的短少。中國經濟在兩千年左右崛起，這是全球化市場中，對各國最大的影響，這帶來了消費性產品成本下降、企業獲利上升、也讓整體美國人的經濟狀態獲得改善。但是，這同時也造成特定工作的短少、以及個人財富間的巨大落差。

二〇〇四年大選期間，對於失業及外包的焦慮，成了最牽動選民的話題。二千年到二〇〇三年間，製造業失業的機會遠高於其他產業五十倍之多：北卡羅萊納州是受創最重的一州，它在那幾年間，共失去十六萬個工廠就業機會、差不多就是總就業率的兩成。[29]「就業不再是美國人民的人權保障了。」惠普（Hewlett- Packard）總裁卡莉．費歐莉娜（Carly Fiorina）在二〇〇四年初一場演講中這麼警告，結果引來爭議，而另一方面，世家出身的民主黨總統候選人約翰．凱瑞（John Kerry）則痛斥「班乃迪克．阿諾德（Benedict Arnold）之流的大老闆」將工作搬到海外。[30]（譯注：阿諾德是美國獨立戰爭中的將領，後來背叛美軍改幫英軍打仗，凱瑞言下之意指這些人是秦檜。）

另一方面，中國對美貿易順差的情形開始加劇，但一直到等到川普二〇一六年總統大選，才將此事當成重要議題。二〇〇三年十一月，股神巴菲特（Warren Buffett）就與人在《財富》雜誌合寫了一篇文章，標題為：「美國漸增的貿易逆差，正瞞著我們，悄悄出賣美國。解方在此，但要立刻開始進行。」[31]

中國方面也瞭解美中貿易逆差的敏感性，所以其領導人往往會在訪美行程中，公布大型對美採購案，買些像是波音客機之類的產品。波音長久以來一直是美國最大出口商。但北京的策略，不管對美國或是全球，卻是利用這些進口案，來謀取其政治上的利益，用對波音和空中巴士的採購案作為賞罰，以表達它對這些公司所在政府的認同與否。而往往，西藏都會是主要的議題。歐洲學者安德利亞斯．法克斯（Andreas Fuchs）和尼爾斯—亨利克．克蘭（Nils-Hendrik Klann）就發現，從二〇〇二到二〇〇八年間，只要西藏精神領袖達賴喇嘛和哪一國的領導人見面，該國當年對中國的出口量，就會以全年百分之十六點九的比例下降。[32]「為此我嚐遍全球政治人物間的人情冷暖，」達賴喇嘛於二〇〇七年對德國雜誌《鏡報》（*Der Spiegel*）這麼說。「他們還沒當國家領導人或總統前，會接見我。但一旦當上國家領導人，他們就對我敬而遠之，生怕觸怒北京。當上領導人後，對中華人民共和國的經濟關係，就比別的事重要了。」[33]而那段期間，領導人接見達賴喇嘛，因此造成對中貿易減少的現象，被法克斯和克蘭戲稱為：達賴喇嘛效應。

季辛吉這種不斷在政府職務和中國說客之間輪替的生涯模式，後來在華府成為上行下效，很多人模仿的模式。二〇〇一年一月，才剛卸任不到四十八小時，柯林頓總統的國防部長威廉．柯恩（William S. Cohen）就開了顧問公司，科恩集團（Cohen Group）。[34]「我們禮拜六走出五角大廈，禮拜一就開業了。」他頗為自豪。[35]歐布萊特是民主偶像，身為柯林頓總統的駐聯合國大使，她也是美國史上第一位女性國務卿。她也在二〇〇一年六月，開辦了自己的顧問公司。而早她一個月，柯林頓前國安顧問山迪・柏格（Sandy Berger）也開了石橋國際（Stonebridge International）。該公司的客戶遍及全球。但，不論這些卸任前政府官員的初衷為何，這些他們開設的公司，都協助中共加深其與美國企業的連結，也讓一些指標性人物如歐布萊特，在批評中國時，更必須顧及後續風險而不能暢所欲言。

這中間的關聯是這樣的：外交官轉任顧問前，會趁職務之便，盡量加深美中連結，之後轉任顧問後，自己就可以有更多機會接到客戶。而在政府任上對中國的美言，也讓他們擔任顧問前進中國時，更加暢行無阻，讓他們更能在中國為美國企業推波助瀾。「我既是政府顧問，也是企業顧問，橫跨政治和企業界。」柏格在二〇〇四年對中共黨營媒體新華社這麼說。「我的雙重身分，就像兩頂帽子，但兩者相輔相成，扮演起促進美中關係的橋梁。」[36]

對這些前美國政府官員而言，和中國領導人建立交情，不光光只是為了金錢或是權力。而是讓他們感受到一種能夠呼風喚雨、受人擁戴的成就感，等於是他們在政府職位光環的延續。傑夫瑞・安格爾（Jeffrey Engel）是南美以美大學（Southern Methodist University）總統史中心（Center for Presidential History）的主任，也是老布希《中國日記》（*China Diary*）的編輯，在二〇〇五年十一月他還陪老布希前往中國，只比他兒子小布希第二度以總統身分出訪中國早幾天。另外，老布希數次與中國官員會晤，他也都陪伺在側。[37]安格爾借我他採訪老布希夫婦的錄音。「我在的時候，他們沒講什麼大事，」他跟我說：「但總是不乏『布希總統，您真是中國最好的朋友，一直以來都很挺中國。』」他這麼告訴我：「中國人不稱他是前總統，而是總統，」安格爾說。[38]他還提到陪著老布希，坐在加長禮車後座，一場趕過一場，整座城市的交通，都為了他們車隊方便而管制不得通行。「當時他說，世上還有哪裡，會如中國對他這麼禮遇。」

而不知是否大意或刻意，老布希對中國的禮遇總不忘投桃報李。小布希出訪中國時，曾抨擊其打壓異議人士與盜竊智慧財產權，但老布希則永遠只說好話，總是說中美的關係「空前的好。」[39]老布希當著溫家寶總理面前「盛讚中國的和平發展，中國日後不會是他國的威脅。」新華社這麼報導。[40]「我相信中國會和平崛起。」老布希這麼說。「只要說到中國，老布希總是清楚表明，他是小布希這方面的良師。」中國網路公司新浪網的新聞網站上，一篇老布希中國行的文章中這麼寫道。[41]

老布希二〇〇八年北京奧運之旅，是他自從一九九三年一月卸任總統後，第二十二次訪問中國，也是最後一次。那之前他最近兩次訪華行程，是由統一戰線的中國人民對外友好協會提出邀請，時間分別是二〇〇六年十二月和二〇〇八年三月，兩次訪華他都跟胡錦濤見過面。[42]但京奧之旅前後七天，則是他自從一九七五年十二月卸任美國駐北京聯絡處主任後，時間最長的一次。在奧運期間，當時八十四高齡的老布希，談到自己處理中國事務的一貫原則時，他說：「總是不忘讚美他們的進步。我一向如此。」[43]

根據多項數字，中國的確進步許多。二〇〇六年，中國成為全世界外匯存底最高的國家，到了二〇〇八年，它也成為美國最大債權國。美中雙邊貿易從一九八五年的七十億美元，一路成長，到二〇一〇年時已經達到三千六百五十億美元，同年中國更超越日本，成為世界第二大經濟體。[44]二〇一一年十月蘋果電腦共同創辦人賈伯斯過世，數週後，該公司總裁提姆·庫克（Tim Cook）在報告中說，該公司在中國的成長「以天為界」。[45]

但對許多美國人而言，金融危機正是美國過度依賴北京憂慮之縮影，也點出了製造業外包給中國的問題所在。只要一發生重大危機，不管是金融危機或是之後的疫情，就足以讓對服務業的需求掛零，那為什麼美國要轉型成服務經濟？麻省理工學院經濟學家衛·奧特（David Autor）稱中國靠著美國經濟崛起的加成效應為「中國震盪」（the China shock）。他解釋道：「從二〇〇〇年到二〇〇七年間，美國製造業的衰退，約有四成成因來自中國震盪，這等於是製造業總共少掉約一百萬個工作機會。」[46]

奧特關於中國震盪研究中，最主要的發現在於「中美貿易所帶來負面效應，會發生在特定工作和特定區域。」[47]根據奧特的研究發現：「製造業原本就是地區性高度集中的產業，像製造洋娃娃，就是會集中在美國某幾個特定郡製造，不會全國每個郡都有人在製造洋娃娃。」[48]

另一方面，北京一些美國老朋友，也已經感受到，雙邊關係開始出現不對等的情形。二〇〇七年五月，北京宣布投資黑石集團三十億美元，這是史提芬．許瓦茲曼（Stephen Schwarzman）這位中國老友開辦的私募基金。[49]但隨後的金融危機，卻導致這筆投資損失了將近一半。二〇〇八年底，許瓦茲曼與中共前總理朱鎔基見面，當時兩人同為清華大學經濟管理學院的董事。[50]見面時，朱對在座的中共財政部長說許瓦茲曼是「害你賠錢的人」。過去中共那種靠暗塞幾千塊美金，給名不見經傳的募款人，以求影響美國國政的作法早就已經被揚棄。現在靠著這種新的交情，動輒數十億美元億來億去，早已非昔日吳下阿蒙。

當時的美國財政部長漢克．鮑爾森（Hank Paulson），原是高盛集團總裁，他在二〇〇八年六月，於一次會議上，見到「老朋友」中共副總理王岐山。「我們樣樣奉你們為師。但我現在卻踩在為師的頭上，看看你們現在的樣子。」王這麼說。[51]鮑爾森在他二〇一五年書作《與中國打交道：美國前財長鮑爾森的二十年內幕觀察》（*Dealing with China*）中寫道：「這場危機讓人不得不低頭，而那一刻更是讓人頭低到不能再低。」[52]

北京著實長進了不少，終於來到可以實質挑戰美國地位的時候。美國金融危機，再加上它終於搞懂，中國其實可以將美國從全球獨霸的寶座上拉下來的，自此，美中關係中，不再是美國高高在上了。二〇〇八年美國總統大選期間，中國駭客駭進歐巴馬和約翰．馬侃（John McCain）兩黨候選人的陣營，偷走了馬侃和台灣總統的私人通信內容，以及許多機密資訊。[53]二〇〇九年哥本哈根氣候變遷高峰會中，北京派了副外長與歐巴馬還有梅克爾（Angela Merkel）見面，這狗眼看人低的態度，讓一樁原本快談好的合作案就此破局。[54]

到這時，外國公司在中國的境遇也越來越慘淡了。谷歌在二〇〇六年進入中國市場，四年後黯然退出，因為飽受中國網路審查、以及中國駭客對該公司一連串的攻擊之苦。[55]「我真的很不放心中國。」奇異電器（GE）的總裁傑夫瑞．殷梅爾（Jeffrey Immelt）二〇一〇年六月對一群義大利執行長這麼說。「感覺好像，他們就是沒打算要讓誰出頭、或是讓誰成功。」[56]

殷梅爾的話沒說錯：北京當局壓根兒就不想讓美國企業在中國、或是全球市場獨占龍頭，也沒想要讓美國再繼續作為世界最強的國家。

但是，歐巴馬和其執政團隊上任以後，卻沿續前任總統對中國的許多溫和、寬容作為。二〇〇九年，歐巴馬拒絕接見達賴喇嘛，而他的國務卿希拉蕊．柯林頓一開始還不願意就人權議題督促中共。[57]「我覺得，過去我們已經測試過中國的底線，知道在維持良性互動的情形下，能夠要求他到什麼程度。」當時的副國安顧問班．羅德斯（Ben Rhodes）提到歐巴馬執政初期的情形時，這麼形容。[58]「執政第二年時發現態度應該更強硬後，才有了調整。」二〇一一年十月，國務卿希拉蕊在《外交政策》（*Foreign Policy*）雜誌上發表一篇極具影響力的文章，文中她說出了日後廣為人引用的「轉向」（pivot）亞洲：美國，她說，將要維持作為太平洋國家的地位。[59]同年十一月，歐巴馬宣布將派遣兩千五百名士兵駐守澳洲北部，這是越戰後，美軍第一次實質將兵力擴展到亞洲地區。[60]

但問題是，歐巴馬政府卻遲遲不願意挑戰中國，以及中國共產黨在中國的領導。歐巴馬第一任期間，其官方政策始終都是要強化中國，而不是弱化它；歐巴馬常說，他樂見中國「強大、繁榮且成功」。希拉蕊在那篇於《外交政策》雜誌中的文章，提到美國「深自關心」中國人權問題，以及該國在南中國海地區的舉動。但是，她對中國的看法，卻完全沿襲了季辛吉的作風。「本國有些人視中國進步為對美國的威脅，中國有些人擔憂美國想要遏止中國成長。這兩種看法我們都不認同。」她文中寫道。

「事實是，欣欣向榮的美國對中國有益，欣欣向榮的中國，亦對美國有益。」

更何況，企業界也不願意公開承認，北京事實上重本土企業，而輕外國和美國企業。而且，這問題也不單單只針對美國企業。二〇〇九年七月，全球礦業公司和中國鋼鐵業為了鐵礦價格你來我往，吵得不可開交之際，北京竟然下令羈押四名英澳合資礦業巨頭力拓集團（Rio Tinto）的高階員工，其中胡士泰（Stern Hu）是中國出生的澳洲人，他是該公司上海辦公室的負責人，之後這四人更被以收賄與盜取商業機密為由起訴。[61]據澳洲記者約翰・加諾特（John Garnaut）的報導，力拓集團後來聘了季辛吉，付了他將近五百萬美金的顧問費，據說就是希望他能夠居中安排，讓他們拜見副總理王岐山。[62]

那季辛吉給了力拓集團什麼建議呢？要和高高在上的合夥人，也就是中共建立「互信」。秉著這個建議，二〇一〇年三月，在該案判決以後，力拓鐵礦集團的首席執行長山姆・沃爾許（Sam Walsh），就將在押四人開除，並指責他們「行為可鄙，完全悖離本集團極講究道德的企業文化。」[63]同月，力拓集團立刻得以與中共共同主辦「中國發展高層論壇」（China Development Forum）這個中共大外宣的活動，七月時更馬上拿到國營中國鋁業（Chinalco）的大筆合約。[64]到二〇一五年，力拓集團全球年度銷售金額中，有高達一百九十億美金的收支是來自中國的訂單，占該公司年營業額四成。該公司鐵礦部主管讚道：「因為雙方密切合作，得以建立深刻的互敬、友誼和互惠。」[65]

二〇一三年，根據中國美國商會（American Chamber of Commerce in China）在美進行的問卷調查發現，有七成八的受訪者認為其在華企業未來兩年內的前景樂觀，或是稍為樂觀，只有百分之七企業認為悲觀。奇異電器雖有殷梅爾先前對中國的批評，但該公司不久就改口稱，是其總裁的話被人錯誤引用：「殷梅爾先生此語是在討論全球布局的複雜性，他同時也讚美中國市場對奇異具吸引力、且非常重要。」[66]殷梅爾這番言論出現不久後，他前任的奇異總裁傑克・威爾許（Jack Welsh）就前往上海，並回憶一九九〇年代在中國投資的情形。[67]「當時我們都相信，在此的發展要與天比高，」他這麼說。「而大致而言，我們當初想得果然沒錯。」[*68]

所以，企業高層和外交顧問全都因中美關係現況得利，也都為此說盡好話。「今日美國唯一能讓兩黨都沒有異議的外交政策，就是中國政策了。」季辛吉在二〇一二年十月這麼說。[69]「自從一九七一年以來，八任的美國政府基本上都走在同樣的路線

* 殷梅爾在二〇二一年的著作《如坐針氈》（*Hot Seat*）中，提到國營的中國國家鐵路集團在二〇〇〇年代後期「盜竊」奇異電器技術的經過。而即使事過十五年，他還是只能感慨：「這不公平，但也只能說學到了一課。」

上，我相信這條路線日後也會持續下去。」季辛吉靠著務實派的聲譽掩護，得以為那套既自肥又圖利於中共的中國政策護航，讓人以為他一定是在理性判斷下，作出對美國有利的決策。「與中國的友誼應是美國外交政策的主軸，而這份友誼中，又以增進對彼此的瞭解，最為關鍵。」他在二〇一一年這麼對新華社說。[70]「中國人民對於朋友所展現的友誼和忠誠，始終深深烙印在我的經歷中。」

季辛吉《論中國》一書，既是他個人自傳、也是通俗史書、但同時也在祈求人們理解、並在讚揚中共高深的戰略。此書於二〇一一年五月問世，剛好趕在中共慶祝季辛吉首度訪華四十週年前夕出版。「您所締造的歷史偉蹟，中國人民沒齒難忘。」這是當年六月，中共副總理習近平在北京親口對他說的話。[71]

此書中，對於中共有可能對美國形成威脅這個想法，季辛吉完全拒絕接受。「本書的主題，就是中美一定要合作共創國際新體制。」他對《中國日報》這麼說。[72]二〇一一年五月，季辛吉為促銷《論中國》一書，接受《華爾街日報》專欄作家布雷特·史提芬斯（Bret Stephens）專訪。[73]。專訪前半小時，季辛吉對於中國人權、香港、台灣、中國領導人四個問題，始終左閃右避，不願正面回答。之後他想了一會兒後說，「這麼說吧，我知道你一直想逼我在這方面說出我的看法。」他提議道：「但我不願意。關於這方面我該寫的都在書上了。那後果就由我來承擔，我書中沒寫到的，就別再提了。這麼大的新聞題材，不是我能在一個專訪中說清楚的。我是不會透過正式途徑，來談論與中國的衝突戰略。」不能正視北京當局有侵略行為可能的人，怎麼配當思想細膩的思想家兼知名的知識分子呢？更何況，季辛吉在一九七九年的回憶錄中也曾經說過，北京當局是有可能反咬美國一口，說翻臉就翻臉的？

在《論中國》一書中，季辛吉倒是批評了毛澤東在一九五八到六二年間大躍進的殘酷，畢竟這造成了數千萬人死亡，但他卻是說得不乾不脆。「但也就這麼一次，毛澤東把目標定得太高，讓中國人民在實際面上難以達成。」他這麼寫道。[74]

季辛吉在二〇一一年時滿八十八歲，卻被北京當局耍得團團轉，而此舉正說明，北京多麼善於捧一些下台美國政客。套句傅利堡的話，季辛吉在中國享受到「雙重虛榮，一則他以為中共在推動和平，再則是備受北京當局禮遇。」[75]二〇一一年六月，在他北京行前，一名記者問他，是否會和中國高層見面。「沒有的話那才奇怪，」他答，「因為他們知道我的需要、我的目的。」二〇〇六年十月，民主黨洛杉磯市長安東尼歐．魏亞雷葛沙（Antonio Villaraigosa）出訪北京時，意外發現當時已經八十三高齡的季辛吉竟然下榻同一飯店。[76]《洛杉磯時報》的一名記者在該飯店遇到季辛吉，就順便問他對市長出訪的看法。「他應該享受到一流待遇了。」季辛吉這麼答，「我到過這裡四十趟，所以對這種一流待遇瞭如指掌。」「沒有其他國家會對卸任閣員這麼禮遇的，只有中國。」前墨西哥駐華大使賀傑．瓜赫多（Jorge Guajardo）這麼說。

不只前閣員備受禮遇而銘感五內。二〇〇六年芝加哥市長，同時也是歐巴馬總統的戰友李察．戴利，他在一次白宮晚宴上見到中國國家主席胡錦濤，他千說萬說才終於說服胡在二〇一一年一月前往芝加哥訪問，這是中共史上第一次有高層走訪芝城。「這是大事，」戴利在胡出訪前對記者說。「非常大的事。」[77]行程中，胡錦濤前往芝加哥一間高中的孔子學院，並告訴戴利說：「全美國，芝加哥和中國關係，發展的程度排在前段。」[78]二〇一一年三月，在戴利卸任前兩個月，他進行任內第五度訪華行程，此行一共在中國待了兩週的時間。[79]「來到中國看到他們有這麼長足的進步，還真是有點羨慕，」他說，並重申讓「芝加哥成為全美國最親中城市」的夢想。[80]而戴利卸任公職後也和許多美國政要一樣，成為許多企業、大學、律師事務所的董事；同時他也加入圖爾（Tur Partners）投顧公司，擔任高階執行長。但這些都沒有於法理上說不過去的地方。

但是，圖爾投顧公司和戴利在當時做了一件事，並未見於報章，那就是國務院副總理劉延東二〇一三年十一月訪問芝加哥的公關事宜和媒體報導，都是由他們出資贊助的。[81]圖爾投顧公司付了超過五萬美金的金額，給公關公司艾德曼（Edelman），由該公司為劉延東安排行程，包括排定演講和活動，這些事被紀錄在政府檔案中。[82]訪芝期間劉延東要戴利成為兩國的「連繫」。[83]一名卸任市長，為中共高官出訪行程擔任大外宣工作，還是在他自己過去擔任市長的城市，這怎麼說得過去？圖爾投顧在文章中形容，劉延東訪芝「目的在促進中美兩國人民交流。」[84]戴利可能不清楚所謂「兩國人民交流」正是統一戰線的政策暗號，要讓中共核可的中國人去與不疑有他的美國人交往。但劉延東這邊肯定是知道這暗號的：因為從二〇〇二到二〇〇七年間，她就是中共統戰部部長。[85]

許多中國政治機構，雖然和美國名稱大相逕庭，但都可以用美國辭彙來形容。比方說，中國的軍隊人民解放軍，他們宣誓對黨效忠而非對國效忠。人民解放軍是黨的軍隊：他既要捍衛國家，同時也要充任中國政治體系的鷹犬。我們只要問美軍是否效忠民主黨，就可以大致瞭解人民解放軍的本質。美國政府國營的美國鐵路客運公司（Amtrak），以及美國政府宣傳網絡美國之音（Voice of America），本質上則分別和中國國營的鐵路公司以及大外宣機構有些像。

但中共的統戰是完全不一樣的事。想像一下，如果美國是政教合一的國家。而在與他國國民交流的過程，美國不是用道理來說服他們接受美國的宗教，而是用不讓對方知道這個宗教的真相，也不讓對方有機會反對這個宗教。同時還採用培養一群「外國友人」（代理人）的方式，讓他們去「傳播（有關中國的）真相」（事實上是大外宣）。習近平稱統戰工作是「以黨為中心畫出最大的同心圓」，並敦促中國人要在此工作上用上「全心全意」。[86]

也就是說，統戰工作讓中國和全球得以不發一絲異議地接受中共的統治。統戰工作這一點，大家一定要搞清楚。

北京在歐巴馬第二任主政期間，對美國的影響，可以說是充分利用了對方的無知心態。白宮當時一心以為，可以將中國和國際體制牢牢綁在一起，並鼓勵對方遵守美國所領導的世界秩序。歐巴馬政府錯以為，美國應與中國攜手合作，並慢慢將之帶上正軌，一同處理像是氣候變遷之類的全球性議題。另一方面，中共也利用在美的中國友人，去影響美國國內政局和想法，讓他們忽視中共的問題，而只注意到雙方合作的優點。習近平在二〇一二年主政後，他開始穩定地加強中共的實力。當時，歐巴馬如果洞晰情勢，就應該廣結盟友，包括國內團體，如工會、製造業者，並凝聚兩黨國會團體的共識，以及國際盟友，包括日本、歐盟、澳洲等等，聯合這些人的力量，逼退北京在許多方面都正在日益壯大的邪惡勢力。但是，歐巴馬卻反而是聽信這些中國友人的話，選擇了採取寬容和耐心的政策。

這些美國的中國友人，因為自己從事的統戰工作，而獲得金錢上的回報。這種利益衝突的情形，在蓋瑞．洛克（Gary Locke）身上最為明顯。這位出身西雅圖的政治人物兼律師，曾是民主黨華盛頓州州長，之後成為歐巴馬主政期間，二〇〇九到二〇一一年間的商務部長，之後又在二〇一一到一四年轉任駐華大使。卸任後，洛克受聘一家律師事務所，專事協助美國企業在中國拓展業務的工作。「我在全中國上下，和不管是省或是國家層級的高階政府官員，都有著相當好的人脈和關係。」二〇一五年時他這麼說。「到現在我都和這些官員有連絡。我可以透過這些關係和見識，讓華盛頓州與美國各地的企業受惠。」

二〇一六年二月二十三日一場演講中，中國大型跨國公司大連萬達集團的創辦人王健林就說明自己如何克服美國法規限制，買下了美國電影院線集團AMC院線（AMC Theatres）。[87]「我去找當時美國駐華大使蓋瑞．洛克，請他幫我寫封推薦信給美國政府。」他說。他向洛克解釋，他買下該院線集團後，會聘用美國影界才幹，而非引進「大量」中國電影到美國市場，並說洛克「很滿意，就為我寫了推薦信。」沒多久，二〇一二年七月，美國司法單位就批准該筆併購案：全案在一個月內就快速結案。[88]這個過程本身並沒有瑕疵；洛克身為大使的職責，本來就包括促進中美的商業連結，這當然不免要為特定中國公司說些好話。但到了二〇一六年二月，當時洛克已經離開大使職兩年，這時王健林竟然指派洛克為大連萬達AMC院線集團的董事。[89]這不就說明了，洛克利用駐華大使職務之便，促成併購案，為自己卸任預留去路，進而圖利自己。至今洛克依然擔任該集團董事。到了二〇二〇年十一月間，光是這職務，就為他賺進了至少八十二萬美元的收入。類此利益衝突，從來沒有被報導過。*

洛克和季辛吉、柯恩還有其他美國卸任官員一樣，都擔任在華美國企業的顧問，不斷在讚美中國制度非常透明，鼓勵中美更緊密連結。洛克在二〇一八年十一月發行的《中國日報》專訪中說：「中國政府官員，非常開放且友善。」[90]

北京當局利用了美國體制的弱點。[91] 國會議員、三軍將領、市長這些美國政府官員，都有很嚴格的禁止貪汙規定。但是對於卸任官員、其眷屬，以及現任官員的眷屬，卻規定少到足以危害國家安全。

美國企業想去中國做生意，為何不乾脆就聘用中國卸任國家主席或是總理，或是邀請他們來美國舉辦巡迴講座呢？為什麼在美投資的中國企業，沒有聘用卸任中國各省書記擔任董事呢？為什麼美國人不學卡特前總統一樣多事，覺得中國需要他的拯救，也去跟前國家主席江澤民商量，請他拯救美國？原因是，中國官員不准這樣做。我詢問過一些和中共高官有往來的人士，從他們那裡得知，中共中央政治局委員在卸任後，若未得到現任中央政治局常委會特別批准，不得赴海外旅遊。一名希望匿名的中國領導人研究專家，告訴我，因為這條規矩非常嚴格，所以自從一九七六年毛澤東過世後，中央政治局卸任委員海外旅遊的次數，屈指可數。「中國，卸任領導人基本上就是都待在國內。」學者大衛．蘭普頓這麼說。

中共是有擬一個敗壞美國官員官箴的鴻圖偉略嗎？這不得而知。沒有確實證據可以證明；更且，就算有計劃，也要因人、因時、因地制宜：計劃是死的，人是活的，不可能一成不變。但是，看看人家北京當局，它寧可大費周章限制其卸任領導人出國，就知道他們多麼在意卸任官員敗壞官箴的事。

貪婪可不是卸任官員道德失守的唯一動機：有些人可能反而是因為誤判情勢，以為自己做的是正確的事才鑄下大錯。這方面最慘痛的例子就是卡特總統，他在一九八一年卸任後，極盡全力不接顧問工作、付費演講、或是在企業當董事。他全心致力於降低美國街友比例、提倡民主選舉、阻止疾病傳播。更在二〇〇二年卸任二十一年後，「因數十載不懈於尋求解決國際紛爭和平之道；促進民主與人權、以及提升經濟與社會發展」，而獲得諾貝爾和平獎。[92]數十年來，卡特中心（Carter Center）更在中國鄉間提倡選舉，想讓民主在中國發展得更全面，真的是一項很值得讚揚的工作。

＊大連萬達在二〇二一年出脫手中的 AMC 院線持股。洛克當時告訴我：「我從來沒答應要為該公司寫推薦信，也從未寫過這麼一封推薦信。」他還說他，「對中國批評從未假以辭色。」

但在習近平上台後，北京當局就禁止卡特在中國提倡基層民主。據說，習建議卡特可以轉將注意力放在促進中美關係上。[93]卡特將他的建議理解成是，希望他協助保護中共。二〇一五年卡特中心與《環球時報》合作，開啟「獎學金交換生」計劃和會議，《環球時報》是中共一家作風強悍到讓人為之汗顏的官方小報，其作風連戰狼小粉紅都自嘆弗如。[94]卡特中心稱二〇〇二年正式上線的 chinaelections .org（中國選舉），「是中國國內外最多人拜訪的政治改革網站。」[95]二〇〇八年，該中心又推出 chinatransparency.org（中國透明體制），但這個網站現在已經廢棄，當初卡特中心稱此網站是「關於中國透明體制相關文章的訊息交換中心。」[96]

這些網站的功能在一開始或許立意良好，但現在卻早已偏離其宗旨。上述第一個網站我在二〇一九年十二月第一次上去時，網站的頭條報導是中共《人民日報》關於習近平的大外宣報導；二〇二一年八月我再次上該網站時，其頭條消息則是習近平呼籲要強化中國共產黨。上述第二個網站主要文章是談到一九三〇年代，赤軍連裡女性中國士兵的英勇行為。該文章的作者是劉亞洲將軍，他是卡特中心中國項目長期高階顧問兼主任劉亞偉的長兄，而劉亞洲正是中共統戰部下要員李小林的先生。這篇文章的主題在談，中國婦女婚前是否該守貞的議題。劉亞偉在回覆筆者的信中，他表示「完全不認同」筆者對卡特和卡特中心的說法，並說：「二十年來，該中心的中國項目對於提倡中國民主和自由功不可沒。」現在卡特提起中國時，依然是不改初衷，保持正面肯定的口吻。他在二〇一九年四月時說，中國自從一九七九年以來，「沒有浪費過一分錢在戰爭上」，卻刻意忽視中共為了內部維穩，在新疆、西藏等地區花了數千億美元，或是每年軍費預算高達數千億美元等事實。[97]也因為他這樣的見樹不見林，才會說出中國這國家「每一方面都超越我們」這樣的話。

但所幸，一如往常，美國一般大眾總是跟政界高層不同調。美國非營利民調機構皮尤中心（Pew）所做的民調就發現，美國人對於中國不認同的比例，從二〇一一年原本只有三成六，到二〇一六年時，已經增加到五成五。[98]受訪美國人中，有八成九認為，中國所持有美國國債、以及因產業外移中國而造成美國高失業率等，都是非常嚴重的問題，另有八成六受訪者則擔心日漸增加的美中貿易逆差。[99]

二〇一六年美總統大選期間，川普就狂打中國牌。「中國正在掠奪我們的國家，我們不能允許這種事再持續下去。」他在二〇一六年五月時，以共和黨總統候選人競選時這麼說。[100]他這一招果然奏效：根據《華爾街日報》的分析，在初選中，一百個最受美中競爭影響的郡裡，有八十九個郡川普都勝出。[101]

但是，至少到二〇一九年，這些中國在美好友，其影響力卻不降反升。就像一九九五年金瑞契議員的作法，在川普上任後，季辛吉居中扮演了調控川普對華態度的關鍵。他們兩人在二〇一六年五月十八日見面，地點在季辛吉顧問公司位於曼哈頓的辦公室。「再沒有比這人更眷戀權力的了。」CNN電視台主播艾希莉・班菲爾德（Ashleigh Banfield）在播報這次會面時這麼說。[102]會面中川普恭維季辛吉是「絕頂的人才」。季辛吉在大選中為中國說項的對象，可不只川普一人。二〇一五年二月為止，在大選都還沒開跑前，共和黨可能獲得總統提名資格的候選人，包括：史考特・沃克（Scott Walker）、馬可・魯比歐（Marco Rubio）、克里斯・克利斯第（Chris Christie）、以及瑞克・培瑞（Rick Perry）全都拜見過季辛吉。[103]

二〇一六年十二月，川普上台後，打破數十年來美國總統慣例，接聽了台灣總統的電話，季辛吉立刻快馬加鞭展開他的中國代理人工作。同月，川普團隊就在季辛吉的建議下，拒絕達賴喇嘛的會面提議。川普成了自從雷根總統以來，首位未接見這位西藏精神領袖的美國總統，因為他是中共的敵人。「川普曾對我說，你們別再跟我提到台灣、香港、維吾爾人一個字，」二〇一九年前川普國安顧問約翰・波頓（John Bolton）這麼說。「他都這麼說了，那西藏也就更不用提了。」[104]

在二〇一九年中美貿易戰急速升溫前，以及在二〇二〇年新冠疫情還未橫掃美國前，川普團隊對北京的態度，可以說是相當溫和、有些地方甚至可以說是非常軟弱的。之所以會這樣，是因為川普的執政團隊中，多的是荷包滿滿的資本家，這些人不僅早就靠著中國崛起賺飽飽，也不打算因為入閣，而放棄自己和中國的金融掛鉤。比方說，川普當時的財政部長史提夫・門努欽（Steve Mnuchin）、第一任國務卿雷克斯・提勒森（Rex Tillerson）、以及商務部長威爾伯・羅斯（Wilbur Ross）全都有和中國相關的利益衝突，一旦其職務要求其對北京當局下重手，他們可能會因為個人利益而有所顧忌。二〇一七年川普女婿兼高階顧問賈瑞・庫許納的家族，甚至還曾打算和中共有關連的中國保險業者安邦人壽合資，重新開發紐約市一棟辦公大樓，而庫許納的妹妹妮可・麥爾（Nicole Meyer），則一邊向中國投資人兜售投資移民業務，備受爭議。[105]川普任內的駐華大使泰瑞・布蘭斯泰德（Terry Branstad），過去長期擔任愛荷華州長，他和中國在金錢上沒有明顯關連。但他卻也以為習近平真的是他的「老朋友」，單單只因為兩人在一九八五年在愛荷華州有過一面之緣。[106]

我取得中國企業的文件顯示，商務部長羅斯，曾在一家中國合資企業擔任董事，一直到二〇一九年一月才去職，他在擔任美國商務部長後，有將近兩年的時間，都還在擔任該董事職。該合資企業現在改名為華能景順羅斯投資顧問有限公司（Huaneng Invesco WLR (Beijing) Investment Fund Management Company Ltd.），這家公司是華能資本服務有限公司（Huaneng Capital Services）、美國的景順投信（Invesco）、以及羅斯自己創辦的羅斯公司（WL Ross & Co.）三家合資創立的。[107]華能資本服務有限公司則是中國華能集團（China Huaneng Group）旗下的公司，而華能集團是中國國營電力公司。[108]（川普官員全都否認自己行事有不合規定之處。二〇二〇年十月的聲明中，羅斯辯稱自己商務部長任期和董事職並未重疊，指外界的指控是「錯誤的說法」。）儘管沒有證據可以證明，羅斯在商務部長期間，透過這個合資企業直接獲利，但像這種盤根錯節的政商關係，已經侵犯到美國國家利益，也讓我們看到中共對美國的影響，有多無孔不入。

而受到這種影響的，還不只在執政團隊。連川普私人的顧問和支持者，也在干預美中貿易戰，減少其對中的殺傷力。美國賭場大亨謝爾登．艾德森（Sheldon Adelson）和其夫人蜜莉安（Miriam），他們兩人加起來的捐款，占川普政治獻金最大宗；二〇一六年總統大選，他們捐了八千兩百萬美元，二〇二〇年則捐了九千萬美元。[109]（艾德森卒於二〇二一年一月）。艾德森這一生最熱衷的事、也是他最為外界所知的畢生職志，就是以色列。他是該國最大報的老闆，為了猶太人他這輩子捐了數億美金。二〇一二年美國總統大選、二〇一八年期中選舉、以及二〇二〇年大選，最大筆捐款金額都出自艾德森，而捐款對象都是他認為最支持以色列政府的候選人。「我這人一心一意就只想著一件事，那就是以色列。」艾德森在二〇一七年這麼說。[110]

但其實他贊助以色列政府的錢，也是來自北京當局：艾德森在澳門擁有五家拉斯維加斯金沙賭場（Las Vegas Sands），這五家賭場的收入，占金沙全球收入的三分之二。[111]在中國合法賭博是受到層層嚴格規範的行業，北京當局只要不讓中國遊客進入澳門，就可以不費吹灰之力，讓艾德森動輒數十億的淨收入一筆勾銷，因為中國人要進入澳門，還是要官方批准護照；另外，北京也可以批准鄰近的海南省賭博合法化，又或者只要限制拉斯維加斯金沙賭場在中國的營業項目，就都可以達到同樣的目的。「謝爾登．艾德森非常重視和北京當局之間的直接往來。」二〇〇九年一份由維基解密（WikiLeaks）所釋出的國務院電文中就這麼寫道，「特別是因為，北京的護照政策，與該公司在澳門日漸成長的廣大市場運作息息相關。」[112]

更何況，澳門拉斯維加斯金沙賭場的營業執照到二〇二二年就到期，在這節骨眼上，北京等於是掐住了艾德森遺產、財富和他對以色列金援能力的咽喉。也因為這樣，艾德森一直很努力要和北京當局有更好的關係。二〇一九年九月和二〇二〇年八月，艾德森找川普談，提醒他，中美貿易戰，將有傷美國經濟元氣，也會讓川普二〇二〇年連任機會降低，可以說是語帶威脅，畢竟，川普能當選，艾德森的龐大政治獻金可是一大功臣。[113]

即使到了本書要付梓的二〇二一年底，美國政府官員對於中國的態度，也都是偏向溫和，遠不如三十年前美國官員的強硬。這部份也是因為中國國力今非昔比的緣故。但原因不只是這樣。「有些事我想說清楚，」拜登國務卿東尼．布林肯（Tony Blinken）在二〇二一年三月的採訪中曾說：「我們的目標不是遏制中國的成長、讓它無法進步、讓它無法出頭。」一直到二〇二〇年，川普都不相信，習近平會對他不利。川普在二〇一八年四月的推特上這麼寫道：「無論我們的貿易衝突如何，習近平和我永遠都會是好朋友。」[114]二〇二〇年一月，中美就貿易戰簽下臨時協定。川普當時說，習近平是「我非常、非常要好的朋友」。[115]

歷來中國的美國好友，都曾提到中國的好客之道如何之讓人心蕩神迷、豐盛豪華。「這是我第一次遇到有整個國家的閣員同來接待，整座城市都出來歡迎我。」史諾在未出版的日記中，提到自己於一九三六年前往中共總部時，這麼寫道。[116]「他們的盛情招待，真是讓人難以招架。」他又說：「身為中國通，這些平凡中國人所散發的民間魅力，每天都讓我深深著迷。」哈佛大學教授、也是美國中國研究之父的費正清（John K. Fairbank）在一九八九年一封提到史諾訪華經驗的信中，這麼寫的。[117]

二〇一七年十一月，川普出訪北京，進行中國官員所謂的「國是訪問＋」行程。[118]為了讓川普和夫人可以進行私人訪問行程，中共特別關閉紫禁城這個位於北京市中心的古代皇帝宮殿，並在龐大的人民大會堂附近舉行盛大的歡迎典禮。[119]川普事後對記者說，習近平「把我伺候得比中國歷史上任何人都好。」[120]川普訪華結束後，一名前美國政府官員問季辛吉，中共在川普北京之行中，這麼大張旗鼓、極盡恭維之能事的盛情，有沒有打動川普。「當然有，」季辛吉微笑著說。「對我有效，對他當然也有效。」

第二部　位高權重的好朋友

第四章 香格里拉

一九九〇年代，李察・吉爾（Richard Gere）是全世界最紅的影星：他在電影《美國舞男》（American Gigolo）和《麻雀變鳳凰》（Pretty Woman）中風流倜儻的扮相，讓他成為《時人》（*People*）雜誌「全球最性感的男人」。在他當紅時，擔任一九九三年奧斯卡金像獎最佳藝術指導項目的引言人，他想利用這個機會，表達自己的立場。但是他用非常若無其事的方式，帶出他要說的話。

他放下原本寫好的講稿，說出自己的話，如果「經紀人能說動」大畫家魯本斯（Peter Paul Rubens）和林布蘭特（Rembrandt）為現代電影擔任藝術指導的話會如何，他先停了一下，讓大家笑完，接著他就切入正題：解放西藏，脫離中國統治。[1]「我心裡有些話想說，」他這麼開場。接著他有點緊張地環顧台下，鼓起勇氣說出他心裡的願望：「不知道鄧小平現在有沒有和他兒孫在看頒獎，」他提到當時中國的領導人，然後指出「中國有著嚴重的人權問題，不單只對自己的同胞，也對西藏人。如果能夠有奇蹟發生，像電影裡演的一樣，我們現在把愛和真理、以及理性傳遞給鄧小平，傳遞到北京，讓他能夠從西藏撤軍、把漢人撤出西藏，讓西藏人民可以再次獲得自由和獨立。」觀眾掌聲中，吉爾一臉誠摯地抬起頭。「我們把這個念頭傳遞出去，把它傳遞出去。」然後他靦腆微笑，開始介紹最佳藝術指導的入選名單。

吉爾這短短一席話，引發了後續一連串軒然大波，包括全球挺西藏獨立運動和隨後的失敗、另外迪士尼也因此學會了，以後要順從北京當局，而好萊塢電影界的拍片方向，更是從此改弦易轍（第五章會談得更深入）。而這席話也讓吉爾的星運從雲端跌到谷底：自從二〇〇八年以後，他就沒再接到好萊塢大片廠的片約。「肯定是有片子因為中國說：『這個人不行』，而讓我因此出局的。」他在二〇一七年這麼說。[2]

李察・吉爾這個希望藉由好萊塢推動西藏解放、以及希望好萊塢不受中國干預的夢想哪邊走樣了？簡單一個字：「交情。」隨著中國越來越有錢，北京當局知道自己可以挾中國電影票房自重，讓好萊塢電影界乖乖聽話，所以只要有好萊塢製片公司敢發聲譴責中共壓迫西藏的，就會受到懲罰。好萊塢製片公司從此就不再拍一些說中國不好的片子，之後更慢慢開始發行一些服膺中共價值觀的影片。

但這些不是一夕之間就發生的。中間中共也是聚積實力、韜光養晦了好長一段時間。不過好萊塢電影能夠如實呈現中國的美好日子，從一九九七年以後，就慢慢結束了。這一年，好萊塢電影界發行了三部電影，都在批判中共：米高梅（MGM）片廠的

《紅色角落》（Red Corner），由李察．吉爾主演，劇情關於一位在中國入獄的美國商人；索尼（Sony）的《火線大逃亡》（Seven Years in Tibet），由尚－賈克．阿諾（Jean-Jacques Annaud）導演，描述中共入侵西藏前，一名西方登山客來到喜馬拉雅山中藏人世界的情形；以及迪士尼片廠的《達賴的一生》（Kundun），由馬丁．史柯西斯（Martin Scorsese）執導，是達賴喇嘛成長的故事。

在當時，好萊塢電影界以為中國聽得下勸。因為在一九九〇年代中葉時，蘇聯已經垮台，感覺好像共產主義節節敗退，歷史走到了盡頭，就像當時一本暢銷書的書名說得那樣。而中國在那時，成了共產國家唯一的倖存者，極度貧窮、又因為天安門事件屠殺學生而被國際社會排擠。許多美國人都以為，因為這樣，所以中國應該會聽人勸，讓西藏獨立，這種心態連美國國會都有，他們稱西藏是「被他國占領的主權國家」。[3] 一九九四年，西藏青年和美國青年共同發起「自由西藏學生運動」（Students for a Free Tibet），號召大學生一起出來，為西藏高原獨立發聲。

一九九七年時，中國的國內生產毛額只有區區八千六百四十億美元，這個數字不到其二〇二〇年國內生產毛額的百分之六，而且，對於好萊塢和其他美國產業而言，中國也沒有給他們在金錢或文化上的利多好處可言。中國在當時的全國票房數字少的可憐。所以對好萊塢片廠而言，倡議中國西藏地區獨立，就跟在非洲興建校舍、或改善飲用水管線一樣，應該沒什麼風險才對。說來也沒錯，在一九九〇年代中期，西藏完全沒有受到全球政治關照。比起盧安達（Rwanda）、緬甸、波士尼亞和東帝汶（East Timor）等國發生過殺戮慘案來，西藏似乎被遺忘，所以也讓人更覺得應該為它發聲，因為它是被共產黨入侵、玷汙的聖地。

自由西藏的汗衫和汽車貼紙在當時四處可見。政商名流都很支持這個運動。美國人更是發自心底擁抱西藏。一九九五年電視影集《歡樂單身派對》（Seinfeld）中，調侃服飾傢俱品牌彼得曼（J. Peterman），說它熱愛一些異國風味的商品，其目錄中一件西藏巫醫的外套要賣一百七十五美元。目錄上寫道：「別怪我沒跟你說，水晶已經落伍了，現在藏傳佛教當道。」[4]

藏傳佛教和西藏的淵源，可以遠溯至八世紀，當時西藏國王頒布藏傳佛教為國教。十六世紀開始，一些僧侶成為觀音菩薩轉世，他們在西藏擁有統治的權力。藏人稱這些轉世菩薩為達賴喇嘛，藏文意為「智慧深似海」。

第十三世達賴喇嘛生於一八七八年、圓寂於一九三三年，成為西藏政教合一的領袖，讓西藏不受異國統治。他是位很有識人才幹的智者，在他之前第九世、第十世、第十一世和第十二世達賴喇嘛都在不到二十二歲的年紀就早逝，死因都很可疑，但第十三世格外的幸運。一九二〇年代和三〇年代，中國內戰頻仍、百廢待舉，軍閥割據、日本入侵。這讓第十三世達賴喇嘛對所治理的西藏現狀頗為放心。但一九三三年他圓寂後，西藏變成無政府狀態，社會動盪不安，他所建立的保守教育體制和小型軍隊，成為他留給西藏的遺產。

中國在一九五一年宣布「解放」西藏，兩年後毛澤東成立了中華人民共和國，西藏政府對於重新被併入中國，成為屬國的安排，也只能表示支持，畢竟他們也沒有別的選擇。何況，「過去每當西藏鄰國有大國崛起時，其宗教領袖都會出來和對方達成協議。」史學家山姆・范・夏克（Sam van Schaik）這麼寫道。「這些鄰國最終也都會讓藏人自治，放任其寺廟發展繁榮。他們想不懂毛澤東又何必自外於前朝？」[5]

但毛澤東就偏是要自外於前朝。從一九五八到一九六二年間，因為中國大躍進造成史上最嚴重饑荒，導致數千萬人死亡，連帶也造成數千藏人餓死。一九六〇年代，中共表面上劃分出藏族自治區，稱是讓在這裡自治，這就成了美國人口中的「西藏地區」（Tibet proper），這個地區包含其首府拉薩、艾佛勒斯峰靠中國一側、以及朝聖名勝仁波齊峰。而原西藏地區其餘的部份，則併入中國其他四省。一九六六年，毛澤東發動文化大革命，這是毛個人的造神運動，卻造成中國充滿暴力和無政府狀態。文化大革命時期拍到的西藏，可以看到藏人帶著毛澤東海報在路上走，焚燒佛教經典，攻擊僧侶和佛教精神領袖。[6]這場革命造成數千藏人死亡。

第十三世達賴喇嘛死前預言了毛主政後的恐怖年代。「野蠻的紅色共產黨人」會強迫我們「流亡出走，成為敵人的奴僕，」他在一九三二年這麼寫道[7]：「不分晝夜，都將充滿無盡的恐懼和苦難。」[8]

一直到一九八〇年代，藏民對於西方都未太重視。但西方卻是長久以來就對有一座神奇、不受文明汙染的王國藏在喜馬拉雅山中這件事，感到非常神祕，那高海拔平原的所在，更加增添一絲靈性的昇華。「在這裡有出神入化的巫師和最好的占星師。」馬可波羅著於十三世紀的《東遊記》（*Travels*）中這麼寫道。藏人儘管是世上「最不受管束的一群人，」他又寫道，但藏人擁有「呼風喚雨、召喚雷鳴閃電的能力。」[9]

英國作家詹姆斯．希爾頓（James Hilton）一九三三年的小說《失去的地平線》（*Lost Horizon*），於一九三七年由法蘭克．卡普拉（Frank Capra）改編為同名電影，此片為全球的西藏異國熱潮揭開序幕。「在這戰亂和流言如戰火的年代，」該片開場時，字幕這麼寫道，「你可曾夢想過有一個地方，祥和平安，生活不是你死我活而是永恆的喜悅？」《失去的地平線》一書，正是「香格里拉」（Shangri-La）一詞的由來，書中講述在喜馬拉雅山中的世外桃源，在一名有大智慧的僧侶領導下，人民青春長駐、與世隔絕。小羅斯福總統（Franklin Delano Roosevelt）一九四二年將馬里蘭州（Maryland）一處政府森林營地改建為總統渡假區，當時他就稱之為香格里拉。（一九五三年艾森豪總統（Dwight D. Eisenhower）才將之更名為大衛營，以紀念他父親和孫子。）[10]

現在在位的達賴喇嘛也是充滿神祕色彩的人物，見過他的人無不折服於他，在他藏紅色的喇嘛服及和顏悅色的笑容之中，銜接了古代和現代。「我從沒見過有人可以在大型集會上，讓那麼多人自然而全心全意地受到感召。」一名英國軍官在一九四〇年代參加達賴喇嘛於拉薩坐床典禮後，這麼寫道，而當時達賴喇嘛才只有五歲大。[11]

達賴喇嘛在一九五九年逃離中國，在印度喜馬拉雅山區的達蘭薩拉市（Dharamshala）建立西藏流亡政府。一九六〇年代和七〇年代，美國垮掉的世代（Beats）將西藏納入他們的哲學中；套用一名學者的話，《西藏度亡經》竟然成了「迷幻藥經典。」[*12] 美國政府一直到一九七九年才允許達賴喇嘛前往美國，而且也只允許他以宗教人物的身分訪美，而不是以流亡政府的領導人身分。[13] 但是，隨著時日過去，喜馬拉雅王國和其精神領袖，還是逐漸回到美國的文化想像中。一九八〇年代比爾·莫瑞（Bill Murray）主演的喜劇《瘋狂高爾夫》（Caddyshack）中，他就抱怨達賴喇嘛雖然「僧袍飄飄、優雅、光頭、風采懾人」，但打完一輪高爾夫後，竟然沒賞他小費。一九八三年星際大戰續集《絕地大反攻》（Return of the Jedi）中，有一種動物伊娃族（Ewoks），他們講的話就是加快速度的藏語，一九八六年由艾迪・墨菲（Eddie Murphy）主演的低俗喜劇《橫掃千軍》（Golden Child）中，他扮演的社工角色拯救一名神祕的藏族男孩（連墨菲都說這片是「大爛片」）。[14]

但西藏真正重返美國人的集體意識，則是在一九八七年底，達賴喇嘛來美國會人權小組（Congressional Human Rights Caucus）演講，當中他呼籲北京給予西藏更多自治權，並請北京停止「大規模摧毀」西藏地區。[15]這次演講後，西藏出現暴動，有些藏民以為，既然美國國會邀請達賴喇嘛前去演講，那就表示美國政府有意出手幫助西藏，這次西藏暴動中，兩名美國人約翰・艾克利（John Ackerly）和布雷克・克爾醫師（Dr. Blake Kerr）遭到公安逮捕，但他們只是剛好人在拉薩而已。之後兩人回到美國後，在全美各地電視台、大學、智庫演講。「我們是中國政府暴行的可信目擊者，」克爾這麼對我說，「我們不是成群結隊的旅客，只是一名醫師和一名律師。」他們親眼目睹的事，讓他們深感極不舒服。「我看到中國公安站在屋頂上、躲在柱子、牆和窗後，對著藏族男女還有兒童開槍。」克爾說。[16]「一名中國士兵竟然朝十歲男孩開

＊齊柏林飛船樂團（Led Zeppelin）有首歌中，唱道，一條「黃色沙漠溪流，像香格里拉在夏季的月光下」，奇想樂團（Kinks）一九六九年的概念專輯，描述大英帝國的衰敗，有首歌標題為「香格里拉」（Shangri-La），當中歌詞是「這已經是你的巔峰，不能更高了。」

槍，貫穿腦袋，真的把我嚇傻了，小孩沒多久就死在爸爸懷裡，我怎麼急救也沒用。」一九八九年十二月，在北京下令西藏戒嚴九個月後，隔三個月發生天安門大屠殺，然後達賴喇嘛獲頒諾貝爾和平獎，肯定他「以非暴力方式，反對中國占領西藏。」[17]

到了一九九〇年代中葉，一提到西藏，大家第一個念頭就是想到那是個神祕、充滿靈性、智慧的地方、其人民渴望逃離邪惡枷鎖。達賴喇嘛自稱是「簡單的佛教僧侶」，但他同時又在一九九一年曼哈頓「西藏年」時，在中央公園帶領大家進行「為世界和平日出冥想」（sunrise meditation for world peace），同時他也參與一九九二年法國《時尚》雜誌（*Vogue*）的聖誕專刊特輯編輯工作，又登上蘋果電腦的廣告，勸導消費者要「與人想的不一樣」。[18] 當導演貝托魯奇（Bernardo Bertolucci）參加一九九三年《小活佛》（Little Buddha）電影巴黎首映會時，達賴喇嘛就坐在這位義大利導演身旁，握著他的手。[19]「當活佛大人贏得諾貝爾和平獎時，他的形象頓然一改從前，」李察·吉爾這麼說。「他不再是一介平凡藏人，他成為全世界共同擁有的智者。」[20]

李察·吉爾說，在一九八二年拜見達賴喇嘛，改變了他的一生，也讓他走上參悟佛法的道路。[21]「只要你和這些人接觸過，你們就會成為一家人，從此不會再想要離開了。」吉爾在一九九六年這麼說。「你會覺得自己踏上了真理與正確的道路。」[22]

一九九七年電影《紅色角落》中，吉爾扮演一名美國電視台高層，在北京時，被人設局陷害，誣指他謀殺中國將領之女。這部片應該是美國電影界最後一次在天安門拍攝的長片，該片中吉爾的角色在牢中遭到中國獄卒毒打虐待，直到一名貌美的中國女律師為他爭取到自由。北京當局恨死該片。但影評也不遑多讓：羅傑．艾伯特（Roger Ebert）稱此片是部「造作、沉重的驚悚片，刻意拍來表達李察．吉爾對赤色中國的不滿」。[23]艾伯特這第二句話說的一點不假：該片導演瓊．艾夫內特（Jon Avnet）稱此片是「成功指控中國司法體制」，吉爾則稱此片點出了中國「侵害人權的問題」。[24]「光看到中國本土的司法體制，就可以知道其殖民地的司法體制。」他說：「要是在中國國內都這麼糟，那想想西藏會多慘。」

對西藏處境感同身受的人，不只李察．吉爾：《火線大逃亡》和《達賴的一生》兩片的導演，也同樣是受到道德和靈性的感召，而創作這兩部電影。「我導演生涯早期，拍了很多廣告片，」《火線大逃亡》導演尚—賈克．阿諾在一九九六年說：「感覺自己就像應召女郎一樣！不到二十八歲就精神崩潰過。後來改拍電影後，我就決定，從此以後，我只為喜歡的事拍片，不為錢。」而《火線大逃亡》一片在他心裡就是這樣的定位。「對西方人而言，西藏是我們渴望的寄託所在。」他這麼說道：「西藏代表的是人類社會另一種截然不同的可能。要是西藏消失了，我們自己的生活將會像找不到出口的高速公路。」

該片講述一名奧地利登山家，也是冬季奧林匹克滑雪選手海恩利希・哈勒（Heinrich Harrer）的故事，由布萊德・彼特（Brad Pitt）扮演該角色，他逃離英國戰俘營後，出走西藏，在這個愉快的異國社會中，他擔任年幼達賴喇嘛的私人教師，並因此找到了人生的目的和意義。「好萊塢電影界喜歡這樣的題材並不難理解，」該片編劇貝琪・姜斯頓（Becky Johnston）這麼說：「畢竟這故事巨力萬鈞、具時代性，但所要表達的訊息卻不那麼尖銳刺人。」她接著說：「我之所以被這個題材吸引，是因為我自己也在尋找天堂。」[25]

而導演馬丁・史柯西斯（Martin Scorsese）則是因為拜見達賴喇嘛，讓他起心動念，想要拍一部西藏的電影。「那一刻我被觸動了，」他提到自己和這位精神領袖的會面。「我的知覺突然都集中到當下。就好像可以感覺到自己的心跳一樣；我要走時，他看著我。說不上來，但他那眼神中有一種親切感……我明白自己一定要拍這部電影。」[26]

該片的英文片名《Kundun》，是藏人對達賴喇嘛的尊稱，意為「當下」，全片清一色由亞洲演員擔綱，他們多半是素人，片中配樂則是長期信佛、支持西藏的作曲家菲利普・葛拉斯（Philip Glass）所作。該片講述達賴喇嘛從少年、坐床、受教育、到與毛澤東見面，一開始達賴深受其吸引，直到聽他說「宗教是毒藥」後才幻滅，到最後逃亡印度。全片最後，一名印度士兵問達賴是不是「釋迦牟尼」，達賴回他：「我是倒影，就如水中月。我自為善，看到我，就看到你自己。」

史柯西斯過去拍的電影，一向充滿暴力和冤冤相報，而且還對此隱隱有贊同的意味，但在《達賴的一生》中，卻瀰漫著反戰、反暴力的訊息。全片一開始以「在被戰火蹂躪的亞洲裡，藏民千年來一直過著沒有暴力的生活」揭開序幕，稍後有一幕，日後成為達賴喇嘛的小男孩，為兩隻打架的昆蟲勸架。而《火線大逃亡》一片中，同樣有一幕，是一名密宗僧侶規勸主角哈勒不該殺害蚯蚓，因為「蚯蚓可能是你媽媽轉世。」（藏族作家嘉央諾布 Jamyang Norbu 就說：「我認識的藏人看到這一幕時，無不心中一緊。」因為用這樣描述藏人信仰太荒謬誇張了。）[27]史柯西斯儘管對密宗信仰一無所知，該片編劇馬穀仁（Ian Muruma）則說，史柯西斯見到達賴喇嘛的樣子，就像是「激動的小女生」一樣，他自覺是在做對的事。」[28]

一九九〇年代中葉，電影界還有好多部和西藏有關的影片在製作階段。墨詮艾佛利製片公司（Merchant Ivory）當時買下了登山家克爾《天葬》（*Sky Burial*）的電影改編版權，書中提到他在一九八七年目睹拉薩暴動的經過；而該製片公司另一半股權持有者以實瑪利·墨詮（Ismail Merchant），同時也在改編神祕探險家亞莉珊卓·大衛—尼爾（Alexandra David-Néel）一九二九年的著作《西藏的魔法與神祕》（*Magic and Mystery in Tibet*）為電影。另外，動作派巨星史提芬．席格（Steven Seagal）的製片公司，則選中了一九九二年的登山小說《登頂》（*The Ascent*）為題材，這是由登山家傑夫．隆（Jeff Long）所寫的作品。

傑夫．隆在一九七七年於尼泊爾獄中結識了一群西藏游擊隊運動的領袖，這些人是由美國中情局訓練的：中情局在一九五〇年代和一九六〇年代，曾經祕密從西藏帶了數十位藏人前往科羅拉多州受訓，打算讓他們成為游擊隊，回到西藏去對抗中共。但這個計劃被後來的國務卿季辛吉喊停，這樣他才好去拜見毛澤東，之後中情局只好花錢打發這些藏人游擊隊離開。席格的想法是，要把《登頂》一書拍成中情局的冒險電影。片中由他擔任中情局幹員，名字暫定為《環保紙杯》（*Dixie Cups*），意思就是這些人都是中情局視為不具重要性的當地盟友：用完即丟。

當時，好萊塢和世界各地挺西藏的社運人士並不知道，其實西藏自由運動走到一九九〇年代中葉，「已經來到最高峰」，當時「國際聲援西藏運動」（International Campaign for Tibet）的領導人艾克利（Ackerly）這麼說，該組織是為了西藏民主和人權發聲而成立的。一九九六年六月，饒舌三人樂團「野獸男孩」（Beastie Boys）和「非凡人物」（Smashing Pumpkins）樂團，更在一九九〇年代最大型的公益演唱會，舊金山的

「西藏自由音樂會」（Tibet Freedom Concert）掛頭牌演出。[29]而「嗆紅辣椒」（Red Hot Chili Peppers）、小野洋子（Yoko Ono）、和「討伐體制」樂團（Rage against the Machine）等歌手、樂團，也在音樂會中，為十萬人以上的觀眾獻唱。數月後，影星哈里遜・福特（Harrison Ford）也在一場為西藏造勢的募款晚會上，為達賴喇嘛出場引言。他致詞時，台下坐著李察・吉爾、莎朗・史東（Sharon Stone）、雷納德・寧莫伊（Leonard Nimoy）、和R.E.M.樂團的主唱麥可・史戴普（Michael Stipe）等人。長時期報導中國時事的記者歐維爾・謝爾（Orville Schell）也出席這場晚會，他描寫這些好萊塢巨星「全都表現出無比虔誠的敬意，當世只有曼德拉總統（Nelson Mandela）和德雷莎修女（Mother Teresa）能得到這麼高度的敬意。」

但是，這同時，中共也正在世界的另一端緊盯著這一切發展。北京當局對於好萊塢對西藏的著迷不滿，其實可以嗅到端倪。首先，《達賴的一生》和《火線大逃亡》入西藏拍攝的申請都沒有通過，而且，中共還對印度政府施壓，要他們也不能同意讓劇組進入拍攝，雖然達賴喇嘛受到印度政府禮遇，在北印度的達蘭薩拉組成西藏流亡政府。《火線大逃亡》後來只好轉往阿根廷的安地斯山脈拍攝，而《達賴的一生》則是借摩洛哥亞特拉斯山脈（Atlas Mountains）超凡脫俗的風光作為背景。

一九九六年，記者謝爾去參觀《火線大逃亡》的阿根廷劇組。他採訪了一名西藏臨時演員拉馬・嘉布（Lama Kyab），二十出頭的嘉布，十五歲時徒步從西藏逃亡出國。記者問他對全片的觀感，他說：「很棒！這等於是重重槌了中國政府一拳。」[30]

但北京當局是怎麼翻轉自己在好萊塢電影界的命運的呢？這就要談到中國與電影漫長的歷史，以及它在這期間如何調整自己在國外的形象。

早在中國一腳把好萊塢踩在腳下之前，本來中國電影界是什麼都朝好萊塢看齊的。一九三〇和一九四〇年代時，中國的土地上有共產黨、國民黨和日本人爭奪地盤，這同時中國人民卻都湧向電影院觀看好萊塢電影：那時中國的票房有七成五的電影都來自好萊塢。[31]迪士尼（譯注：早期稱狄斯奈）的米老鼠早在一九三一年就已經現身中國，《白雪公主與七矮人》（Snow White and the Seven Dwarfs）隨後就在北京和上海戲院播映，這也帶動了中國動畫產業的發展。[32]（中國譯《雪姑七友》、《米奇老鼠》）

韓戰在一九五〇年夏季爆發後，剛上台的共產黨政府隨即禁止美國電影在中國播放。一九五一年一月中共黨報《人民日報》上就寫道：中國差不多「已將毒害中國人民的美國電影，都清除乾淨了。」一九七六年毛澤東過世，一直到五年後，中國境內唯一播放過的美國電影，就是一九五四年的《社會中堅》（*Salt of the Earth*）一片，該片講的是一群礦工的故事，該片拍攝於好萊塢麥卡錫時期，對於共產黨有如驚弓之鳥的氣氛中，製片團隊都是因為和共產黨有連結，而被列入黑名單的美國電影人，因為這樣，北京政府認為該片夠左派、也夠反帝國主義。

一九七〇年代後期，中共慢慢開始和外界接觸，美國一些媒體界的高層，也重新發現中國龐大市場的商機。鮑伯．艾格（Bob Iger）是迪士尼片廠二〇〇五到二〇二〇年的總裁，他早在一九七九年就已經到過北京，當時他還在ABC電視台的運動頻道上班。「當時我住的旅館，沒蓋你，我說的都是真的，腳踏墊是麥草編的。……沒有會說英語的人，我又不懂中文。那真的有夠搞笑的，但是很棒的冒險經驗。」[33]

到一九八〇年代，中國媒體市場越來越開放了。一九八六年北京政府允許迪士尼公司與當地業者簽約授權播放其卡通，於是每周日晚上可以聽到迪士尼的廣播：當時迪士尼董事長法蘭克．威爾斯（Frank Wells）對《紐約時報》說，該公司是因為中國市場的潛在客層，有數千萬人之多，所以他們想要前進中國。[34]一方面，中國知識分子也開始在討論，是否該進口好萊塢影片，儘管，如一名反對者所言，好萊塢電影「滿是色情、暴力和犯罪。」*[35]北京當局在一九八九年天安門慘案後，雖然一度禁止引進好萊塢電影，但過幾年當它覺得安全以後，就又再度開放好萊塢大片。一九九三年

＊反對者鄒明榕說：「在那些感官的刺激之後，這些電影只留給觀者不安、恐懼和迷失。」

電影《絕命追殺令》（*Fugitive*）（中國譯《亡命天涯》），這是自從一九四〇年代以來，首部得以同時在中國與西方同步上映的好萊塢票房電影，雖然中共只允許該片很短的院線時間，但已經吸引了龐大的觀影人潮。*36「我們這有超過五萬人看過該片。」上海一家影城的經理這麼對《洛杉磯時報》說。37「多數人都說已經好久、好久沒看到像這樣的電影了。」

另一方面，中國國產電影的票房卻是不見起色。一九五三年時，北京當局將電影產業收歸國有，全中國從此共有十六家國營製片公司，平均每年會產出一百二十到一百五十部的長片。38在這之後的四十年間，這些電影公司所產的多數電影，都不免有兩個問題：很難看，沒人想看。一九九九年一家雜誌上出現一篇文章，標題為「進口大型電影的尷尬所在」，文中刊了一份民調，共訪問一千五百位中國五座城市的居民。受訪者中有四成六九說上電影院看電影是最大的消遣，但卻只有少於一成的人說自己常看國產電影。雖然，中國影史上最好的電影，就完成在這時期，像把感情講得很含蓄的《霸王別姬》，該片在美國由米拉麥克斯（Miramax）影業發行，就贏得一九九三年坎城電影節金棕櫚獎，但整體而言，中國電影產業毫無起色：在經濟上，中國從一九七九到一九九二年間可以說突飛猛進，但每年觀影人數卻從兩百七十億下降到一千〇五十五億。

為了要改善電影產業的體質，北京當局決定向好萊塢借鏡，引進其專家、並借用其管道，來提昇中國電影品質、並行銷中國電影，北京稱這策略是「借船出海」。中國領導人很看重好萊塢電影能打動人心、改變人的信念：也就是說能夠盡到宣傳的功能。一九九八年三月，中共國家主席江澤民要中國高層領導人都去看看《鐵達尼號》（The Titanic），「不是要宣傳資本主義」，而是因為「絕不能以為只有我們會搞『意識型態』」，所謂的搞意識型態，就是中共用來讓人民願意奉行黨的意志，謹守「正確的」意識型態。**[39]也就是說，好萊塢電影的力量，連中共也折服敬畏，現在他要拉攏好萊塢作為它在意識型態上的盟友。也因此，當《紅色角落》、《火線大逃亡》、《達賴的一生》三片接連問世後，中共採取行動了。就在這三部片先後於一九九七年發行前一年，北京當局開始大肆批評三部電影、片中演員、發行片廠、以及培植這個產業的好萊塢本身。

為了讓好萊塢不再支持西藏，並抵消三部西藏主題電影的影響，北京採用了雙面

---

* 北京當局在一九八六年才核准一九七八年的電影《超人》（Superman）發行，但一個月後就又撤回許可。

** 中共公安局官員甚至給了五十四歲的異議人士徐文立《鐵達尼》的電影票，當時他已經因為提倡民主，而被判獨自監禁十二年的時間。「我跟他們說，我看過那部片了，」徐文立說。「但他們說，沒關係，要我再去看一遍。」

夾擊的戰術。首先是搞意識型態，它開始宣傳自己的那套神話故事，讓美國人看到另一個西藏，一個民族融合的地方，在藏人眼中，漢人和中共至高無上。但這套作法沒有成功。一名迪士尼高階執行長跟我說，當時中國好幾次向迪士尼推銷，要他們在美國發行他們自己拍的「非常粗製濫造的低成本大外宣電影」，其中有一部甚至出現「農民慷慨激昂地在說明共產黨的口號。我們怎麼可能拿這種爛片來糟踏自己的企業形象？」他這麼說。一九九七年四月，北京發行了一部耗資一百七十萬美元的大外宣電影《紅河谷》，內容談一九〇四年英國入侵西藏時，藏人和漢人攜手抵禦外侮的經過。中國國家廣播電影電視部部長孫家正稱此片是「我任部長以來看過最好的片子」；一名《Variety》雜誌的影評人，是少數真正看過該片的人，則稱此片是「畫面壯觀，但其他方面卻乏善可陳」，還說該片「政治包袱過重，重到連耐操的雪巴人部隊都扛不住」。[40]

但中共第二招就有效多了，他直搗電影公司黃龍，開始拿中國市場做誘因，猛灌這些電影公司的迷湯，中國擁有廣大市場這事，早就在美國企業間和那些外交顧問之間口耳相傳，大家都急著要去大發利市一番。一九九七年九月，北京政府宣布，因為這三部電影「惡意攻擊中國，傷害中國人民感情」，對發行該三部電影的電影公司下達禁令。[*41]

北京當局的怒火，迪士尼首當其衝。中共廣播電視電影部一名副主任在一九九六年十二月時說，該公司「顯示了其對中國主權缺乏尊重。因為這樣，我們要重新考慮與迪士尼的合作。」北京當局接著就宣布，取消原定高階代表團前往迪士尼加州總部參觀的行程，並且抽掉電視頻道上當紅的兒童節目《小神龍俱樂部》（Dragon Club）。[42]當時更有謠言說，北京當局未來和好萊塢的談判中，不會有迪士尼在內。[43]「迪士尼現在成了中國影視媒體的禁果了嗎？」彭博社在一九九七年時這麼問道。「我們在中國的所有營運一夕之間都喊卡。」迪士尼總裁麥可・艾斯納（Michael Eisner）事後說。[44]

這個爭議發生的時機，剛巧挑在迪士尼公司發展的關鍵時刻。創於一九二三年的該公司，在一九三〇和四〇年代開始蓬勃發展，接連推出奇幻又勵志的動畫，包括

＊同年五月，新聞揭露，《火線大逃亡》中由布萊德・彼特演出的主角，登山家哈勒，竟然是二戰時納粹黨衛軍，也就是希特勒手下讓人懼怕的秘密警察。中共有了這天上掉下來的禮物，可以用其主角過去祕密的納粹黑暗史來攻擊該片，就像《人民日報》大張旗鼓說，「好萊塢掀起的西藏熱，竟是納粹餘孽自我行銷的工具」，但光是這樣它還嫌不夠，還是堅持不放過發行公司迪士尼，硬是要讓它嚐到苦頭。

《白雪公主與七矮人》和《小飛象》（Dumbo）等片[*45]一九五五年和一九七一年，該公司分別在加州和佛羅里達州推出迪士尼樂園（Disneyland）和迪士尼世界（Disney World），之後公司規模不斷成長，從企業變成名勝，最後更成為一種氛圍、信念；就像《小木偶》（Pinocchio）中蟋蟀吉明尼（Jiminy Cricket）唱的那樣，「你心中所有的夢想都會成真」。

但到了一九九三年時，迪士尼走錯了一步，他併購了素以拍攝爭議性影片聞名的製片公司，由溫斯坦（Weinstein）兄弟所成立的米拉麥克斯片廠。那一年，米拉麥克斯片廠在奧斯卡金像獎一舉拿下十二項提名。（規模比它大上許多的迪士尼卻只拿到五項，全都是動畫《阿拉丁》（Aladdin））迪士尼原冀望併購後，能夠駕馭溫斯坦兄弟，收斂他們影片的爭議性，然後藉其製作膾炙人口好片的聲望獲利。但這個組合打從一開始就問題重重。「沒有比他們兩家更不匹配的公司了，出產米老鼠和唐老鴨這種專供白人中產階級看的影片的公司、和兩個來自紐約皇后區邋邋遢遢的製片、凡事不講規矩、隨興，怎麼都配不在一起。」記者彼得・畢斯金德（Peter Biskind）這麼說。[46]也真是如此，溫斯坦兄弟脾氣爆燥，電影題材又多所爭議，在當時就已經讓迪士尼高層很頭痛，這還是哈維・溫斯坦被八十多位女性控訴性騷、並引爆二十年前「我也一樣」（#MeToo）運動的事。一九九四年溫斯坦片廠發行了《神父》（Priest），以同志神牧人員為主角，原打算選在耶穌受難日當天發行；隨後又發行了《衝擊年代》（*Kids*），講紐約市青少年性生活，這都和迪士尼片廠的宗旨大相逕庭。

一九九四年四月，迪士尼總裁威爾斯（Wells）死於直升機空難。接下來，該公司就陷入十年的權力鬥爭，嚴重到動搖該公司根基。好萊塢最有權力的兩個人，超級經紀人麥可．奧維茲（Michael Ovitz）和迪士尼執行長傑夫瑞．卡岑柏格（Jeffrey Katzenberg）兩人為了威爾斯死後空下來的總裁位置爭得你死我活。奧維茲最後勝出，原因部份也因為他身為經紀人的人脈。這下奧維茲就要扛起該公司一九九〇年代中期的海外業務，而他也很有自信，認為自己對中國很瞭解，還和中國官方有交情。「我還請過上海市長前來家裡吃晚餐過。」日後他提到那段時期，還頗沾沾自喜。「因為

*「在那個失業率居高不下、許多人肚子都填不飽、充滿絕望的年代，人們在這些動畫華麗的色彩烏托邦中尋求暫時的慰藉，希望能藉此暫時逃離自己黑白痛苦的生活。」研究人員崔西．莫雷（Tracey Mollet）探討一九三七年的《白雪公主與七矮人》暢銷原因的文章中，就這麼寫道。她又寫道：白雪公主「堅忍、自立、真忱的個性，讓美國民眾心中的希望之火得以不滅，相信只要自己保持樂觀、勤奮工作、善良終會戰勝邪惡，讓自己跳脫苦難生活。」依二〇一九年相對當時的通膨計算，該動畫當年在美國國內市場賺了將近十億美元，遠超過後來的《侏儸紀公園》（Jurassic Park）和《阿凡達》（Avatar）等片。

我家中收藏了全美最上等的明代傢俱。」[*47]

艾斯納和奧維茲時代的迪士尼，致力於全球市場的擴張。《阿拉丁》（一九九二）和《獅子王》（The Lion King，一九九四）在美國的票房和評價雖然都已經很好，但迪士尼一開始拍這兩部片的目的，就是希望分別打開中東和非洲的市場，一名電影學者就稱此舉是「遠征海外」。[48]《獅子王》和《玩具總動員》（Toy Story，一九九五）兩片，在中國的票房都不錯，迪士尼心裡還盤算著，要連帶在中國賣更多電影相關的玩具和童書，然後再蓋主題樂園，這樣就能撐起旗下的各個品牌。在《達賴的一生》引發爭議前，迪士尼原本野心勃勃，打算要把整個迪士尼動畫電影全都搬到中國市場，因此才有了《花木蘭》（Mulan，一九九八）一片的誕生。這部動畫電影講的是古代中國女扮男裝、代父從軍的故事。迪士尼高層當時以為，《花木蘭》一定能吸引中國觀眾和政府官員，因為此片把中國文化發揚到全球。一九九〇年代迪士尼一名高階主管就告訴我，當時該公司藉此想放長線釣大魚，拉近和中國的關係。「賺多賺少沒關係，但要讓我們動畫的角色讓中國大眾認識，藉其聲量讓當局許可迪士尼專屬的電視頻道，雖然這可能性不是很大，然後，再朝另一個可能性更低的計劃發展，在中國蓋一座主題樂園。先求有再求好，一步一步慢慢來。」

原本，迪士尼和其他好萊塢片廠，對《達賴的一生》所造成的紛爭，表現還頗有為有守，可堪嘉許。「我們說好要在美國國內發行《達賴的一生》，大家都信守承諾。」迪士尼當時的發言人在一九九六年十一月時這麼說。[49]媒體也盛讚迪士尼這個決定。「在當時，美國政府和企業正摩拳擦掌，想拋開民主價值和原則，以求能和中國拓展商業業務，因此各家片廠這個立場，贏得相當的好評。」《紐約時報》當時這麼寫道。[50]《新聞周刊》（*Newsweek*）還刊了一則漫畫，當中米老鼠站在天安門廣場上，和中國坦克車對峙。北京當局的威脅「改變不了我們的決定。」哥倫比亞影業前總裁蘭克·普萊斯（Frank Price）在一九九六年十二月，是這麼對《紐約時報》說的。「它的威脅只會更強化創作業界的決心，為所應為。」[51]這件事，不論就道德上或是財務上，好萊塢電影界這麼做的確說得過去。何必在乎北京會報復？就算報復，又能傷到誰？

但是中國市場實在太有名，很難讓人不心動。於是迪士尼決定要在大家看不到的地方，去請能夠輕鬆穿梭在美中政府之間的高人協助：季辛吉，因為當時大家都知

＊艾斯納在一九九四年開除了卡岑柏格。奧維茲比他多撐了兩年，成為艾斯納的左右手，但過程中也是風風雨雨不斷，最後也在一九九七年被開除。

道，搞定中國他最拿手。「可惜我對政治環境不瞭解，正在從頭學起。」艾斯納在一九九七年十月對查理・羅斯（Charlie Rose）這麼說。「季辛吉現在正教我怎麼做。」[52]

聘用像季辛吉這樣的顧問，其實正反應好萊塢片廠另一個現實問題，同時也反應出他們和中國的關係：好萊塢片廠要面對背後許多股東。北京當局算準了，好萊塢片廠所屬的母公司，並不只靠電影賺錢。比如像發行《火線大逃亡》的索尼，他在電子、音樂以及電玩等產業都是獨占鰲頭的公司。而迪士尼旗下除了有ABC和ESPN等電視頻道品牌外，它也靠賣幻想相關產品賺錢，除了電影外，還有主題樂園、動作片角色、服飾、書籍以及遊艇觀光業。

一九九五年，西格（Seagram）集團的大老闆艾德加・布朗夫曼二世（Edgar Bronfman Jr.）收購了環球影業八成股份。布朗夫曼過去曾在史柯西斯前一部影片《賭國風雲》（Casino）中和他合作過，聽到消息，說他下部電影要拍達賴喇嘛。「西格集團在中國有大宗烈酒和葡萄酒生意，我一聽就說：『我才不想蹚這趟渾水。我不想葬送自己公司烈酒和葡萄酒在中國的生意。』」布朗夫曼這麼說。[53]

票房和中國這中間的關聯，好萊塢巨星和導演則沒那麼快搞懂，而他們卻掌握著電影公司的電影內容。「突然間，拍電影的人都要遵守外國政策了，」一名美國公共電視（PBS）採訪者在一九九七年十月的一份採訪影片中這麼說。「這是全新的領域。」史柯西斯回應道。[54]同時，布萊德・彼特因為不願意表態，而惹火一票西藏支持者。「如果不清楚來龍去脈，還是不要多話的好。」彼特在《時代》雜誌（*Time*）一篇一九九七十月的文章中這麼說。「正因這樣我才會不愛接受採訪。記者問我認為中國該如何處理西藏問題。我怎麼想重要嗎？我只不過是個演員！劇本怎麼寫，我就怎麼演。我的工作是娛樂人們，說到底就是這回事。我不過是個粉墨登場的戲子。」

雖然很多西藏支持者，都為這幾部西藏電影引起的關注喝彩，但這時迪士尼已經打好主意，要讓《達賴的一生》就此銷聲匿跡了。「我們會在美國發行，希望中國方面會理解。」迪士尼總裁艾斯納在一九九七年十月該片發行前數週，對查理・羅斯這麼說，話中已能嗅到該公司政策轉向的味道。「在美國電影上映，大概就六秒鐘熱度，三個禮拜後就沒人理了。」[55]《達賴的一生》總預算高達兩千八百萬美元，在美國國內票房卻只回收到六百萬。[56]「迪士尼沒用力行銷該片，」史可西斯這麼說。他又說：「中國的市場確實很大，不只對迪士尼很大，對全世界其他公司都很大。」[57]

艾斯納既然那麼野心勃勃又滿腔自信，自然就掉入中國用市場設下的陷阱中。要瞭解這其中的轉折，沒有比他在一九九八年祕密拜見中國總理朱鎔基時，雙方對話所留下的一份譯文更讓人明白事情的來龍去脈。可惜，這份譯文晚了十三年才公開。

這份對談實在是太驚人了，所以絕對要完整披露才行。朱一開場就給艾斯納下馬威。他問說：「我見過迪士尼公司老闆兩次。上次見到的人也是你嗎？」

「上次是法蘭克·威爾斯。」艾斯納告訴他那是迪士尼前總裁，是艾斯納下屬。「歡迎您和您夫人，以及同事蒞臨中國。」朱答。

「此行的目的是要處理《達賴的一生》所衍生的問題。」艾斯納說。「我們發行《達賴的一生》真是失策。」艾斯納對朱說。「在此就不提該片發行細節了。該片發行前我並不知情，但我也清楚這不是藉口。但我真的是從《紐約時報》才得知該片發行的，當下我太震驚了。」（迪士尼發行電影，艾斯納才不需要看《紐約時報》才會知道。）

他接著又說：「但，我們已經盡可能用低調的方式發行該片，但還是發生了讓人遺憾的事。這部電影對我們的朋友是一種侮辱，還賠上好多錢，還好，除了記者以外，這世上看過該片的人不算多。所以儘管這部電影拍成了，但不幸中的大幸是，這部片子沒人看。在此我想向您表達歉意，未來我們一定會防止此類辱及友誼的情事發生。說簡單點，我們這家娛樂公司旗下很多子公司，就盡用些不動腦筋的方法來娛樂大眾。」[58]

迪士尼對自己這麼卑恭屈膝的藉口是，它要顧及股東權益，而且北京也已經放話了。「我記得經常聽到中國電影集團的訓斥。」迪士尼一位高階執行長說，中國當時威脅，若發行《達賴的一生》，迪士尼下場會很慘。當然，迪士尼自己對外不會這麼說，但它的責任是看緊股東的荷包，而不是道德的底線。「迪士尼在中國的商機無限」，專門打娛樂界官司的律師兼媒體顧問彼德・迪肯（Peter Dekom）在一九九六年說。「但迪士尼有權選擇，是要賺錢還是捍衛言論自由。」[59]

迪士尼後來果然做出了選擇。它的選擇就是向中國道歉，承認自己的錯誤。李察・吉爾主演的電影《紅色角落》中，用了一句中共的慣用語當廣告標語：「坦白從寬，抗拒從嚴。」這種態度，據中國法律學者傑瑞・柯恩（Jerry Cohen）研究，「正是中國刑事司法的基本態度」，不論有罪與否，一律以有罪推定。[60]

看到艾斯納前來負荊請罪，朱鎔基回答：「您願意痛改前非的勇氣我相當欣賞，更欣賞您對推動中美關係的用心。這也證明您是位有遠見的生意人，這對迪士尼公司未來在中國的成功至關重要。」艾斯納表達歉意的方式，還包括買下兩部中國電影在美國的發行權，包括一部非常「恐怖」的大外宣電影。這部電影就是《追憶往日》（A Time to Remember），中國原名是《紅色戀人》。

一九九八這年，迪士尼的收支表現非常不理想，還因此砍了艾斯納個人的年終獎金。艾斯納在十月前往中國拜見朱鎔基時，就注意到麥當勞的招牌在北京市掛得到處都是。於是在該年年底的股東信中，迪士尼罕見以悲觀的口吻，告訴股東只有向中國發展才能找到一絲希望。「我絕對有信心，中國人民對米老鼠的愛，不亞於大麥克。」艾斯納在信中寫道。[61]

但中國對迪士尼下的禁令，卻還是遲到一九九九年二月才結束：這對特別為中國票房拍的《花木蘭》為時已晚，來不及挽救票房了，結果是它的票房比同時期在中國上映的任何一部美國片還差。同年五月，北大西洋公約組織部隊在貝爾格勒（Belgrade）發射砲彈誤擊中國大使館，引發了中國國內仇美情緒，中國官方於是停演所有好萊塢電影，《花木蘭》首當其衝。[62]

但既然迪士尼已經低頭認錯了，所以一九九九年十一月它就得以發布消息，宣告香港迪士尼樂園成為其全球第五家主題樂園。在亞洲金融危機當下，加上還有一九九七香港回歸的不確定因素，卻被迪士尼在逆勢中開出一條血路，談到了一個有利的財務條件。但這卻也是它為了蓋主題樂園，第一次將多數股權讓給政治集團的首開先例，而這個集團就是中共。[63]

二〇〇〇年二月，艾斯納和其他幾位媒體大亨共同參加了中國國際貿易促進委員會，這個單位的工作是遊說美國國會立法，讓對中國貿易關係永久正常化，並推動讓中國在二〇〇一年十二月加入世界貿易組織。一旦中國如願進入世貿組織，北京當局就會增加外國電影的每年進口額度，從原本十部增加為二十部。「這不僅要耐性，還要與中國政府合作，這點倒是只有在中國才會出現。」艾格在二〇〇一年提到迪士尼擴張中國市場的過程時這麼說。[64]

美國娛樂業高層在談社會正義議題時，只要提到西藏，總會有點鏡花水月的不切實際。但，獨立的西藏王國，畢竟不是世外桃源，它跟地球上所有政體一樣，都有不足為外人道之處。暴力、性別歧視、貧窮都在其純樸之美上留下了傷疤。中共自稱「解放」西藏不盡然反映真實，但它說對了一件事，那就是對大部份人而言，不管貧富，這個高原，真的是化外之地，「經歷了戰亂的洗禮，簡直是人間煉獄。」這是西藏學者茨仁夏加（Tsering Shakya）在《龍在雪域：一九四七年後的西藏》（*The Dragon in the Land of Snow: A history of Modern Tibet Since 1947*）一書中的描述。一九三四年，主張西藏民主化的政治人物龍廈．多吉次傑（Tsipön Lungshar）遭到藏人中保守派逮捕，原打算將之處死，但因為害怕「像多吉次傑這麼強悍性格的人，死後的靈魂會化為厲鬼」，學者梅爾文．戈斯坦（Melvyn C. Goldstein）在西藏現代史著作中這麼記載。所以，他們就將他處以剜目之刑：一眼用刀挖出、另一眼則是對他頭部施加很大壓力，讓眼球爆出眼框。一九四七年，在中共入侵前三年，十四世達賴喇嘛的攝政，離奇死於意外：很可能是被人毒死、或是用絲巾勒死、或是被人凌虐下體至死。

儘管如此，西藏的傳奇色彩，依舊沒被抹滅。我從小在寒冷的雪拉古斯（Syracuse）市長大，這裡中國人稱為「雪城」，青春期的痛苦，讓我夢想著逃到不問世事的異國：就像電玩《龍與地下城》（Dungeons and Dragons）的場景，在山中渡日。二〇〇二年，我中學最後一年，當時中國剛進入世貿組織六個月，我就到西藏去旅行一個月。在當地我加入一個叫作「尋龍計劃」（Where There Be Dragons）的冒險活動，這個名稱來自於古代的地圖，只要是地圖中未知的所在，都會畫上龍。當地的藏族嚮導，是名像山一樣高大的男子，還會拿自己殺過漢人吹牛。在拉薩民宿工作的藏民，他們用錫製杯子喝青稞酒，不斷重覆播放巴布．馬利（Bob Marley）的歌曲〈救贖之歌〉（Redemption Song）：

怎不同聲齊唱，
這自由的歌曲？

當時一同探險的夥伴都滿懷理想，一心以為西藏獨立不過是早晚的事，在柯林頓主政期間到小布希上任初期，這種想法很常見。「我會一直爭取，直到有一天能在自由的西藏當面拜見班禪喇嘛。」共和黨新澤西州眾議員克里斯・史密斯（Chris Smith）在一九九八年這麼說，班禪是西藏地位僅次於達賴喇嘛的精神領袖。[65]「我相信達賴喇嘛終將回返西藏，完成他童年時就被交付的任務，拯救祖國。」《達賴的一生》（以及《外星人》〔E.T.〕）一片的編劇梅莉莎・麥錫森（Melissa Mathison）在一九九七年五月為達賴喇嘛的自傳《我的國土與子民》（*My Land and My People*）作序時，這麼寫道。「要是祂回不去，那我們這些人都有錯。但要是祂回去了，那我們共享榮耀。」[66]一九九六年八月「西藏自由音樂會」上，野獸男孩的創辦人，同時也是佛教徒的亞當・姚奇（Adam Yauch）說：「要是所有人都能同時專注在這個議題上，那西藏很快就會獲得自由。」[67]當時大家不只是以為西藏終將獨立，而是發自內心相信，就像基督徒衷心相信基督復臨一樣。可惜，大家都錯了。

一九九八年，幾家好萊塢大型片廠在中國，總共只賺到了一千八百萬美元。[68]但這可沒阻止迪士尼搶先一步舔中。因為它算準了，風向就要變了。

第五章 好萊塢學會巴結北京

一九九七年發行的《〇〇七：明日帝國》（Tomorrow Never Dies），是〇〇七系列第十八部電影，片中的瘋狂媒體大亨，為了拉抬其電視收視率，而挑撥中英戰爭。這名片中反派角色卡佛（Carver）跟每部龐德電影大反派一樣，一邊計劃殺害龐德時，一邊描述自己精心策劃的陰謀：一名中國將領「推翻政府後，和英國談和，化身為世界領導人，更因此贏得諾貝爾獎。」卡佛則拿到更大的獎：「未來數百年，在中國擁有獨家播映權。」[*]

《〇〇七：明日帝國》一片的劇情原本其實完全不是這樣寫的。但在開拍後不久，電影公司不得不捨棄原始劇本，該片導演羅傑．史帕提斯伍德（Roger Spottiswoode）跟影評人約翰．布羅斯南（John Brosnan）提到這經過。「原始的劇本提到香港回歸，然後香港島下方有個核子反應爐，即將要爆發。」布羅斯南寫道。但在製片公司聘用季辛吉擔任該片「外交顧問」後，史帕提斯伍德將劇情完全改弦易轍。[1]

《〇〇七：明日帝國》是好萊塢電影界第一部為了迎合北京，而作這種大幅修改的電影。從一九九〇年代後期開始，電影界主要參與者就紛紛依北京的好惡來修改腳本。但這種情形當然是慢慢出現的。只是到了二十一世紀頭十年間的後期，好萊塢就毫不抗拒地，任由北京支配片中中國的呈現。這情形就跟當年中共在美好友，完全不用中共下達明確指令（也不用直接付錢），就會幫北京辦事一樣，這些好萊塢的電影從業人員，很自然就摸清楚，怎樣呈現中國，中共會不高興，一點也不用中共教。

而這個定律不只適用在電影如何呈現中國上。好萊塢現在拍電影已經習慣性會分中國版和美國版兩種版本，後者是完整版，前者是依中國電檢審查標準拍的版本。北京對好萊塢的影響，讓好萊塢電影中對穆斯林刻板化的情形增加，同時也影響了好萊塢拍大成本票房大片時的考量，結果就是，這類電影變成一再重覆出現同樣那幾個知名角色（以及爆破場面），而不再講究細膩的劇情。現在的好萊塢變成為中共在美國的代理人，為其在美爭取利益、說盡好話。

但更大的問題則是關於美國國安，因為被中共影響，好萊塢在提到中國時，完全任人宰割。北京當局很聰明，不像莫斯科當局那樣，跟美國正面對著幹，也不是靠在

＊這個想法其實很無稽：一個市場怎麼可能一直固定不變，讓單一媒體，擁有獨家播映權長達一百年之久。更何況還是一個外國媒體。

美國國內製造動亂。北京的方法是，控制美國人對於中國的觀感。北京要美國人相信，中國會崛起，不斷繁榮，最後成為全球霸主，這個過程會很平和，但也是必然的。過去十五年來，好萊塢電影幫助美化中國。「交給中國人辦就好，」災難電影《二〇一二》中的白宮幕僚長這麼說道，這個角色由奧利佛・普拉特（Oliver Platt）扮演，片中，他在北京與美國攜手拯救世界後說了這句話。「我原以為那麼短的時間內，是辦不到的。」[2]

可以說，透過對好萊塢的影響，中共把那種吸收中共好友的伎倆，放送到全球去了。畢竟，中共沒辦法把每一位美國人，都邀請到他款待季辛吉那種高級宴會廳去，參加閉門會議，享受他的好客之道；所以透過電影這種全世界最有力的大眾媒體，好萊塢幫忙將中國刻意打造的形象，大外宣到全世界去。

好萊塢其實大可不必如此。（比如像美國電視節目，在談到中國時，就比較實話實說的多，請見第七章。）但中國這邊，對和好萊塢合作其實也不是這麼放心；中國官員老是會擔心，和貪得無厭的美國人勾結得太深會出問題，他們就常提到一九九〇年代凱文・柯斯納（Kevin Costner）的電影《與狼共舞》（Dances with Wolves），以此為鑑，深自警惕。[3] 黨部到底應該進口多少這種西方「精神汙染」？有些中國人認為，好萊塢太擅長於夾帶意識型態在影片中，可能會因此把一些反中共的想法，包裝在「普世價值」之下，透過影片散發出去，當中甚至可能藏有鼓勵中國百姓造反、推翻共產黨的思想。大連萬達集團創辦人王健林在二〇〇七年就曾說：「老是吃麥當勞、看美國片，有天會給我們國家文化和信念帶來問題的。」[4]

但中國和好萊塢合作拍片，倒是能讓中國領導人推動中國電影產業電影科技、以及軟性技術，藉此，拍出來的電影也就能吸引中國人民觀賞。另外，這樣的合作，也讓他們搞懂好萊塢那套權力運作的法則，並摸清怎麼抓住好萊塢罩門，讓他們就範，不敢在拍片的意識型態上，越中共雷池一步。舉當時中國領導人江澤民作為例子，他曾要底下高官都去看《鐵達尼號》，因為「知己知彼，百戰百勝。」

中共官員常批評好萊塢高層和美國人，說他們提到中美關係，總是太泛政治化，但其實是，只要對中有所批評，就會被說是政治化。但中共官員在國內自己彼此用中文交談時，有三件事卻經常掛在嘴上：凡事都與政治有關；電影是讓人民相信黨的力量是無害的最好途徑；電影應服膺黨的政策。中國當時的國家主席胡錦濤在二〇〇五年十二月時一篇演講中就說：「與中國電影產業合作的人，都應時時謹守正確政治方向。」[5]

二十一世紀頭幾年間，好萊塢電影還常見到北京當局被當成主要敵人的題材。像由羅伯・瑞福（Robert Redford）飾演中情局老前輩，帶領徒弟布萊德・彼特的《間諜遊戲》（Spy Game，二〇〇一）就是。該片中布萊德・彼特一角，前去拯救情人失敗後，被囚於恐怖的中國監獄中，而其情人則是因為殺害中國總理的姪子而落網。但好萊塢和中國的關係已經開始悄悄產生變化了，而其中原因，不單單是因為中共的影響。台裔美籍導演李安的《臥虎藏龍》（二〇〇〇）一片，用非常細膩的方式講述武俠人物的愛情與忠貞，在當時獲得奧斯卡十項提名，更打破紀錄，成為美國史上最賣座的國際電影，這讓一些好萊塢電影公司高層覺得，影片中有中國元素應該可以賺錢。

在當時，中國的電影市場還非常小：兩千年時，好萊塢電影在中國的票房只有屈屈不到兩千萬美金。[6]中國的電影盜版比例是全球最高的，其非法DVD吃掉了正版盈收的九成九。[7]另外，好萊塢影片在中國放映，也只分到一成三的票房，這遠比它在其他海外市場的分成低很多。

但這些電影界高層還是跟美國其他消費性商品公司一樣，看著中國龐大的潛在市場口水直流。一九九七年時，米高梅（MGM）電影公司的全球行銷總裁傑瑞・里奇（Gerry Rich）曾稱讚自己公司的電影《紅色角落》，說該片是「把中共的司法體系描寫得正確到讓人難過。」[*]但短短不到三年的時間，該公司的首席財務長丹尼爾・泰勒（Daniel Taylor）看到的，卻是中國的另一面。「不管怎麼算，這個市場都有著超過十億的觀影人口。」他在二〇〇〇年這麼說。[8]

於是，好萊塢就在二十、二十一世紀之交，悄悄的把那些關於西藏題材的影片一一取消了。「熱度就降了。」布雷克・柯爾（Blake Kerr）在我問及墨詮艾佛利公司那部《天葬》電影的計劃時，他這麼說，這是根據他個人在一九八七年拉薩暴動遭遇的著作改編而成。墨詮艾佛利當時想趕上西藏熱潮，所以才有此計劃，一旦熱潮消退，柯爾說，電影「也就跟著全無希望了。」

那史提芬・席格那部熱鬧的中情局西藏冒險動作片《環保紙杯》呢？「華納電影公司（Warner Bros.）當時差點就放行開拍了，但中國方面卻傳來要停止合作的消息。」傑夫・隆這麼告訴我。「我聽到的說法是，華納電影和好萊塢，要是要再這麼批評中國和其人權的話，以後休想在中國上映。人家是跟我說，中國表達了極度的不滿。」隆嘆了口氣道：「在那當口，《環保紙杯》一片搞不好會轟動。但過了那風頭，好萊塢態度變了。」

＊北京當局在一九九七年時，一年的外片進口額度只有十部。里奇話講的再娓婉不過：「我猜《紅色角落》大概擠不進那額度。」

中國在二〇〇一年加入世貿組織，同一時間好萊塢也正好在拉近和中國的關係，北京當局於是將年度外片進口額度從原本的十部，調成二十部。[9]美國各電影公司為了搶在二十一世紀頭幾年，可以有更多進入中國市場的機會，所以也開始和中國合資拍片，這樣就可以規避一年二十部外片的進口額度，讓他們的製作轉為在中國本地進行。

合資拍片，卻也同時成為調教好萊塢片廠中國審查機制的機會教育。環球電影與中國第一部合資的電影是《庭院裡的女人》（Pavilion of Women，二〇〇一），以二戰時期亂世中國為背景的愛情故事，由威廉・達佛（Willem Dafoe）和華裔美籍演員盧燕主演。[10]製片團隊將劇本送交中國國家電影局，後者提出「評語和建議」，盧燕這麼說，像是要求改寫某個角色，讓角色不要那麼「憂鬱」之類的。[11]

調教好萊塢學著自行審查，以符合北京要求，這過程不動聲色，很難被外界查覺。中國電影票房在二十一世紀頭十年間成長的同時，好萊塢電影界高層也和中國導演、製片團隊、中共官員開了無數次的會，這過程慢慢讓好萊塢決策團隊開始誤以為，北京所提出的這些小小更動，倒也沒那麼難遵守。

而且，好萊塢電影界為了討北京高興，一些改動大部份也的確都是一些微不足道的小地方。像二〇〇六年的《〇〇七首部曲：皇家夜總會》（Casino Royale），這部第一部獲准在中國播放的〇〇七電影中，演員茱蒂・丹契（Judi Dench）所飾演的英國祕密情報局局長M夫人一角，就被要求要將「耶穌基督，真懷念冷戰時期」這句台詞換掉，換成「老天爺，真懷念從前的日子」。看似沒什麼大不了，但丹契本身接受採訪時說：「就是不太一樣。」[12]

好萊塢在北京的調教下，一步步培養出敏感度，看懂了中國審查制度的地雷所在。依此，好萊塢更進一步開始摸索，看要怎樣在中國市場，既能討得中共歡心、又能讓他們賺大錢。二〇〇五年，索尼影業發行了《藝伎回憶錄》（Memoirs of a Geisha），該片改編自暢銷美國歷史小說，講述二十世紀中葉日本藝伎的故事。索尼原以為，靠著晉用中國演員章子怡、鞏俐以及馬來西亞華裔的楊紫瓊等人，可以在中國票房開紅盤。不料，十一月時，中國電檢制度雖然核准該片上映，卻在幾個月後，又禁演該片，聲稱是因為由中國人扮演日本人，傷害民族情感。[13]

二〇〇五年，在墨詮艾佛利公司喊停《天葬》一片拍攝計劃將近十年後，該公司發行了《異國情緣》（The White Countess）一片，這是首部完全在中國本土拍攝的西方電影。[14]該片由雷夫・范恩斯（Ralph Fiennes）和凡妮莎・蕾格烈芙（Vanessa Redgrave）挑大樑，全片講述美國外交官和俄國難民的愛情故事，背景則設於一九三〇年代的上海。小說家石黑一雄擔任該片編劇，他就對該片審查頗多怨言，指責審查破壞了該片的美國版劇情。「我沒跟劇組一同前往中國，但他們會傳訊息告訴我，說是因為政府審查不通過，整份劇本很多對白、或是字句都要改掉。」他在二〇〇六年這麼說。石黑甚至被迫把全劇中所有的「革命」兩字都拿掉。[15]

二〇〇七年，迪士尼樂園受歡迎遊樂設施改編的《神鬼奇航》系列第三集《神鬼奇航（三）：世界的盡頭》（Pirates of the Caribbean: At World's End），依然由強尼．戴普（Johnny Depp）和綺拉．奈特莉（Keira Knightley）主演，另外加入香港演員周潤發，由他飾演在南中國海橫行的海盜頭子。該片預算超過三億美金，是有史以來耗資最高的電影。

該系列電影的首部曲，二〇〇三年在中國賣座極佳，但之後《神鬼奇航（二）：加勒比海盜》（Pirates of the Caribbean: Dead Man's Chest，二〇〇六）在中國卻遭到禁演，原因猜測應該是因為涉及怪力亂神和吃人肉。[16]迪士尼因此希望系列第三集中，可以透過加進周潤發一角，吸引到中國觀眾。為此，迪士尼更在五月初，電影首映前幾個禮拜，就派了周潤發前往香港迪士尼樂園，進行電影宣傳工作，當時中國各地媒體也大肆報導了。[17]但中方的審查卻「對於片中中國海盜的呈現方式不甚滿意」，迪士尼影業國際發行組的組長安東尼．馬考利（Anthony Marcoly）這麼說。[18]電檢單位將該片中國版裡周潤發的戲份刪掉一半，原本二十分鐘的戲份刪到只剩十分鐘，該片在中國的票房也只以一千七百萬美元坐收，表現讓人失望。

偶爾中國提出的審查理由看似合理，最少也是前後一致。比如說，性愛鏡頭、尤其是兩名男性之間，就讓電檢人員卻步。像李安的《斷背山》（Brokeback Mountain，二〇〇五）中，對兩名牛仔的男男情愛描寫，不用送審，就差不多知道一定不會准，而布萊德．彼特和凱特．布蘭琪（Cate Blanchett）主演的跨國劇情片《火線交錯》（*Babel*，二〇〇六）一片，審查通過的版本，刪除片中裸露場景，也不意外。[19]

但，同樣也有很多審查的意見，讓好萊塢的電影人摸不著頭緒的。比如，中國電檢審查就批准了《達文西密碼》（The Da Vinci Code）的上演，而且該片在二〇〇六年五月，還同時在中國將近四百間戲院上映，創下中國有史以來最大規模的外片上映院線紀錄。[20]但，該片才上映二十二天，北京又莫名奇妙要求該片下片。因為有些政府官員認為，該片劇情稱耶穌與女人生有後代，這會危害中國基督教群體的穩定，其他官員則不滿該片賣座太好，搶掉本土電影的票房。[21]中國電影集團的發言人把《達文西密碼》下片原因推給票房下降，但明明該片的票房正快速上升，成為中國影史上僅次於《鐵達尼號》的電影。二〇〇七年十二月，好萊塢高層說北京禁演所有美國電影三個月，並未說明禁演原因。[22]但過幾天後，中國官方又否認有禁演情事。總之就是這類讓人莫衷一是的情形，層出不窮。低階中國官員在面對媒體詢問時，往往也說不上原因。

但這種對外片朝令夕改的態度，是中共在玩弄權術的固定套路，而不是偶爾的小誤失。因為，要讓制度飄忽不定、難以拿捏，這樣好萊塢影人才會亦步亦趨，緊盯北京當局的一舉一動，要是他們太無所謂，那就會有苦頭吃。還有，講話也不用講得太白，因為講得太白顯得示弱於人，好像自己哪裡不對一樣。

中國政府政策陰晴不定、再加上市場盜版嚴重、賺不到錢，都讓好萊塢片商萌生退意。但是，其中許多人卻是打死不退的。「路上跌跌撞撞總是難免，搞不好還會大賠一陣子，但已經沒有退路了。」專攻娛樂產業訴訟的律師彼得・迪肯在二〇〇六年說：「一定要卡位。」[23]

中共和好萊塢的關係，就很像一段有毒的關係一樣，後者要不斷追著前者問，自己該怎麼辦，要怎樣才能討得前者開心。而北京方面則深明模稜兩可的藝術，不斷吊後者胃口。二〇〇七年，中國電影集團找上《火線大逃亡》的導演阿諾，想請他執導中國暢銷小說《狼圖騰》的電影版。阿諾坦承，當時他的導演事業已經走下坡。所以他就進行中共所謂的「自我批鬥」：先是承認在拍《火線大逃亡》時犯了意識型態上的錯誤，懇請當局原諒。「我為我缺乏對於中國歷史和文化深刻的瞭解，未能事先預估該片發行後會對中國造成負面衝擊；對此，我深深道歉。」他在二〇〇九年寫給中共的公開信中這麼寫道。「而事實上，我拍攝該片的初衷原是要散播『和平』的想法。但沒想到事與願違。許多觀眾無法理解這份想法，我深為遺憾。」他更「鄭重聲明」他「從未參加任何與西藏相關的組織或協會。從未支持西藏獨立運動，也從未私下與達賴喇嘛有過接觸，與他成為朋友更是絕對沒有的事。」當筆者去信詢問他這封公開信的真偽時，阿諾以電子郵件回覆說，他不記得自己寫過這些東西，也否認當時他的事業走下坡，但他也說：「我從未支持西藏獨立這件事則絕對沒錯。」[24]

應該是不可能有人押著阿諾告訴他該怎麼寫那封公開信。料想是阿諾跟好萊塢其他人一樣，將中共的無理要求內化，自行揣度北京的想法，而寫了那封信。（阿諾對此的回應呢？「同樣一件事，對不同人講話，自然措詞不同，對法蘭西學院（Academie Française）同事講話的遣詞用字，不會跟對我孫子講時一樣。」）

他公開信最後則懇請《狼圖騰》可以「讓更多人由衷熱愛中國，更由衷熱愛中國人民深摯的靈魂。」*

如果二〇〇八年沒有發生全球金融風暴的話，好萊塢可能會繼續拍一些觸怒中共

---

* 阿諾一開始否認他有向北京道歉，後來他卻改口說自己的確寫過那封公開信「只為平息這件蠢事」。

的電影。蝙蝠俠系列電影《蝙蝠俠：黑暗騎士》（The Dark Knight，二〇〇八）一片，卻成了好萊塢最後一部以中國人為反派的大片。該片中有名配角，是名腐敗又富有的香港會計師，這是刻意要影射中國境內的貪汙情形的。[*25]

二〇〇七年三月，女演員米亞・法羅（Mia Farrow）和兒子羅南（Ronan）在為《華爾街日報》合寫的專欄中，批評北京支持蘇丹政府，還支持後者在蘇丹達富爾省（Darfur）曾進行種族大屠殺，「造成四十多萬人死亡，超過兩百五十萬人家園付之一炬，無家可歸。」他們更指出，北京當局指派史提芬・史匹柏（Steven Spielberg）擔任二〇〇八夏季奧運的藝術顧問。並問史匹柏，是否「真的想要在歷史上留下臭名，成為北京奧運的蕾妮・瑞芬史塔（Leni Riefenstahl）？」（譯注：瑞芬史塔是當初為希特勒納粹政權拍攝奧運等宣傳片的導演）。結果是，史匹柏並不願意。同年四月，史匹柏致信中國國家主席胡錦濤，請他改變中國對蘇丹政策。[26] 他寫道：「我認為沒有比種族大屠殺更違反人性的罪行。」二〇〇八年二月，史匹柏辭去奧林匹克藝術顧問一職，並說他的「良心過意不去，無法繼續擔任此職。」[27]

二〇〇八年二月，好萊塢遊說團體「美國電影協會」（Motion Picture Association of America, MPAA）主席丹・葛里克曼（Dan Glickman）告訴《商業周刊》（*Business Week*），說他「尊重」史匹柏對達富爾一事的決定。採訪記者接著問，史匹柏怎麼敢採取可能觸怒北京當局的政治立場，冒著斷了前進中國市場商機的風險？葛里克曼答道：「中國市場只是看得到，不見得吃得到。」

全球金融危機期間，好萊塢的就業率降了一成六，娛樂產業股票大跌，外國票房成為主導好萊塢拍片考量的主要因素。二〇一〇年全美和加拿大票房都未見成長，但國際電影票房則成長到三百一十八億美元，占了好萊塢總盈收的六成七，破了空前紀錄。

這讓中國市場成了電影產業的罕見亮點。[28]二〇〇八到二〇一二年間，好萊塢從大衰退中緩慢爬起期間，中國電影票房卻從六億三千萬美元，一舉攀升到二十七億美元。[29]每一部在中國上映過的好萊塢大片，都比前一步賺來更多的錢，這讓原本看得到吃不到的商機，全變成吃得到了。二〇〇九年七月，《變形金剛：復仇之戰》（Transformers: Revenge of the Fallen），成了中國有史以來票房最好的電影；再過幾個

---

*《蝙蝠俠：黑暗騎士》一片成為沒在中國放映影片中票房最高的一部，一直到二〇一九年的無政府色彩電影《小丑》（The Joker）才被打破，後者沒有提到中國一次，但卻不免會讓人聯想到香港反送中示威的動亂和不滿情緒。二〇二一年漫威（Marvel）電影《尚氣》（Shang-Chi）中的反派英雄角色，由知名香港演員梁朝偉飾演，片中另一名反派配角是名幫派老大，則由另一位香港出生的美籍演員馬鎮金（Raymond Ma）擔任。近幾年美國電影中的反派，除了香港演員外，已經全無中國人了。

月，災難電影《二〇一二》（2012）又打破該紀錄。之後《阿凡達》（Avatar）在二〇一〇年一月上映，坐收兩億四百萬美元票房，足足有《二〇一二》一片的三倍之多。[30]而於二〇一一年五月，迪士尼的《神鬼奇航（四）：幽靈海》（Pirates of the Caribbean 4: On Stranger Tides）在中國上映時，也打破了《阿凡達》的首週票房數字。同月，卡岑柏格的「夢工廠」（Dream Works）發行《功夫熊貓（二）》（Kung Fu Panda 2），該片全球票房總計六億六千五百萬。而光在中國，該片就賺到九千三百一十九萬的票房，更一舉打破中國首映日票房紀錄、以及最賣座動畫片紀錄，刷新二〇〇八年《功夫熊貓》第一集的紀錄。[31]

二〇一二年，習近平成為中共黨政軍領導人，這對於中國電影產業至關重要。同年五月，地產集團大連萬達併購「美國複合影城」（American Multi-Cinema, AMC）連鎖影城，該公司當時是世上最大的IMAX螢幕營運商，現在則成了全球最大連鎖影城。*在前一年二〇一一年，中國經濟超越日本，其電影市場，也取代日本，成為全球第二大。

同年二月，習近平以國家副主席的身分訪美，這時的他已穩坐中共領導人接班位置。在美國國務院的餐會上，卡岑柏格和羅伯特．艾格兩人陪同他出席（在座還有季辛吉等人），而習近平則坐在主桌。[32]習近平在華府時，和當時的副總統拜登重新磋商中國進口美片的額度。習同意要拉高額度為三十四部外片，但條件是，其中十四部要使用IMAX螢幕或3D特效。更重要的是，習批准拉高外國電影公司的發行代理費，從原本的一成三拉到二成五，這差不多只是好萊塢在許多外國市場賺到的三成而已。[33]但對好萊塢而言，已經是大好消息了，這利多足夠讓他們，為維持和中共友誼，不惜犧牲任何代價。「我們有龐大的市場，願意和你們分享。」中共國營電影單位總經理張恂當時這麼對好萊塢高層說。[34]怎麼分享呢？「我們想要引進大量拍攝中國文化的電影，不要那種只有出現兩、三幕中國的電影。」她說。「我們想看到以正面方式呈現中國的電影。」到了二〇一三年，美國電影協會的說法開始出現重大幅轉彎了。[35]該協會說，我們認可「中國擁有決定進口電影內容的權力。」

中共擁有好萊塢電影的否決權一事為什麼值得重視？直接把現況說出來，大家就會懂了：那就是，過去二十年，好萊塢已經淪為中共大外宣的喉舌了。而如果筆者這麼說，顯得過於誇張或是缺少實證，那只是因為，二十一世紀的人們，多半都已經忘

＊二〇二一年，中國大舉掃蕩擁有海外資產的大型企業，這時忽然在社群網站Reddit上出現有人哄抬AMC連鎖影城的股價，隨後大連萬達即出脫手中大半該公司股份。

了大外宣的本質。

宣傳（propaganda）這東西，比許多人想像的，要來得更普遍也更不易為人所察覺。[36]「舉凡人類溝通的方式，無一不能成為縝密宣傳的工具。」公關之父愛德華・伯內斯（Edward Bernays）在一九二八年的著作中這麼寫道：「因為，宣傳只不過是在個人與群體之間，建立一個互相瞭解的管道而已。」[37]韋氏字典（*Merriam-Webster*）將宣傳定義為「散播想法、訊息、或是謠言，以圖有利或有害於一個機構、某個人、或某個主張。」其定義之廣，能夠涵蓋的範圍，從好萊塢電影、到林肯的蓋茲堡宣言（Gettysburg Address）到川普大部份推特訊息，都符合這個定義。[38]換句話說，宣傳這東西的問題，不在訊息本身的內容，而是訊息散布者的意圖。

不過，「宣傳」一詞在美國變成負面貶抑的意思，卻是在一九二〇和三〇年代以後才有的事，當時正好電影和極權主義都在萌芽階段。電影的影響力，立刻讓一些知識分子有所警覺，但同時也讓正在歐洲和亞洲政壇崛起的法西斯主義和共產主義政權為之興奮不已。列寧和德國宣傳部部長戈培爾（Joseph Goebbels）尤其歡迎電影的到來，在他們眼裡，電影結合了各種說服中間游離分子的終極方式。一九三五年手法非常出色的紀錄片《意志的勝利》（Triumph of the Will），以希特勒駕著飛機穿梭雲霧之中，翩然降落在支持者面前開場，這場面在許多當時的德國人心目中，奠定了納粹領導階層及其所追求的目標的正義性、無私無我和不容質疑。

但其實，納粹所拍電影，多數都沒有像《意志的勝利》意圖這麼昭然若揭，相反的，它一點也讓人察覺到其宣傳意味。那時期的納粹電影，像《意志的勝利》這樣的占少數，多數都是甜膩膩的愛情電影、人物刻劃、或是歷史劇。第三共和在位十三年期間，大約生產了一千一百五十部長片。哲學家蓋瑞．傑森（Gary Jason）在二〇一三年論電影與宣傳的文章中，估計其中只有不到兩成，是屬於「不折不扣的宣傳性質」。[39]傑森大膽的問我們，那其他納粹時期的長片，究竟哪裡有問題？

舉例來說，我們憑什麼說納粹戰爭愛情片《大情大愛》（The Great Love，一九四二），就比宣傳意味不濃厚的《小丑》（Joker，二〇一九）來得差，後者講述的是蝙蝠俠宿敵小丑之所以變成反派的心路歷程。這兩部片，都在操弄觀眾的情緒，這是拍得像樣的劇情片都有的共通點，兩者也都同樣看不出有明顯想表達什麼意圖。《小丑》的導演陶德．菲利普斯（Todd Philips）是希望觀眾瞭解精神異常殺人魔的心路歷程，進而譴責他，還是要反抗社會不公？還是發行的華納電影只是覺得這樣拍，最能夠刺激觀眾消費，去看更多蝙蝠俠相關的影視產品？

這兩部電影最大的差別在於，兩者在故事的發展可能性以及藝術表達的忠誠度。《大情大愛》一片主角是位英俊的德國飛行員，他把自己飛行中隊的工作看得比與歌唱家女友的感情重。《大情大愛》只能散播對納粹黨有益的想法，要人忠於作戰、並克制個人種種的慾望。該片的導演洛夫．韓森（Rolf Hansen）在影片中表達其他想法的選擇性非常少，但《小丑》導演菲利普斯則並不一定要將該片拍成那樣，他可以有完全不同的選擇，甚至在續集時，他還可以探討完全不同的人生觀。也就是說，韓森手中的電影，就只能拍出特定的結局，但菲利普斯則有非常多樣的意識型態選擇可挑。因為他有得選，所以他的電影也就更能忠於藝術表達。

這和北京當局對好萊塢的影響又有什麼關係？問題並不在過去二十年來，中共逐步地汙染了好萊塢的道德理念。電影本來就是用來賺錢的，所以往往商業考量重於藝術和表達的忠誠度。小成本電影，至少也要數十萬美元才拍得成，但其回收對於投資者卻可能相當重要，所以他們也就難免會為了讓片子觸及更廣的觀眾，而要求片子做一些更動，卻違反了藝術家的理想。「我常想好萊塢真正的暴力並不在螢幕上看到的。」作家兼導演大衛．馬梅特（David Mamet）一九九七年這麼說，當時好萊塢並沒有把中國市場看在眼裡。[40]「真正好萊塢的暴力是在籌錢。」

因此，中共影響好萊塢的問題是在，美國電影在表達中國觀點上，面臨了選擇性非常有限的問題。就像納粹電影《大情大愛》和《小丑》的差別，問題在於電影發展方向的可能性和藝術表達的忠誠度。中國大外宣的目的是想要讓美國人相信兩件事：

中國對世界沒有威脅，以及中國霸權勢不可擋。而美國電影這二十年來，就是在幫它宣傳這兩件事。

中國官員就跟納粹宣傳部長戈培爾一樣，在他們眼中，電影作為溝通工具，首重宣傳教化，即「它能對大眾動之以情、潛移默化」，此言出自一位研究早期共產黨歷史的中國學者口中。[41]而中國官員最後也跟戈培爾一樣，發現原來最有效的大外宣電影，是那種不管中國、美國或全世界的觀眾，都沒感覺自己是在看大外宣的那種。《火線大逃亡》的衝突，剛好發生在中共自己正在學著如何駕馭資本主義力量的初期。「電影產業要茁壯，就要贏得市場」，中共宣傳部部長丁關根在一九九八年時這麼說。[42]又或者如中國作家曾于里所說，把電影拍得「好看，然後在其中偷渡黨重視的價值，不讓觀眾有所察覺。」[43]

二〇一二年，好萊塢就發行了兩部電影，非常能代表中共對美國所進行的審查和大外宣型式。米高梅影業翻拍了《天狐入侵》（Red Dawn）一片，將這部一九八四年受到特定族群熱愛的經典影片改拍為《追擊赤色風暴》，八四年版的該片描寫蘇聯入侵美國，人們在科羅拉多州的小鎮上，共同對抗蘇聯入侵者，最早由派崔克·史威基（Patrick Swayze）、查理·辛（Charlie Sheen）、以及珍妮佛·葛雷（Jennifer Grey）等人主演。新版的劇情改為中國入侵美國，宣傳海報，設計成人民解放軍的紅色八一軍徽出現在美國國旗上，並出現「你的自由從來都是謊言。解放降臨了」的字眼。44

北京對此片祭出懲罰，米高梅電影和原始發行商索尼都沒逃過噩運。包括故意讓兩家公司在中國發行的其他部電影，安排在不利的日期上映。當該片的劇本外流，中共官媒開始批評該片後，米高梅屈服了。它花了將近一百萬美金去做數位後製，將中國入侵改為北韓入侵。中共電檢制度釋放的訊息再清楚不過：米高梅也很聰明，立刻見風轉舵討中共歡心，而不再挺而走險，以免破壞與中方的關係。

《追擊赤色風暴》向中共低頭引發相當大的關注，相形之下，另一部《迴路殺手》（Looper）也同樣向中共低頭，但就沒那麼引起注意了，這是因為該片所遭遇中共的審查，比較普遍性也比較不為人所察覺。片中由傑夫・丹尼爾（Jeff Daniels）所飾演的黑道頭子，對由約瑟夫・高登－列維（Joseph Gordon-Levitt）所飾演的殺手說：「我來自未來，」並給後者在事業發展上的建議：「你應到中國去發展。」該片的背景設在混亂的堪薩斯市，全市被十個小城市所割據，這十個小城市之間唯一通用的合法貨幣是金條或銀條還有中國幣，片中另一個場景設在上海，這裡則是幸福繁榮。布魯斯・威利（Bruce Willis）飾演片中同一個殺手年老後的角色，他的角色在脖子上刺有老虎刺青，還娶了中國老婆，他也是劇中唯一一個沒有被貧窮、貪婪和瘋狂摧殘的角色。傑夫・丹尼爾在劇中的角色勸他：「要學中文。」因為在這個中國當家的世界，這是最好的建議。《迴路殺手》本身是部出色的電影。片中的中國元素和劇情相輔相成，起了作用。

但這部電影的問題出在其拍攝過程。[45]因為該片的劇本，原本是將背景設在未來的法國，而布魯斯・威利的角色也沒有娶中國老婆。但導演用這個劇本去籌資金時，卻一再失敗。[46]

後來洛杉磯的媒體公司印記傳媒（Dynamic Marketing Group, DMG）同意出資，但要求導演在劇中使用能討好中共的元素。*[47]所以電影公司就將劇中法國元素全置換為中國元素。印記傳媒接著就和上海市政府合作，設計出該城市的未來感。[48]問題在於，並不是該片所呈現的未來上海城不夠真實，而在於該片給予創作者表現的空間是有限的，就跟上述納粹電影《大情大愛》一樣。「片中極力展現的未來中國樣貌。」印記傳媒當時的總裁克里斯・芬頓（Christ Fenton）寫道：「這對於中共中央政治局根本就是投其所好，更討得上海市黨部官員的歡心。」

*「在美國，我們在意的是明星的粉絲想看到什麼、消費者想要什麼。」該公司共同創辦人丹・敏茲（Dan Mintz）道：「但在中國，我們要在意兩群人：政府和消費者。」

《追擊赤色風暴》一片所遭遇的情形，可以稱為是減法式審查：也就是要人自行刪去不利中共的情節。《迴路殺手》一片則不一樣，這是加法式審查：要你在片中加進討好中共的情節。《迴路殺手》所表現的，是對於未來中國稱霸、美國卻走下坡的焦慮，以及對於這種焦慮的棄械投降。而《追擊赤色風暴》反應的，則是對於這種焦慮的壓抑。

《追擊赤色風暴》的爭議，讓在中國和美國兩地的索尼公司感到難堪：因為兩邊當時都還在揣摩如何拍出不觸怒中共影片的方法，這樣就可以一刀不剪、拍出在美國和中國同時都可以上映的片子。好萊塢電影界在二〇一〇年代下半葉開始，雖然偶爾還是會推出中、美兩地不同版的片子，但越來越多電影公司開始在拍片前就自我審查，這一來就可以一方面避免被輿論指責是對中共卑恭屈膝，一方面又可以不用觸怒中共。

但二〇一四年，索尼影業遭駭客入侵，卻讓外界充分看到，好萊塢是如何對北京低聲下氣的。該公司電影《世界大對戰》（Pixels，二〇一五），由亞當．桑德勒（Adam Sandler）主演，描寫外星人攻擊曼哈頓、泰姬瑪哈陵、以及華盛頓紀念碑。該片早期的劇本中，外星人也在中國的萬里長城上打出一個洞。但遭駭客外流的該公司一封二〇一三年十二月電子郵件中，該公司中國的高層代表卻說，攻擊萬里長城「沒有其必要，因為無助於中國票房。」她這麼寫道。「我的建議是，不要有這場戲。」

這些遭駭外流的電子郵件中，從其中數十封的對話，可以看到，這些電影公司高層，對於規避中國審查有多慎重其事、又討論到多細節的程度。「本片在中國很有商機，也很有機會能被中國電影集團接受，通過審查。」索尼國際發行部高階副總史提夫‧布魯諾（Steve Bruno），在二〇一三年九月談到重拍《機器戰警》（RoboCop）這部科幻片時，這麼寫道。「只要片中提到中國時，都採取最保守、安全的方式，就可以了。」[49]索尼總裁史提芬‧歐戴爾（Steven O'Dell）也同意：「將片中的中國元素改成別國，很容易。片子一字不改才會有問題。」

其他電影市場的對手也都搞懂這訣竅：寧可美國版就照北京喜歡的樣子拍。幾家電影公司從過去拍的電影，如《〇〇七：空降危機》（Skyfall，二〇一二）《MIB星際戰警（三）》（Men in Black 3，二〇一二）中學到了教訓。前者中主角龐德和情婦在澳門的對話被北京刪了，後者則是主角將唐人街居民記憶消除，因為他們都目擊外星人的攻擊，這就像是刪掉一段在談審查刪戲的戲一樣。[50]「要是只修改中國版，那媒體一定會挑出來講，因為一些電影部落客一定會去比較不同版本，然後就會發現我們為了討好中國市場，而做了修改。」歐戴爾在郵件中寫道。*

* 早在索尼還沒遭駭之前，其電影票房就已經表現不佳。「電影的市場已經變了，」索尼影業的片廠主管艾美‧帕斯卡（Amy Pascal）在二〇一四年八月給同事的電子郵件中寫道：「迪士尼買下皮克沙漫威（pixar marvel）和星際大戰（starwars）後，其他電影公司都望塵莫及了。」

《追擊赤色風暴》一片的爭議後，大型電影公司再沒有拍過會惹怒北京當局的中國元素影片。二〇一五年，《星辰一號》（Star One）的電影劇本出現在「劇本黑名單」（The Black List）名單中，這個劇本的內容，題材跟席格一九九〇年代中葉很想拍的那部片相同，都是在講冷戰時期中情局在西藏的地下工作。[51]「劇本黑名單」創於二〇〇五年，是一名想要增加好萊塢影片多元風格的年輕高層人士所創，這個名單以調查方式，收集了一些公認沒有被拍成電影的最佳劇本，因為這份名單的推波助瀾，讓很多原本沒機會的劇本乃得以問世。[52]包括《驚爆焦點》（Spotlight）、《亞果出任務》（Argo）、《貧民百萬富翁》（Slumdog Millionaire）以及《黑金企業》（There Will Be Blood）等片，都曾名列該名單之中，也因為這樣，《星辰一號》的劇作家大衛．柯格歇爾（David Coggeshall）深感榮幸。「這等於是被好萊塢公認為佳作，劇本就可以吸引到電影公司高層、製作人，很多過去忽略該劇本的人，都會注意到它。」他透過電子郵件告訴我。

但他這部片至今始終找不到拍攝金主。柯格歇爾說此片是「沒有愛情故事的異國公路電影」，他也承認，這片子很難賣座。但他深信，之所以拍不成，還是因為中國從中作梗。「好萊塢這邊對於一些中國政府可能不會接受、或是會直接禁掉的劇本，就是有如驚弓之鳥、杯弓蛇影，因為那個市場實在太重要，不能不考慮。」他說：「電影公司一年頂多拍個幾部片，所以每部片子要開拍前，中間都要經過很多人層層把關，時間也拖很久，這中間只要有一個環節不同意開拍，劇本就被束諸高閣了。」

可惜，好萊塢對中國的依賴與日俱增的同時，北京當局對電影箝制的情形卻也日益嚴重。「當前北京政府各方面都比以往更加保守。」索尼影業當時的中國首席代表李周在二〇一四年二月的電郵中這麼寫道。「最近，審查委員態度似乎更猶豫不決、如驚弓之鳥般，處處謹慎。」[53]

二〇一八年二月，北京當局解除習近平國家主席任期制，此舉被外界解讀為，習將打破前兩位國家元首先例，不會在二〇二二年底十年任期屆滿時卸任。[54]這之後習近平展開一系列的變革，意欲增加中國共產黨對中國和其政府的控制，二〇一八年三月間，北京當局同時宣布，今後中國和好萊塢之間的電影合作，將交由中共宣傳部來管理。

這對於電影界是很重要的改變。在過去，中共管理美國電影產業相關事務的，是國家廣播電影電視總局。中國的政府官員儘管多半是共產黨黨員，而廣電總局的成立，是在為黨做事，但畢竟政府機關和黨機構兩者還是不同。黨機構更在意的是，中國在媒體上的形象，也對於中國被詆毀的事更為敏感。而且因為其權力更大，其所下的決定也就更具影響力、更為關鍵。這個機構被重整後、納入宣傳部，根據官方媒體新華社所發布的新聞，是為了反映「電影在宣傳想法和文化娛樂業的重要角色」。[55]

此舉的目的，是北京當局要確定中國電影產業，是效忠於黨而不是國家。二〇一七年十一月，中共召集數十位當紅影星、導演和歌手（包括非常排外愛國的電影《戰狼（二）》主角兼導演吳京、被選為星際大戰系列電影中國宣傳大使、本身也是歌手的鹿晗；以及電影風格極具個人特色的賈樟柯），要他們共同研讀黨的指示。[56]

上述索尼影業遭駭的事件，美國政府指是北韓所為：因為當時該公司剛發行《名嘴出任務》（The Interview，二〇一四）一片，這部搞笑鬧劇，講述的是暗殺北韓獨裁領導金正恩的情節。當時，米高梅片廠也剛發行了《追擊赤色風暴》，將片中中國入侵者的情節改為北韓。但在二〇一四年索尼遭駭後，各大片廠深怕得罪北韓政府。而在莫斯科當局介入二〇一六年美國總統大選，從中攪局後，美國電影界一方面深覺需要更多論及俄國主題的電影，一方面又擔心觸怒普丁。但電影又不能沒有反派。這一來，該由什麼人種來扮演片中反派呢？

這一路發展下來，並沒有人召開什麼祕密會議、也沒有陰謀禁止這些好萊塢製片人，不准他們在片中安排中國人或北韓人出飾反派角色。而是在過去十年間，各電影公司自發地找到四種解決之道。第一種方法，也是最可悲的方法，就是越來越多電影，以穆斯林為反派。

龐德電影《〇〇七：空降危機》中，總是出現把上海拍得非常富裕繁榮的刻意鏡頭：滿目摩天大樓、充滿未來科技。但，該片一開始的伊斯坦堡（Istanbul），在鏡頭下卻是髒亂、塵土飛揚，滿街是推著手推車的小販，沿街叫賣水果和香料。這樣的呈現說不上錯誤，但卻有刻意誤導之嫌：伊斯坦堡也是有現代國際大都會的一面，而上海也是有其貧窮、擁擠、髒亂的一面。更且，在當時兩個城市中，伊斯坦堡顯然要比上海富裕：二〇一二年時，上海的人均收入是兩萬零四百三十六美元，而伊斯坦堡的人均則是兩萬四千七百七十一美元。「變成什麼壞事都往中東地區的人頭上推，這情形日後可能也不會有所改變，除非有一天它們的電影票房收益增加才有可能。」中國電影製片人蕭培寰這麼說。[57]

好萊塢電影界找到的第二個解方則是改編漫畫。要讓好萊塢影界聽話不便宜，但很多國家為了保護國家形象，都願意掏出大把的鈔票。為了讓龐德電影《〇〇七：惡魔四伏》（Spectre）中出現墨西哥裔龐德女郎、並且將反派改成不是墨西哥人，墨西哥政府花了兩千萬美元。[58]二〇二〇年夏天，挪威政府也提供電影《不可能任務（七）》（Mission Impossible 7）數百萬的補助款，好吸引該片前往挪威取景，甚至還特別在新冠疫情期間，特准片中主角湯姆．克魯斯（Tom Cruise）和其團隊，得以不用完全遵守防疫規範。[59]二〇二〇年，疫情重創全球電影產業，好萊塢影片在海外電影票房收支因此增加到占總額的八成一，而美國和加拿大的票房只剩一成九。[60]漫畫裡的超級反派，全都是沒有國籍、沒血沒淚的殺人魔，就可以不怕會觸怒他國政府，又可以迴避種族歧視的劇情，讓主角前往阿拉伯風沙滿天的城市，阻止恐怖分子、主持正義。

第三個方法，就是電影公司越來越強調片中中國角色和中國國格的勇敢威猛。「要是片中中國人被塑造成壞蛋，就一定會有麻煩。」華裔美籍導演王穎在二〇一一年這麼說。[61]只要提到中國「大家越來越在乎，不要在片中明知故犯，」他還說。「別讓中國成為片中反派，不然就是乾脆把中國拍成英雄，這小小的轉變就很聰明。」《地心引力》（Gravity，二〇一三）一片，描述中國的太空站救了美國太空人。但即使該片已經讓中國人當片中的英雄，卻也還是要申請煩人的中國政府許可。而《異星入侵》（Arrival）中，也因為出現一名中國將領，而被北京刁難、遲遲不肯通過審核，說是要得到人民解放軍的許可。[62]「中國應該會對這個角色的呈現很滿意才對。」飾演該角色的美籍華裔演員馬泰這麼說。[63]

第四個方法則是最怪的，那就是回到從前「洗白」角色的方式，從前好萊塢喜歡用白人演員去扮演少數族裔的角色。龍馬電影公司（Dragon Horse Films）做了一份名單，詳列好萊塢電影中，出現中國反派角色的片子，同時也列出以白人演員取代的電影。《黑暗騎士：黎明昇起》（The Dark Knight Rises，二〇一二）中，由美國演員黎恩・

尼遜（Liam Neeson）飾演犯罪集團的大頭目忍者大師雷沙古（Ra's al Ghul）一角，稱他是中國少數民族出生在阿拉伯半島。[64]（譯注：Ra's al Ghul是阿拉伯文，意為食屍魔的頭）科幻怪獸片《環太平洋》（Pacific Rim，二〇一三）中，朗．普爾曼（Ron Perlman）則飾演一名香港怪獸器官走私客，自稱是漢尼拔．趙（Hannibal Chau）（「我的名取自尊敬的歷史人物，姓則是最愛的布魯克林區餐館。」他莞爾道。[65]）

好萊塢洗白華人角色的方法，不只使用白人。《醉後大丈夫》（The Hangover，二〇〇九），以及之後二〇一一和二〇一三年的續集，三部片中，都有一名滑稽的反派華人毒販叫雷斯禮．趙（Leslie Chow），由韓裔美籍演員鄭康祖（Ken Jeong）飾演。[66]漫威漫畫《鋼鐵人》（*Iron Man*）的宿敵是滿大人（Mandarian）。角色設定為出生在民國前的清朝，父親是華人、母親是英國人，滿大人後來發現十枚戒指，因此擁有無比的力量。電影《鋼鐵人（三）》（Iron Man 3）導演沙恩．布萊克（Shane Black）稱此角色帶有「種族歧視刻板印象」，因此就找了班．金斯利（Ben Kinsley）來飾演（他是印度父親、英國母親所生）。[67]

那中國崛起，對於好萊塢螢幕上的黑人、同性戀、穆斯林、日本人角色，又產生什麼影響呢？迪士尼的《星際大戰：原力覺醒》（Star Wars: The Force Awakens，二〇一五）一片，由黑人演員約翰．波耶加（John Boyega）主演。[68]在美國版電影海報上，他和另一位白人女主角黛西・蕾德莉（Daisy Ridley）站在最主要位置。但在中國版海報裡，他則被擺在不重要的角落。

中國這個版本的處理，在推特上成為話題，也引來約翰・霍普金斯大學（Johns Hopkins University）行銷學教授曼紐爾・賀摩西亞（Manuel Hermosilla）的關注。「我主要是研究行銷創新手法，但這張海報讓我感到好奇，」他對我說。賀摩西亞和另兩位在西班牙大學的教授，共同針對從二〇〇九到二〇一五年間、共三千四百部美國電影中的選角做了研究，中間剛好跨過二〇一二年北京進口好萊塢影片額度增加的時間點，他們整理了這些片中超過十萬位主角的演員種族膚色。賀摩西亞等人發現，這些影片中，出現了「膚色變淡的轉變」：中國市場崛起後，造成了「淡膚色演員」演出量增加」約百分之八。而動畫片中，電影本身和行銷則往往會模糊角色膚色，所以也就沒看到明顯的變化。

二〇一九年，線上觀影平台新浪電影進行觀眾問卷調查，想知道他們對於黑人女歌手海莉・貝莉（Halle Bailey）在真人版翻拍的迪士尼《小美人魚》（Little Mermaid）中擔綱主演的意見。[69]以黑人演員主演劇中愛麗兒（Ariel）一角，在美國就已經引起喧然大波，因為該片一九八九年原始動畫中，這個角色是白人，而對中國那一小群看過該片的粉絲而言，更是引起強烈反彈。[70]新浪電影的票選結果發現，雖然近五千名參與問卷者表示支持，卻有超過六萬人不贊同。中共官媒《環球時報》的英文推特上則稱此選角是「罕見有色演員出飾迪士尼女主角」。就連二〇一八年上映的《黑豹》（Black Panther）一片，作為有史以來最賣座黑人導演作品，在中國的票房卻遠比預期來得差。一名有九百萬粉絲的中國電影部落客在微博上寫道：「片中多數演員都是黑人，但該片偏偏有出奇多的夜景，所以戴著3D眼鏡看，真的很難受。」

「歷史告訴我們，非裔美人的電影不易被人接受。」環球影業當時的董事長凱西・席佛（Casey Silver）在一九九八年時這麼說。「雖然偶爾有表現出色的，但那是例外，而非常態。」而在現在的中國，這情形依然存在。「黑人主題的電影要在中國賣得好，那黑人相關的部份，都只能當背景。」中國線上雜誌《第六聲》在二〇二一年三月寫道。[71] 數十位好萊塢電影界高層、主要從業人員、以及演員，對於要拍片應討好中國市場一事，都已經那麼堂而皇之的宣告世人了，那演員膚色較深這樣的事，豈有可能不會成為電影界高層在考慮中國市場時，刷掉這些演員的因素？

為了拉近與中共的關係，大連萬達下了重金來宣傳。二〇一八年十二月，大連萬達集團與延安市府簽了一紙高達十七億四千萬美金的合約，預計在該市建造一座主題公園，延安市是中國共產黨在一九三五年到一九四七年的根據地，今天則是中國共產黨的革命聖地。[72]習近平常稱讚到延安之類地方參觀的訪客是，接受「紅色精神洗禮」。[73]「大連萬達集團肩負歷史任務及社會責任，推廣延安精神，要讓延安萬達市成為國家新紅色旅遊商標。」王健林在宣布延安公園興建計劃時這麼說道。[74]該園在二〇二一年六月間由他揭幕啟用，「作為中國共產黨建黨百年紀念。」[75]

可嘆的是，美國人自己也在做同樣的事，差別只是，多數這些人都不自知。迪士尼當年為了向中共表示歉意，彌補發行《達賴的一生》所犯的錯誤，所以就發行了一九九八年中共大外宣電影《紅色戀人》，這之後，數百位西方影業人員，同樣也步上迪士尼的後塵，甘為中共作嫁，成為中共大外宣電影的幫兇。這些人裡面，有的是參與演出、有的是擔任製片、有的則是發行、還有的是寫配樂，全都在歌頌中共。

這些電影，不僅將中國共產黨對中國的統治偶像化崇拜，還助長中國在全球的霸權。更且，片中還嘲諷美國人自己、貶損日本人、視非洲人為無助幼童。《戰狼（二）》（二〇一七）中，在非洲不知名的國家裡，戰鬥了一天後，一名退役中國士兵問同事：「這些人一小時前，還不知道能不能活到明天。怎麼那麼開心啊？」然後就響起一句中國常聽到的名言：「犯我中華者，雖遠必誅！」而該片中，還有多位知名美國影人協同拍攝。[76]他的同事則回道：「這幫黑哥兒們，無論什麼戰爭啊、瘟疫啊、貧窮啊。你只要給他們一堆火，他們立刻就這樣。」《戰狼（二）》是中國史上票房最賣座的電影，賺進超過八億五千萬美元。*[77]曾為迪士尼導演過四部漫威電影的羅素兄弟（Joe and Anthony Russo），擔任該片顧問，此片劇情是描述一群中國軍人，在非洲不知名的國家，對抗邪惡西方人。演過迪士尼漫威電影反派角色的性格演員法蘭克．格里洛（Frank Grillo）演出片中反派。據報導，該片九成演員都曾在人民解放軍中服役，男主角吳京也是。[78]

中國片中出現個幾個西方人，本身並沒有不恰當之處。像英國善於擠眉弄眼的喜劇演員豆豆先生羅溫．艾金森（Rowan Atkinson），他也在中國片《歡樂喜劇人》（二〇一七）裡現身過，該片是以賭城澳門為背景拍攝的鬧劇。[79]隨著像二〇一六年中美合資拍攝的《長城》（The Great Wall）這類影片越來越多，分別中西電影的界線，後來變得越來越模糊。《長城》一片是以十一世紀中國為背景的怪獸電影，主角則是美國演員麥特．戴蒙（Matt Damon），在當時，該片是中國史上耗資最巨的影片。[80]該片中，白人演員協助拯救中國的劇情，受到美國影評人批評。但，讓戴蒙被批評的最主要原因在於，該片是一部歌頌以強大軍隊抵禦外敵入侵的法西斯電影。學者映竹寫道：

*「戰狼」這個片名，日後就成了中國近來強悍外交作風的代名詞：中國駐瑞典大使就因為說了「我們以酒待友，以槍應敵」這句話，而在二〇一九年被人指是戰狼外交。

「站在巍峨的長城前，相形渺小的歐洲人心醉神迷，被中國和中國文化之博大牢牢攫獲，那既是象徵性的、也是實質上的難以逃脫。」[81]

二〇一七年，原本支持西藏的武打明星席格與拳王麥可・泰森（Mike Tyson）一起現身大連萬達出資的電影《中國推銷員》中，該片講述一名中國通訊科技代表，阻止了一場烏干達即將發生的內戰。泰森在片中飾演腐敗的法國間諜的手下，還要裝出非洲口音，在片末自戕身亡。席格則飾演傭兵兼酒吧老闆。該片的內容本身就很大外宣，舉片中主角對白為例：中國人在非洲靠岸時說：「他們只留下友情與和平。」但除此之外，這部片一眼就可以看出來是大外宣。該片共有七位協同製作：赫然在列的，就是中國共產主義青年團中央委員會，這是中共很重要的組織，過去是由胡錦濤擔任主席，而其他六個協同製作單位，則是中共六個不同的宣傳部門。

同樣西方人不應該參與拍攝的還有《空天獵》（二〇一七）這部片。該片的協同製作單位中，有人民解放軍的空軍政治部，這是中共所屬單位，負責使用「心理戰」來「瓦解敵軍」。[82] 該片描寫中國空軍飛行員協助保衛虛構的馬布共和國，還特別請到中國巨星范冰冰飾演片中萬人迷的角色。該片中的飛官將領和飛行員，嘴上總是掛著中共的口號，像是不干預他國主權、尊重他國人民之類的。就連片中的反派，由以色列演員托莫・奧茲（Tomer Oz）所飾演的恐怖分子，也要不由自主地稱讚：中國是個

「很安全強大的國家……為困苦中的人帶來希望。」該片的配樂，還請到奧斯卡金像獎得主、也是曾經創作迪士尼《獅子王》和《神鬼奇航》等片配樂的漢斯．季默（Hans Zimmer）前來創作。[83]

二〇一九年，夢工廠發行了一部西藏電影，這也是好萊塢自從一九九七年《達賴的一生》以後，首部的西藏電影。時空設在當今的中國，《壞壞萌雪怪》（Abominable）一片講的是十六歲小宜這個認真的小女孩，在自家屋頂找到一頭逃走雪怪的故事。片中，小宜給雪怪取了「埃佛勒斯」（Everest）（中國譯：珠穆朗瑪）的名字，並承諾會帶他回到喜瑪拉雅山的家。該片一開始的城市，是以上海為樣本設計，之後主角則在中國走遍各地。

但《壞壞萌雪怪》其實是大外宣電影，該片呈現一個脫離現實的中國，而這個中國，酷似中共所希望呈現給外國人的樣子。雖然該片的背景安排在中國，但其反派卻是兩名美國白人，他們因為貪婪和驕傲，所以想抓到雪怪。筆者數了一下，片中一共有六幕戲，出現中國鈔票：一場是有人付錢給小宜幫忙遛狗、一場是反派的手下拿錢賄賂路人等等。但每次出現鈔票時，都只看到背面。看不到中國鈔票正面的毛澤東頭像，這位中華人民共和國的開國獨裁者。毛像在中國鈔票隨處可見，從一元、兩元、五元到十元、二十元、二十五元到一百元人民幣都是，但該片卻完全見不到他。刻意忽略毛，是有意將中國充滿壓迫的政治體制，予以現代化和美化：因為，至今毛在中國政壇依然舉足輕重，但該片卻刻意略過。

另外，該片中的風光景致，也完全脫離中國城市高度政治化的現況：這完全就是複製中國官僚的作法，這些人在用英語對外說話時常稱中國是「不政治化」的國家。小宜住的城市，可以看到中文廣告和餐廳招牌，但卻看不到中國城市常見規勸市民要「建設繁榮社會主義祖國」、或是更中性的標語，如：「尊老愛幼等。」

該片最後是小宜在表親和鄰居的協助下，將雪怪埃佛勒斯送回到西藏，在這裡他被雪怪家庭所環抱，安祥地和大家揮手道別。[84]西藏作家茨仁唯色告訴我，學者愛德華．薩依德（Edward Said）的東方主義（Orientalism），談的是西方某些知識分子和旅行者，在提到亞洲時，常會將之視為無助的幼童，但薩依德這說法過去她不能理解。她說：「但是，如果把西方當成是中國，而東方看成是西藏的話，我就完全能夠體會了。」在《壞壞萌雪怪》中，西藏完全沒有人跡，唯一的人類就是片中主角：而他們全是東方的漢族。片中甚至完全沒有人說到「西藏」二字。

「壞壞萌雪怪」可不是特例；而是通例。二〇一八年九月，過去備受愛戴的美國影星比爾．寇斯比（Bill Cosby），因為性侵罪行，被判入監服刑。這件事發生數月後，我遇到一名擔心中國影響力的好萊塢知情人士，他說，沒想到寇斯比竟然就這樣被從好萊塢完全抹去了。他對我說：「如今的好萊塢，達賴喇嘛，就如同比爾．寇斯比一樣，完全被人抹去了。」

是北京成功讓好萊塢完全抹去西藏的。查詢電影資料庫網站QuoDB的話，你會發現從二〇一五年以後，好萊塢電影中，完全找不到有西藏、藏人、拉薩、達賴喇嘛等字眼。迪士尼電影《奇異博士》（Doctor Strange，二〇一六）中，最讓人注意的抹除，就是由女星蒂妲．史雲頓（Tilda Swinton）所飾藏人角色古一（the Ancient One）。[85]「要是在片中承認西藏是一個地理位置、而古一一角是藏人的話，」該片的劇作家羅伯特．卡吉爾（C. Robert Cargill）說明：「那豈不得罪了十億中國觀眾。」[86]

睽違《達賴的一生》和《火線大逃亡》問世二十二年後，好萊塢電影界才終於再次首度提到西藏，但他們所拍出的《壞壞萌雪怪》中，卻半個藏民也沒有。

第六章 大學與自我審查

除了華府會議室、好萊塢片廠外，在美國，培育思想的溫室就是全美各地的公私立大學校園。

美國大學，近年來雖然遭遇了經費問題、以及新冠病毒的挑戰，但始終還是為世界其他地方的大學所稱羨。經費節拮据加上開支快速上升，造成部份大學捉襟見肘，尤其是那些捐款金額不如一流大學的學校。而就是這樣的財務困境，讓中共逮到了機會，見縫插針，從中影響這些美國培育思想的溫室。

二〇一七年九月，密西根大學一名在中國做研究的博士生打開臉書時，發現中國海關官員禁止歐洲軟式起司，像是布里（Brie）或是古崗佐拉藍紋起司（Gorgonzola）進口。[1]海關官員推說是因為起司「有太多細菌」，但因為中國公司依法也可以製造這類起司，所有歐洲貿易會議多指責這突如其來的禁令，完全是中國保護主義政策作祟。

這名學生看到新聞後，心情很差，她希望我不要透露她的姓名，她在中國多年，從事的是中國研究。「我心想『『糟了，以後要上哪去找我要的起司！』』她對我說，後來她本想在社群媒體發布這則消息。繼而一想，就算中國官僚體制不在乎一個美國博士生拿布里起司禁令這種無聊小事抱怨，她卻不敢隨便批評北京當局的貿易政策。她說：「我才不會天真到以為自己的社群媒體沒有被監控呢。」所以她就關掉瀏覽器。幾年前，她曾參加悼念天安門慘案二十五週年紀念活動。雖然，她打從內心厭惡六四屠殺暴行，但是，卻也擔心因為批評中國士兵對手無寸鐵示威者開槍，會被同學向當局舉報。她更擔心，要是被報上去，那她的研究可能會遭殃、影響她採訪對象的機會、甚至毀掉她的學術生涯。雖然默不作聲實在不是她的作風，但她最後還是選擇不要出聲譴責。這種「我自己發起的」自我審查，「會透過很多讓人毛骨悚然又隱微的方式影響我。」她對我說。

如今，中共的影響，滲透美國社會之深，也同樣讓許多美國人，紛紛開始進行自我審查卻渾然不自覺。而其進行審查的程度，則不一而足。有些人是會對當下涉及中國的活動進行自我審查，像是二〇一九年十月，美國職籃ＮＢＡ那樁大型醜聞那樣。學者林培瑞提到，二〇一九年夏天，香港反送中遊行時，一名正在拍攝中方影視作品的美國演員，明明「對香港的遭遇非常忿怒」，卻「噤若寒蟬，不敢作聲」。這名演員對林培瑞說：「很顯然，我這個產業，是不容許我公開表達這類意見的。」這名演員是一種類型。另一種類型則是像季辛吉和尼爾．布希那樣，心知肚明、或是被矇在鼓裡，在為中共做大外宣，鼓吹對北京有利卻不利美國的政策。少有人敢於在明知會損及自身利益的情況下，卻願意為了真相而鼓起勇氣，公開談論這些事的。

但是在學術界，這種妥協所呈現的問題，又不太一樣。如果是公司的話，為了金錢利益有所妥協還說得過去，政治界和娛樂圈又向來素以自私自利廣為人知，做出類似妥協，更不足為奇。但大學校園、智庫等機構，本該是提供人們有關中國資訊最公正客觀的來源。因為中國內部過度的審查、以及自我審查，中國記者以及在中國工作的學術界人士，他們的報導和研究的可用價值，已經降低許多。二〇二〇年三月，中國更驅逐了多數在中國境內工作的美籍記者，這包括知名大報，如《華盛頓郵報》、《紐約時報》、《華爾街日報》等等，再加上二〇二〇年六月，香港地區國安法通過，凡是在該市的異議分子、或是對該市有異議的人，都將觸法，更讓其新聞和學術報導環境變得噤若寒蟬。[2]同時間，新冠肺炎防疫措施的旅遊限制，更讓記者工作雪上加霜，被波及的也包括學術界、商業界和旅遊界，這一來，中國境內發生什麼事，就很難有人能掌握第一手報導、並將訊息傳遞出來。

美國大學校園在對中看法的妥協和審查，是會直接影響到許多方面對於涉中事務策略擬定的，受影響的包括：美國政壇的政策決策者、商業界、人權組織、以及一般大眾，幾乎是全面性的。這種審查、妥協同時也會限制學界對中國議題的討論廣度和深度、在研究經費上，也會讓研究題材觸怒中共的研究者，得不到資金、改研究其他方面，進而導致中共大外宣一枝獨秀。

這方面的問題，反倒與中共和中國學生每年花在美國大學數十億美金的經費、學費較無關連，也與中國赴美的留學生沒什麼關連。問題出在美國學術界部份人士，因為太急於討好北京方面，也太畏懼於觸怒中共，而自投羅網，加入中共所構築的全球複雜審查霸權。這不僅傷及其研究的學術價值、以及學術誠信度，同時也傷及其在與北京溝通獲得研究、會議以及其他學術合作、乃至中美機構合作計劃上的地位和威信。

美國人是怎麼在這些方面，幫助中國政府推動大外宣的？而這又為什麼很要緊呢？北京當局希望灌輸美國民眾、要他們戒慎恐懼處理的，是中共最看重的所謂三個T議題：台灣；這個住有兩千四百萬人的自治小島，雖然北京一直視其為一省，假裝它沒有獨立。西藏；天安門；天安門事件發生在一九八九年，因學生抗議而引發的大屠殺慘案。（過去三年來，三個T外，又加進香港反送中示威、以及中國西北省分新疆維吾爾族問題，這裡有百萬名穆斯林被送進集中營。）

我第一次知道三個T的事，是在哥倫比亞大學（Columbia University）中國文學課上聽到的。學中文是非常有趣的事，但卻也讓人像無頭蒼蠅一樣，摸不著頭緒。記者包德甫（Fox Butterfield）在一九八二年的著作《中國：苦海求生》（*China: Alive in the Bitter Sea*）中，他回憶自己在一九五〇年代，向哈佛大學圖書館管理員詢問有沒有學中文的錄音帶時，對方「不理不睬的樣子，就像我是走錯教堂的信徒一樣。」[3]「中文錄音帶？中文錄音帶？」管理員一再重覆。「中文不是沒有人使用的古代語言嗎？」但過去五十年間，中文學習快速發展。但二〇〇二年我到哥倫比亞念書時，中文在我眼裡，卻依然像座被象形文字牢牢守衛的祕密花園。

我不記得第一次談到三個T時的對話內容了，但我很清楚，如果要到中國過日子，就務必不能提到它們，這就像學外國語言時的文法規則一樣，是牢牢嵌在那個異國生活模式中的。編輯安・海諾卓維奇（Anne Henochowicz），現在經常翻譯關於中國人權問題的文章，她就提到自己二〇〇一年還在念中學時，去中國的經歷。老師要她不能提到三個T。「我很乖，所以一次也沒提到過。」她對我說。

過去我一直以為，這樣的自我審查，是一種對於中國文化的奉行，卻不知道這其實是受到其政治的宰制。一直到好幾年後，我好好思考了在中國那六年期間，所內化的中國政治結構後，才對自己過去犯的錯恍然大悟。中共口中所稱的「中華文化」根本比較像一九七〇年代的蘇維埃，而不像和它同文同種的台灣，在台灣很多政治人物其祖先或父母也同樣來自中國，但它有著自由開放的政治風氣。

關於這些中國視為敏感的議題，並沒有人在中國進行可靠的民調。但我們大致上可以推測，中國人自己對三個T議題，以及其他敏感議題，應該也是有各自不同的見解和看法，這很正常，不是嗎？中國是那麼多元化的國家，有那麼多樣不同的觀點。二〇一九年十月，布魯克林籃網（Brooklyn Nets）的老闆蔡崇信，在臉書上貼出一封公開信，他針對的是美國職籃一名球隊經理在推特上談論香港反送中時，北京反應激烈一事。他的推測是：「西方媒體和批評中國的人，往往忽略、也嚴重誤判的一件事就是，十四億中國百姓，對於中國國土完整、以及其對中國這塊土地的主權，有著一致的認同。」但蔡崇信這番話中，只講到中國的政治制度，而這是靠著嚴刑峻法硬將所有人的想法逼成一式，這並不是中國人民內心真正的想法。比如，就在這件事發生後的同一個月，中國一名住在東北遼寧的休士頓火箭隊（Houston Rockets）球迷王顥達，就在社群網站上貼出一張照片，照片中他高舉五星旗和打火機。[4]並在一旁寫道：「我與球隊共存亡。來抓我啊。」不到幾個小時，他就被公安帶走了。

過去二十年，我和許多中國人聊了不下數千次的天，這裡面只有少部份人，會對美國人在這些議題上的立場感到不滿，而和北京當局在這些議題上相同的人，也一樣是少數，只是比上述一種稍微多一些。比如說，對於台灣議題，有些中國人雖然會對北京至今沒有收復台灣感到憤怒，其他中國人卻認為，台灣倒是北京當局值得效法的民主楷模。二〇一八年四月，我到上海大學幫一位中國教授的國際事務課擔任客座教學。課堂上我問了幾十名學生，如果武力攻台，他們有誰願意入伍？結果是沒有半個人舉手。三個T在中國的確是敏感性議題；但是卻沒有中國政府講得那麼嚴重。

中共想讓美國人以為，不僅是三個T，還有一堆議題，都是他們的爭議性議題，而只有中共的代理人有權談這些議題。所謂的爭議性議題，還包括：女權、中國與鄰國日本的不滿、還有一些故意挑起、明明是過去清朝時代的領土擴張問題。

但是，因為過去多年來，一直籠罩在中國有太多敏感議題的氛圍之下，讓部份美國人開始對北京變得小心翼翼，往往選擇朝北京的觀點和野心靠攏，就算自己有些不一樣的想法，也寧可不公開說出，怕外界知道。「這些人立場的軟化，不可能一夕促成，但只要假以耐心，好好的解釋、提供誘因、再加以合理化，終究會讓他們改變心意，之後就會開始迴避一些會觸怒北京的議題。」研究中國外交政策的聖母院大學（Notre Dame）助理教授約書亞・艾森曼（Joshua Eisenman）這麼說。「滴水可穿石。中國人最擅長這招。」

北京滴水穿石策略的第一步，就是讓美國人學會，凡遇到三個T、以及香港、新疆議題，就要謹言慎行。第二步則比較難一點，但也更致命。北京的方法是轉移注意力，它一邊固守著三T議題和香港反送中議題，讓美國人以為要注意的只有這些敏感議題，卻因此忽略了中共正在著手的更敏感議題：忘了去揭發中國領導人的失誤、忘了去批評其特定政策；也忘了去鼓勵中國政治組織活動；忘了去呼籲中國人改變政權、或是鼓吹中共不適合領導中國；忘了積極推動台灣、西藏、新疆和最近的香港獨立。就連一些批評北京最力的外國批評者，也還是會小心翼翼地避免提及中國可能改朝換代這種事。

這所有敏感議題中，最敏感的一項，就是提到中國共產黨和這些領導人，這幾個男人都太過無能、腐敗、不公不義，所以不配領導中國。中國共產黨配領導中國嗎？要是不配，那中國人和全世界應該做什麼事？這可是涉及生死存亡的大哉問。只要不碰這些議題，學術界、政治人物、新聞記者、商人、機構其實是可以不用怕中國政府，勇敢和它對抗、維持自己的尊嚴和道德良心，並且繼續和中國來往的。但許多人，包括我自己職業生涯大半時候，都鼓不起勇氣這樣做。

有些人的妥協甚至不掩飾到讓人難以苟同的地步，像二〇〇九年，北卡羅萊納州立大學，取消了達賴喇嘛的訪問行程。該校教務長沃威克．亞登（Warwick Arden）說：「不能說我們沒想過後果。……是人都會想到後果。中國是北卡羅萊納州主要貿易夥伴。」另外，二〇一五年一月，非營利法律機構「美國律師協會」（American Bar Association）所屬出版社，也因為擔心會「觸怒中國政府」，而取消原訂中國知識分子滕彪著作的出版事宜，滕彪當時正在紐澤西過著流亡生活。[5]隔月，哈佛法學院法學研究副主任威廉・奧佛德（William P. Alford）也請滕彪取消原訂在哈佛的座談會，因為同時間哈佛大學校長要出訪北京。奧佛德坦承，此舉的確出於擔心在這個時機點舉行座談會，會「傷害哈佛大學在中國的活動」。[6]二〇一七年十月，美國智庫布魯金斯學會（Brookings Institution）發表一份報告，報告中，它盛讚通訊業巨頭華為，但該份報告卻是由華為出資完成的。[7]二〇一七年八月，全球最悠久的劍橋大學出版社將自己中文網站上三百份期刊論文移除。[8]二〇一七年十月，新聞披露，全球最大學術出版機構施普林格・自然（Springer Nature），將其中國網站上上千則論文移除。[9]劍橋大學後來因為許多學者抗議，又將移除論文復原，並表示「捍衛學術自由原則，是本校立校基礎。」施普林格則維持原作法，還說「我們只針對少部份內容」加以審查。記者貝坦妮・亞倫—艾布拉欣米安（Bethany Allen-Ebrahimian）二〇一八年五月，於薩凡納州立大學（Savannah State University）擔任主講人，結果當地孔子學院的院長竟然堅持要校方將她簡介中的「台灣」二字予以刪除。[10]該校也乖乖聽話。*

同樣的問題，也出現在其他國家的學術機構。二〇一七年十月，西班牙沙拉曼卡大學（University of Salamanca）的行政單位取消該校一系列台灣活動，原因是怕影響與北京當局的關係。該校一名教授說：「他們非常害怕，就是那種『慘了，我們惹怒中國了，這下北京會採取報復手段』的恐懼感。」二〇一八年夏天，諾丁罕大學中國寧波分校因為一名學者為文批評中共，而將他踢出該校管理董事會的名單。二〇一九年五月，匈牙利一所大學的台灣留學生，在校方的國際美食日上介紹本國美食時，則被要求不得掛出「台灣」二字的看板。[**]二〇二一年六月，人權觀察（Human Rights Watch）組織採訪了澳洲二十二位學者，超過半數承認在有關中國的議題上，會「經常性地進行自我審查」。[11]

而這種情形，在一些較不具聲望的機構和學校更為嚴重，更糟的則是一些學者或是校方行政單位，因為對於中國不夠熟悉、僅憑片面資訊就驟下決定，比這還更下一成的，則是美國大學在中國所開設的分校，這些分校自稱其學術自由程度等同於美國母校。紐澤西州的公立肯恩大學（Kean），是二〇一二年就於中國溫州市開設中國分

---

* 筆者獲得美國律師協會的回應聲明表示，之所以取消發行該書，是因為他們預測該書買氣不佳，但在向滕彪轉達「決定的原因沒有溝通得很好」。布魯金斯學會給筆者的回應則是：「布魯金斯學會不會因為接受捐贈者饋贈，就破壞學者研究的獨立性，或是影響、主導我們的推薦公司品牌。」

** 諾丁罕大學的聲明稱這是每年一度固定調整，「合約到期或是有新進同仁就會做更動。」

校：二〇一五年該分校職缺公告，徵一名研究學生行為和住宿生活上的專家，但公告中竟然有「具中國共產黨黨員資格為佳」的要求。

二〇一六年八月，「美國政府問責署」（Government Accountability Office）發表一份研究，針對全美十二座在中國開設分校的大學進行調查，發現其中少於半數學校，允許學生和教職員可以完全沒有審查地使用任何網路資料。[*12]

二〇一五年，紐約大學副院長傑夫瑞・雷曼（Jeffrey S. Lehman）向國會委員會保證，紐約大學「對學校課程、教職員工、教學風格和營運有完全的掌控權，且該校的中國分校，能夠獲得當地官方充分保證，讓它根據學術自由基本原則運作。」但事實是，紐約大學上海分校的中國學生，卻必須修「公民教育」課，而其內容是在頌揚中國共產黨對中國的貢獻，而且從二〇一七年起，北京當局還要求所有在中國的中美合資大學，都必須指派一名中共書記進入董事會，並由該書記在學校內部籌組共產黨委員會。紐約大學上海分校享有的言論自由，遠比在美國本土受限許多。二〇二〇年，一家美國法院的法庭備案中，可以看到紐約大學上海分校表示，該校並不受紐約大學管控，並強調，紐約大學絕對不可能控制該校，因為中國法律「禁止外國單位控制中國學術機構。」這份聲明，直接打臉雷曼的說法，卻是讓人難過的事實。[13]

但是，比起上面這些情形來，很多在中國壓力下所做的妥協，卻往往不是外表看得到的，又或者，是做得很微妙、很有技巧，更有些則是明知當為而不為、而非明知不該為而為之。這剛好跟好萊塢的情形相反，好萊塢的情形是，它明目張膽的就在畫面上演中國拯救世界的劇情，其心昭然若揭。但在學術界，「不會有很多中國專家坦承，自我審承在他們的研究是很大問題」這樣的事，加州克雷蒙特・麥肯納學院（Claremont McKenna College）政府學教授裴敏欣在二〇一八年這麼對我說。裴向以其對中國批判立場為人所知。但裴也認為，會主動跟一般大眾說明的學者，當然也增加了其研究被中共注意的機會，所以一旦這些人研究的議題，是像西藏這類比較具敏感性的議題時，難免就會對自己的言論比較謹慎。他說：「你不會想自曝其短，會儘量深思熟慮再發言。」他同時也說，學者在中國議題上太「疾言厲色」，不僅冒著會「捋中國政府虎鬚的風險，也有可能會在學術界失去威望，因為學術界重視的是證據，而不是意見。」（但學界有這種先入為主的成見，本身就有問題。比如，學者批評川普或普丁，就沒有損害學術威望的問題，但批評習近平卻會。）羅伯特・巴內特（Robert Barnett）從哥倫比亞大學一九九九年創立當代西藏研究所（Modern Tibetan

＊雖然之後還有更新的相關研究出現，但光從 vpn 這類翻牆工具在中國多半屬於違法這件事就可以知道，無法自由公開取得線上資訊的問題，是相當嚴重的。

Studies Program）開始，就一直擔任其所長，一直到二〇一七年才卸任，他說哥倫比亞大學從來沒有明顯限制他的研究工作；該校「和美國許多頂尖學術機構一樣，都極度傾向於，凡是研究牽涉到中國，那就不聘用與中國有學術合作、或與中國代表有在互通有無的學界人士。」

喬治城大學（Georgetown University）教授米華健（Jim Millward）曾在二〇〇四年於一本書中寫了一章談到中國爭議省分新疆的文章，從此之後十多年時間，都一直無法申請到中國護照，他所遭遇的就是上述的問題。[14]喬治城大學和中國中央黨校有合作，後者是中共官員重要訓練機構。米華健因此希望喬治城大學向中共反映他的簽證問題，但該校卻認為，這事提都不用提，因為「門兒都沒有」，他這麼告訴我。「他們覺得就連提到我這人任職該校，都會影響該校和中國的關係。」[*15]他又說：「如果一所大學不能利用其與高層的人脈，來支持教師或學生的研究管道通暢，那一所大學在中國或其他極權國家能夠上達天聽，與高層有接觸又有什麼意義？」

二〇一八年三月，在亞洲研究學會（Association for Asian Studies）年度會議上，我和海諾卓維奇說上話，她在俄亥俄州立大學（Ohio State University）研究中國文學和民歌。她的研究部份和內蒙古口述傳統與民歌有關，但因為這個議題本身在政治上很難不具爭議，所以她就很掙扎，不知道文字和研究中應該怎麼遣詞用字，才不會出問題，因為她很擔心，萬一要是遣詞用字觸怒北京當局，會影響日後她申請中國護照的機會。「我常聽到有人建議研究生和還沒拿到終生職的年輕學者，不要選敏感主題作為研究，這樣才能夠申請得到中國護照。」一名研究中國史的美國學者就這麼說。達特茅斯學院（Dartmouth）藝術史學者亞倫・霍克利（Allen Hockley）在二〇二〇年九月說：「中國學者想在學術界一直待下去的話，講話就得很小心。」[16]

劍橋英語辭典是這麼定義「自我審查」（Self-Censorship）的：「雖然沒有正式被告知有此必要，卻主動為了不觸怒或冒犯他人，而對自我言行進行控制。」[17]這段定義中的「冒犯」二字是關鍵：我查訪過的人都跟我說，他們不會進行自我審查，只是，有時候會為了冒犯其中方主辦單位、合作對象或是學生，而在遣詞用字上稍有改動。一些自稱沒有進行自我審查的分析師和研究人員，則會辯說，如果批評北京當局，那會使他們的研究顯得「生怕沒人聽到」、「聳人聽聞」。[18]

經濟學家多明尼克・米格（Dominic Meagher）於二〇一八年四月，在專注中國相

＊二〇〇八年差不多同一時候，該校學生報上刊出一篇個人專欄，文中示警道：「為了要獲得與中國研究人員合作的權力，喬治城大學內部發言應進行自我審查。」

關議題的學術界、記者圈、律師界、社運成員間使用的電子郵件清單服務系統（listserv）Chinapol上寫道：「在審視自我審查時，要有判斷力，查覺自己正出於恐懼在對自己進行審查，」筆者獲得他的許可，將這段文字節錄在此。「一旦確定是出於恐懼，那就要自問，這番恐懼是否出於正當理由，才讓你自我審查遣詞用語，怕說了真話，對被提及的社會族群造成傷害。但，如果不是，而你自認行得端坐的正，無愧於天地良心，那就要堅持自己的研究主張，勇於面對隨之而來的代價。」

過去五年來，我和來自中國的學生、中國教授、華裔美人的數十份訪談中，就發現他們在美國大學校園中，所遭遇的自我審查壓力，遠勝於美國白人，後者既很少在中國會有親人，也較不可能會是住在中國上遠距課程，更不會是中國公民。（在美國，研究中國領域的人幾乎不是白人就是亞洲人。）這突顯的問題是，他們的自我審查，嚴重影響了這個領域迫切需要的知識貢獻，因為中國籍中國教授和學生，比起美籍學者和學生來，要更精通中文、且深熟自己國家種種細節，但他們卻往往礙於壓力而自我審查、有口難言。

身為中國籍學生，若不進行自我審查，那後果會很嚴重。記得二〇一七年五月，馬里蘭大學（University of Maryland）的事嗎？應屆畢業生楊舒平代表畢業生致詞時，盛讚美國體制是「清新的空氣」，還說民主與自由是「值得爭取的」。她這番致詞影片在中國社群網路平台和媒體間廣為流傳，包括中共官媒小報《環球時報》，觀看次數達數百萬，有數十萬則留言，其中很多負面留言。影片出現隔天，楊舒平在中國住家的地址被人肉搜出來，並在線上被許多人分享，楊舒平被迫出來道歉。「完全沒有對國家及家鄉的否定或貶低之意。」她寫道。「在此深表歉意，並衷心希望大家給予諒解。」另一個例子則是明尼蘇達大學（University of Minnesota）中國學生羅貸青，甚至因為在美國時，在推特上對習近平多所嘲弄，而在二〇一九年十一月返國後，被判處六個月徒刑。[19]

部份在美的中國學生、在美大學任教的中國教授、以及民運人士，他們都指出，中國學生和教職員有時會監視其他中國學生，這些人中，還有少部份連美國教授也不放過。一家美國大學的中國籍博士生就告訴我，二〇〇八年她還在中國念碩士班時，一名同學找上她，問她要不要為中國國安部工作。「他當時已經知道我通過美國大學博士班入學甄試，所以就問我要不要『多賺一份學生津貼』，這提議為她所婉拒。

二〇一八年三月，我在劍橋大學訪談一名中國博士生。她告訴我自己在二〇一六到一七年間，在華盛頓首府遇到的「讓人發毛」的遭遇，那是她和一位來自上海的中國訪問學者的交手過程。當時她一名博士班同學給這名中國學者寄了她寫的論文，後者回以「善意建議」：指出她在文中形容北京當局作法是「威逼利誘」，這字用得不好。」他告誡她，不該把一九八九年天安門慘案稱為「大屠殺」，而應稱為「事件」，這是中共的用字。之後只要這位博士生出席的「任何學術會議、研討會、以及公開餐會」，這位中國學者都會出現。她說：「我沒有證據可以證明，他這行為是受到中共安全單位的指示。但是，他對我的研究也太在意了吧，讓我不禁起疑。」從此以後，她對自己公開發表的言論、意見，都會進行自我審查。只要她參加的活動有對方在，她說：「我講話就會特別收斂。」

二〇一八年北京當局宣布習近平國家主席解除任期制後，一群中國留學生在美國各地校園貼海報，上頭寫著「#不是我的總統。」這句話。[20]其中一名中國學生以假名發表文章，談到在美國示威會有什麼危險。「我們很清楚，公開批評中共要是被知道身分，將來回到中國，對職涯會有什麼風險；這會讓我們交不到朋友、沒有公司願意找我們面試，找不到工作、升遷無望。」二〇一九年四月香港反送中示威再次爆發後，美國學生之間的辯論偶爾會發展到很讓人不安的程度。一名在波士頓艾默生學院（Emerson College）念書的香港留學生法蘭斯西．許，她就說，班上一名中國留學生看到她寫的文章後，竟然在臉書上寫出：「反對我偉大祖國者，雖遠必誅。」[21]

二〇二〇年以前，美國大學中部份中國留學生、還有美國和中國籍教授，都會擔心，如果批評到中共或中共政策，會被班上中國留學生密告，而且大家都很怕這些中國留學生可能有在上課時錄音。在新冠疫情期間，身處中國各地城市，以遠距在美國大學上課的中國留學生，這種怕被密告的情形就更迫切了：北京當局是監控得到全中國各地以Zoom上課的過程的。「要是我們學生參與課程細節被中國當局取得，這對他們並不是難事，那這些學生的學術自由就值得擔憂了，他們本身和家人的安危也可能遭受威脅。」米爾沃德在二〇二〇年六月這麼寫道。「不幸的是，這真的不是杞人憂天，而是真的會發生的事。」[22]

部份學者，像普林斯頓大學（Princeton）大學政治系教授羅里・楚厄斯（Rory Truex），他上課就採匿名計分制，學生在課堂報告時不用出示真名，而是使用代碼，這樣如果他們在課堂上發表爭議性言論，也不用怕被認出是誰。因為，有些政治學課堂討論，會涉及類似中國是否應該實施實質民主、或是香港是否該自治這類的議題，這依中國法律廣泛的定義來看，都屬於違法的，而且還不只這樣，連使用翻牆軟體瀏覽中共禁止的網頁、像是哥大網頁（columbia.edu）或是麻省理工學院網頁（mit.edu），都在禁止之列。[23]

西方大學因此陷入兩難，一方面要不悋遵中國法律，一方面卻又希望尊重學術自由。倫敦大學亞非學院（SOAS University of London）就提醒其學生和教職員，千萬不要將課堂筆記帶到中國或香港去，因為這些內容有可能會不小心觸犯到中國嚴峻的國安法。「身為傳授中國相關研究的學術機構，我們不能因為害怕，就不去教授關於天安門、新疆等中國不願意我們談的敏感性議題，要是我們屈服了，那就輸了。」楚厄斯道。[24]

二〇二一年時，又有新的威脅出現：這次中國祭出的是實質的制裁令。中國外交部選在拜登總統就職時，宣布要對二十八位川普任內的美國官員進行制裁，名單包括：前國務卿龐佩奧（Mike Pompeo）、副國安顧問博明（Matt Pottinger），原因則是「侵犯中國主權」。這項制裁案不只禁止這些人進入中國，也禁止「與這些人相關」的公司或機構和中國做生意。博明卸任後進入史丹佛大學智庫胡佛研究所（Hoover Institution）工作。現在還不清楚，中共會不會因此依制裁令，將史丹佛大學和中國合作的多項學術和經濟合作中斷，但這已經讓學術界人士和大學律師的工作變得複雜，後者的工作本來是協助史丹佛大學，瞭解並遵守所赴各國法律制度的。

事隔數月後，北京政府又更進一步制裁多位歐洲學者，理由是這些人的研究對中共多所批評，另外德國智庫墨卡托中國研究所（MERICS）也在制裁之列。二〇二一年七月，北京又制裁了人權觀察的中國部主任蘇菲・李察森（Sophie Richardson）。「過去針對學者的迫害策略，都是「雖然存在但卻很罕見」」學者席娜・葛萊騰斯（Sheena

Greitens），專研自我審查與中國，她在二〇二一年三月這麼寫道。「但現在這種對學術界的迫害越來越常見了。」[25]

光這些事件就足以讓全美各地大學課堂的中國籍和美國籍學生、教授起寒蟬效應了，尤其是一些新進的教職員，他們因為還沒有終生職的保障，更是變得處處小心。「我常會擔心，教室裡有人會把課堂上的東西拿去向中國告密。」在美國大學教授政治學的一名助理教授這麼告訴我。「而且幾乎可以確定一定有人會這樣做。甚至還會彼此互相告密。」一名美國白人研究生這麼說，而且她還特別要求我要指出她的族裔，因為她認為，如果連她都難免的話，一些有色人種和華裔美人，在批評中國上享有的自由一定更少，她覺得班上中國籍學生，真的有在監控她的言行舉止。「要是我在上課時說了什麼，那學生跟中方告密，那我就會被列入中國政府的監控名單。」她說，這會讓她未來想去中國做研究需要護照時，受到阻礙。「這點是在美國教書時要小心不能踩到的地雷。」不只教書、連演講也要很小心。「現在大家都會要求學生在課堂上請勿拍照、請勿錄音。」因為對這些密告已經到了杯弓蛇影的地步，大家都很怕自己會因為參加一場敏感的活動，而導致日後進出中國有困難，一名在美國大學任教的教授在二〇一八年這麼對我說。她說自己曾參加一場關於新疆和西藏的活動，裡面有許多中國人參與小組討論。「房間後方竟然有一名中共的情搜人員在，然後還大聲斥責參與討論的中國成員不愛國。」她對我說。

但也有些中國人，覺得自己比美國白人更合適來談一些中共視為敏感性的議題。哈佛大學政府學系教授王裕華在二〇一八年就對我說：「我覺得自己更有資格在中國學生面前批評中國，因為我就是中國人。」「其他非中國人的同事，教中國政治，我覺得應該比較有問題。因為學生可能會覺得『這白人批評中國，卻一點也不瞭解中國。』」儘管他這麼說，但其實，一般而論，跟中國淵源越深的人，越是冒不起這個險。一名美國頂尖學府畢業的博士生最近就告訴我，在中國還有親人在，對他或其他在美華人而言，「都面臨了在遣詞用字上要格外小心的問題，以免禍延親人。」

同樣的問題也發生在一些在中國設有分校、或是與中國大學有合作案的美國大學。許多頂尖美國學府在中國一直都有開設分支機構，像哈佛北京書院（Harvard Beijing Academy）的暑期語言課程；還有像北京大學斯坦福中心（Stanford Center at Peking University）（譯注：台灣稱「史丹佛」），這是史丹佛大學為招生、募款、提供研究、辦活動而在該校設立的平台；更有大學是在中國擁有校地的，像是紐約大學上海分校，以及南京大學—約翰斯．霍普金斯大學中美文化研究中心（Hopkins- Nanjing Center）（簡稱：中美文化研究中心）但隨著中共對學術界的打壓越來越嚴重，這些和中國有淵源的美國大學，也就有更多把柄掌握在人家手上。紐約州立大學奧爾巴尼分校（University of New York at Albany）跨境教育研究小組（Cross- Border Education Research Team）主任傑森・蘭恩（Jason Lane）就將之比為「溫水煮青蛙」，因為「溫度上升非常慢，過程中你都沒有感覺，等到覺得太熱時，已經來不及抽身了。」[26]

中國分校就是這些美國大學在中國政府手裡的「人質」，上文中提到過的加州克雷蒙特・麥肯納學院（Claremont McKenna College）教授裴敏欣這麼說，這些大學自然不想害這些分校受到牽連。北京當局「有很多手段，可以讓他們吃苦頭」，比如說，可以限制訪華簽證、或是拉高健康和安全檢查門檻，刻意刁難、甚至威脅要關閉這些分支機構。「要是你是史丹佛大學，你在中國設有分校，你敢邀中國知名異議分子前來演講嗎？」他質疑到。（麗莎・雷萍（Lisa Lapin）是史丹佛大學大學溝通辦公室副主任，她在二〇一八年六月時回覆筆者詢問，裴欣敏話中暗示史丹佛大學北京分校進行言論自我審查一事，「並不正確」。筆者就此事多次去函哈佛北京書院暑期中文課程主任劉力嘉（Jennifer Li-Chia Liu），都未獲得回覆。）

過去五年中國學術自由快速遭到限縮。二〇一六年，習近平說中國必須「成為堅持黨的領導的堅強陣地」，且高等教育「必須堅持正確政治方向」。二〇一八年三月，陝西師範大學出版了一份情報工作學生工作責任文件，他們稱這類學生為「情報幹部」。[27]情報幹部必須密切注意師生的意識型態，並將其對「大型社會事件」的意見往上報。二〇一九年十二月，頗具聲望的上海復旦大學將學校章程上「思想自由」一項移除，並加進本校應「貫徹執行中國共產黨的路線、方針、政策」等字眼。[28]二〇二一年八月，中國教育部更公開將「習思想」，即習近平的管理理念，加進學校課綱，從國小起，每一級學校都要修讀習思想。這種改變，「讓人一時之間難以適應」，加州大學爾灣分校（University of California Irvine）近代中國史學者華志堅（Jeffrey Wasserstrom）這麼說。「之前大家都以為，中國正朝言論越來越開放的方向前進，因為一九九〇年代到二〇〇〇年代前期，中國真的越來越少在言論上設限。」

而讓言論審查問題更麻煩的，則是因為具爭議性言論、或是失言內容、乃至具有煽動性的言論比以前容易廣為流傳，以及所謂言論自由和政治正確的定義在轉變中。「現在需要注意遣詞用字的範圍變得更廣了，以前只要小心跟中國相關的部份，現在連一些不相關的一般性議題都要小心。」瓦瑟斯東說，「因為現在有手機，你說什麼都可能被錄到，然後就會惹上麻煩。」尤其是在二〇二〇和二〇二一年新冠爆發、各校開始採用遠距教學後，很多學校上課過程都有錄影。因為科技的進步，「審查會比過去更即時影響到我們的研究」，本章一開始提到的那位密西根大學博士生就這麼說。「這時代不一樣了，從前是你花五年寫書、出版才會有人注意到你，然後你才會因此被檢舉、失掉工作。現在可能就只是因為你在推特貼一張泰勒絲（Taylor Swift）

在《一九八九》專輯汗衫的照片，就完了。」她指的是美國女歌手泰勒絲以自己出生年分為專輯名稱的事，但因為這年剛好也是天安門慘案發生的同一年，所以就會惹來中國審查和麻煩。

二〇一七年初，加州大學聖地牙哥分校（University of California San Diego, UCSD）邀請達賴喇嘛前往該校畢業典禮演講。北京政府支持的中國學生學者聯合會（Chinese Students and Scholars Association）當地分會，就發言譴責此事，指其違反「尊重、包容與平等」的精神，這三個字，是剽竊自「我也是」（#MeToo）和「黑人命可貴」（Black Lives Matter）兩個美國社會運動而來。[29]「你們示威反對川普，指他對穆斯林、黑人、西班牙裔、LGBT（男女同志、雙性戀、變性者）不尊重」，一名該會中國學生在臉書寫道，但你們卻邀請「壓迫人權的人來公開演說？這真是雙重標準到讓人吃驚！」另一名同一分會的學生則寫道：「#中國學生可貴。」在我們這個強調校園中不容忍暴力、騷擾、仇恨言論的年代，大學卻忙著安撫中國學生，以免他們為校方邀請達賴喇嘛、或談論台灣獨立而鬧事，只因他們「感覺受到侵犯」。南京大學—約翰斯霍普金斯大學中美文化學院碩士生鐵世錚也用同樣的口吻，向中美文化學院訴願，希望取消該校在二〇二〇年二月的活動，因為該活動邀請香港民運人士羅冠聰和黃之鋒前來。[30]「我們堅信，」她這麼寫道：「這場種族歧視運動的領導人出現在我們校園，是極度不恰當的事。」

新冠疫情雖然讓實際赴美留學的中國學生人數驟降，但實際註冊美國大學的中國留學生人數其實並沒有降那麼多。這為數三十萬的留美中國學生，其最讓人擔心的地方，其實並不在於他們個人對言論審查的助長行為，而在他們集體加成起來，會成為經濟上懲罰或獎勵美國的能力。[31]據美國商務部的統計，中國赴美留學生光是二〇一八年一年，就對美國經濟貢獻了一百四十九億美元。[32]北京當局有能力左右學生進入美國各大學的去向，是要讓他們進入經費拮据的大學、還是要流向不缺經費的大學，全憑他們高興，這讓各大學做起事來，無不更加小心翼翼。

在加州大學聖地牙哥分校，就發生過這樣的事，該校原本只有約有一成四的學生是中國留學生：從二〇〇八年以來，入學學生增加了一萬兩千一百一十三人，其中有四成都是中國人。[33]二〇一七年達賴喇嘛前來該校畢業演講後，北京當局凍結了發放有意就讀該校中國學生的獎助經費。當我問到對北京此舉，該校今後打算如何重新贏回北京歡心，該校一名教授對我說：「我們儘量低調點。」中國學生念該校大學部所付學費，要比加州本地生高出一倍以上，要是北京真的限制赴該校留學中國學生人數，那該校有可能會面臨嚴重的財務壓力。雖然，我們沒看到公開證據，顯示該校有任何人自我審查，以討好北京，但此舉已經足以殺雞儆猴，提醒其他大學，不要犯同樣的錯誤、與北京唱反調，以免在財務上迎來相同困境。

大學都需要錢。「現在是撙節開支的年代，維吉尼亞州威廉斯堡市威廉與瑪麗（William & Mary）中國研究教授韓嵩文（Michael Gibbs Hill）就這麼告訴我。二〇一九年十月間，激進智庫機構預算與政策優先中心（Center on Budget and Policy Priorities），曾針對各州高等教育開支進行分析。[34]在依通膨調整後，他們發現，現在美國各州撥給公立二年制和四年制大學的總預算，足足比二〇〇八年時短少了六十六億以上。

為了籌募經費支應辦學開支，有些美國大學就轉而向中國的孔子學院尋找財源。根據該學院網站資料，孔子學院是由中國教育部所管理，在全球各地開枝散葉，在一百六十二個國家、地區共開了五百四十一間孔子學院，招收了九百多萬名學生。自從二〇〇四年創辦以來，孔子學院在全美已開設超過一百家，這在全世界國家裡，是數量最多的，所幸，其中很多家現在都已經關閉。

孔子學院的任務，是提供中文和中國文化上面的指導，並提醒教職員、學生和行政單位，在遇到中國視為禁忌話題時，應小心處理，以免失去孔子學院所提供的經費。紐澤西市立大學（New Jersey City University）孔子學院主任殷秀麗在提到法輪功這個因對當局屢有批評，而在中國被禁的靈修團體時說：「我們會避免提及像是台灣和法輪功這類敏感議題。我們不碰這些東西。」[35]

但以政治干預美國校園的，可遠不只孔子學院而已。二〇一八年四月，維吉尼亞州喬治梅森大學（George Mason University）教職員工赫然發現，原來曾對該校捐贈大筆金額的查爾斯科赫基金會（Charles Koch Foundation），能夠左右該校教授的聘任和免職。「一旦科赫能夠透過金錢影響教授的聘任，決定誰可以獲得終生職，那就等於直接影響了未來數十年間經濟學這門基礎學科的走向。」希爾在推特上寫道。[*36]「這些人的作為，簡直就讓孔子學院相形之下，有如小巫見大巫，好像後者是政治干預學術的門外漢一樣。」而沙烏地阿拉伯的生意人和貴族，更是對美國頂尖學術機構，如哈佛、耶魯和喬治城大學，捐款毫不手軟。

孔子學院的作法和他們不一樣。孔子學院是直接隸屬中國共產黨的組織，其權力遠勝於沙烏地阿拉伯政府，其財力更遠遠超過科赫兄弟的基金會，比美國任何左派或右派的捐款人更財力雄厚。二〇〇九年，中國最高決策機構，中共中央政治局中一位常委李長春，就稱孔子學院是「中國大外宣重要機構」，二〇一一年他到孔子學院北京總部演講時，則稱其為「吸引人的品牌」，並稱「以教授中文為藉口，讓遂行其他事務都合理化、邏輯化。」

川普在任時，其政府官員針對孔子學院下了重手。二〇二〇年八月，美國國務院將孔子學院列入外國使館類別，而不能算是非營利機構，這完全正確反映了該機構與中國政府的關連。「我們的國務院」龐佩奧在二〇二〇年十二月說：「表達得很清楚，孔子學院基本上就是不安好心眼。」二〇二一年七月，美國全國大學中，只剩三十五家孔子學院。

現在世界局勢正進入脫鉤的階段，再加上新冠疫情旅遊限制、以及美國政府減少贊助外語學習，這情形下，美國要如何培育出新一代的中國學者呢？

台灣是填補這個缺口的理想對象：從二〇一八到二〇二一年，申請傅爾布萊特（Fulbright）台灣獎學金的美國學生人數增加了一倍，但這是因為原來的人數非常低的關係。這樣的經費是不夠的：這情形全球很多國家都遭遇了。二〇二一年暑假，德國政府宣布，未來四年將陸續投資二千四百八十萬美元，致力於在各學術機構和大學發展「中國能力獨立培養計劃」（independent China competence），以求不再仰賴中國。這是很好的方向。

美國政府和學校另一個迫切要做的，就是要認清孔子學院不過是北京影響美國大學的邪門歪道之一小部份。拿塔夫茨大學（Tufts）為例。二〇二一年三月，該校遭遇當地藏人、華人和維吾爾族人連續示威十三個禮拜後，決定關閉孔子學院。但其原因

＊查爾斯科赫基金會回覆筆者詢問的聲明道：「我們致力於讓我們所支持的教授和計劃擁有其獨立性。」

呢？塔夫茨大學所發聲明中，其院長指出，這是為了讓該校和北京師範大學「強化直接關係」。想要發展對中國的獨立批判思維，這可不是解決之道啊。[37]

真是可嘆，美國學生本該好好研究中國這個既是美國頭號大敵、也是美國最重要的貿易夥伴的，但卻有越來越多學生棄中國研究而去。不管是道聽途說或是統計數據，都顯示這個情形越演越烈。根據二〇二〇年十一月的數據顯示，在中國的美國學生，從二〇一一、一二年學年度的最高峰，至今已經掉了兩成。賓州大學中文課原本都有一千多名學生報名，現在卻只剩大約七百人。而且不只美國有這問題，二〇一九年，全英大學只有一千四百三十四名大學生進行中國研究。「中國國力正在上升時」，《經濟學人》（*The Economist*）雜誌在二〇二〇年十一月報導道：「西方對中國的研究卻逐漸薄弱。」[38]不管中國是敵是友，對中國和其人民無知，只會是光輸不贏的策略。

我前後兩度訪問過新罕布夏大學（University of New Hampshire）政治系教授羅倫斯・黎爾登（Lawrence C. Reardon），分別在該校孔子學院啟用前和關閉後。該校好幾年來，都為中文教師難覓的問題所苦。「只好找到社區裡一位退休人士來教中文，但真的是個大災難。」他這麼告訴我。該校在二〇一〇年啟用了孔子學院。裡頭教師的中文課程還可以，黎爾登說他沒看到有任何試圖「影響美國人思想、或影響美國學生的意圖。」更重要的是，二〇一五年中文研究受歡迎的情形，成為他說服教務長撥款的佐證，因此為該校贏得一個教授終生職職位，負責中國文學與語言學習。但二〇一九年取消了日文課程的情況下，未來該校也可能會取消中文課程。[39]參議員馬可・魯比歐（Marco Rubio）（共和黨、佛州），以及泰德・克魯茲（Ted Cruz）（共和黨、德州）兩人都支持立法，禁止美國國防部以後再撥中文訓練經費給設有孔子學院的大學。而該校也緊接著就在二〇二一年四月宣布，因為來自華府的關切，要關閉其孔子學院。「聯邦政府已經讓我們越來越不易在校園內維持孔子學院的運作了，這包括若不關閉該學院，則可能會喪失龐大聯邦研究經費補助。」該校的發言人這麼說。但其實，這些中文課程，國防部每年只會撥數百萬的經費補助，而且到二〇二一年九月為止，有收到這筆補助的大學只有十三間，新罕布夏大學並不在內。

「我在哥倫比亞大學受到的中文訓練，比這裡的要好很多。但這裡畢竟不是哥大。」黎爾登告訴我。他這邊孔子學院所贊助的中文課程，他說是「還可以，算是入門型式的課程，用來啟發學生的興趣，鼓勵他們學中文。」他補充道，「這情況理想嗎？不算理想。」新罕布夏大學現在的中文學習機會，比起一年前來，已經有減少的情形。

我本人在二〇〇二年開始學習中文時，當時的教科書上，先教我們的是「同志」、「生產大隊」這類中共專有的詞彙，之後才教「睡覺」和「學校」這種平常詞彙。很多台灣人和中國人，看到像是「合作共贏」、「和諧社會」、「中央政治局常務委員會」之類很不像中文的中共詞彙時，就會感到很不屑，認為這根本就是糟踏中文。但沒辦法，今時今日想要瞭解中國，就是要先瞭解這些中共的詞彙。孔子學院不是最理想的學中文機構，和中國大學合作辦學也一樣。但是，除非美國政府自己願意花費數千萬元經費，來支持中文學習，上述兩個做法都不能沒有。學中文是讓人瞭解中國的必要法門。就算再不完美、再被政治汙染，能夠瞭解中國，總比對其渾然不知來得好。

二〇一九年九月，當我來到上海機場時，我看到中文版的《彭博商業周刊》（*Bloomberg Businessweek*）在架上，第一時間我心裡的想法是，不知道在翻譯過程中，一些敏感字眼，有沒有被刪掉，也就是說，我懷疑中文版是有經過言論審查的。我掙扎著是否該買一本來跟英文版比對，但想了想最後還是沒買。因為這時我想到了彭博電視台：我和該電視台並沒有金錢往來，但我經常會上該台節目擔任評論員，他們付我車馬費我也不客氣收下。彭博電視台製作人也從沒在我批評北京當局時，要我稍事修改、或是口氣和緩些：頂多就是在邀我去談中國公司收購Grindr交友軟體時，請我不要用「屌照」這個詞。

我安慰自己說，因為我工作忙到應接不暇，說不說「屌照」，在言論審查上，也算不得什麼了不起、違反良知的大事。但是，不能堅持自己想講的，畢竟就是一種認知上的懦弱，因為害怕而不能堅持自己的看法。

也就是說，我進行了自我審查。有時候，我會為了避免觸怒一些較支持中共的人，而淡化自己的批評。同時我會收一些和中共有關連的機構的錢，我也會擔任非常極力討好中國的公司的顧問。這跟本書中我所批評的那些人沒有兩樣，我最不該的，並不在我做了什麼，而在我沒做什麼。為了能夠進出中國，我迴避了什麼重要新聞不去談論？又有什麼真相，因為我心生畏懼或是貪心，而選擇不加以報導？在面對有權有勢的人時，我又有哪些重要問題，明明該問，卻因為怕冒犯他們，而不敢開口問？

我針對自我審查採訪過的許多人，都不約而同提到二〇〇二年《紐約書評》（*New York Review of Books*）上林培瑞所寫的一篇文章，他是加州大學河濱分校的中國學者，他從一九九五年以後，就再也無法進入中國。[40]林培瑞說，他不確知自己被中國劃入黑名單的原因，但他知道，他針對天安門慘案所作的研究，讓他在中國不歡迎名單上的情形，永遠也不可能獲得翻案。在上述該文中，林培瑞將中國的審查比作吊燈上的大蟒蛇。「通常這條大蛇一動也不動，」他寫道。「它沒必要動。它沒有必要去解釋為什麼禁這個、禁那個。它就是一貫的沉默以對，但這散發出來的信息就是，『你們自己做決定』，然後在它股掌之間的那些人，就要自行作各種調適，那全是他們自己自發做的，不是被逼的。」

或許我職涯中，這方面最大的利益衝突，來自於世界經濟論壇，這個在瑞士達沃斯（Davos）一年一度的高能見度、卻也遭到百般嘲弄的會議。過去數年來，我為該論壇寫過許多報告，也參加過多次會議，還為該論壇做過紀錄，供它發表。這套合作方式進行得很順利，不僅讓我得以免費前往達沃斯論壇，也讓我得以和全球重量級官員牽上線。但我是否因為享受了這些好處，而對該論壇對中共的百般奉承阿諛睜隻眼閉隻眼？還看著該論壇坐視中共在新疆犯下違反人道的罪行，將中國抬舉為全球化和經濟發展的模範，而我卻隻字不提、悶不作聲，未加臧否？我的確是。二〇二〇年一月，我和出色的腦神經科生物學家饒毅共同出席一場會議，他在會議上侃侃而談自己打算放棄美國公民身分，因為美國在伊拉克和關塔那摩軍事拘押中心（Guantánamo Bay）的惡行。但他卻從來沒提過中共官員，在新疆的種族屠殺。當會議主持人請參與者提問時，滿室安靜當下，我內心其實很想針對他這樣的雙重標準，客氣地提出我的質疑。或者就只是簡單問一句，「那新疆集中營的事您怎麼說？」這樣的話。但卻因為我為達沃斯論壇工作的身分，而讓我三緘其口。那感覺真的很不好。

又或者，我更大的利益衝突，來自我現在經營的這家公司。環境、社會、治理這所謂的三大永續指數（ESG），近年來成為投資者判斷一家企業對社會衝擊與永續性的熱門指標，但該指數對於中國，卻明顯有放水之嫌，到了二〇二〇年夏天，我真的對此感到灰心。比如，海康威視數字技術公司（Hikvision）只是因為所提的氣候政策漂亮，就得到居高不下的永續指數，該評比卻完全忽視海康威視所製監視錄影設備，為新疆集中營所用一事。這讓我瞭解到，原來目前西方所想出來的方法，都不足以提供與中國做生意的企業，一份真實的指標來評估中國企業，也因如此，我創辦了「策略風險」（Strategy Risks）這家公司，提供企業瞭解中國公司與中共黨中央的連結，依此評分。我這家公司不會和受評比的中國企業合作，這讓我杜絕了一個造成利益衝突的可能性。但，我們不可避免的，還是會接受非營利組織和企業的請託，為他們諮詢。而且，也跟季辛吉和歐布萊特的公司一樣，不會對外揭露客戶名單。

開辦了這家公司，是否會讓我因此在公開發表言論時，變得小心？絕對會。為了顧及客戶的利益，讓我縮限了多少發言空間？我說不上來。一個人的思維能夠維持多不受到威逼利誘所左右，實在很難定義清楚。「政治說客多半不具備說黑為白的能力。」前總統強森（Lyndon B. Johnson）首席助理哈利．麥克法森（Harry McPherson）在日後長期擔任政治說客，他就這麼說。「政治說客在為客戶的立場鋪路時，往往是打內心相信，自己說的就是真話。」[41]

同樣也是自我審查，只是程度較輕微的，則是因為我想維持和《華盛頓郵報》的關係，而不作為的事。因為我有朋友在該報上班，兼且我又是該報的專欄作家，所以當該報收了中共宣傳部的錢，將節錄自《中國日報》的內容刊登在該報時，我視若不見，未出言批評。

自我審查發生在什麼樣的情況下，才是合宜的呢？別忘了，上面的定義是「即使未被正式告知有必要控制言論，也自行控制言行，只為避免觸怒或冒犯他人」。彭博是報業中，少數嚴格禁止員工，在未獲上級批准的情況下，私自評論彭博社的；但其他媒體同業，對於員工批評支持公司、出資人、或是上司，則沒有這麼嚴格限制，頂多只會覺得這人有損私德，不討人喜歡、不知感恩，如此而已。

但彭博社、以及曾經參選總統失敗的彭博本人，都在面對中國時，變得軟弱。他們原本態度是很強硬的；二〇一二年，彭博社一連串報導了中共高官如薄熙來和習近平家族的財富。[42]雖然，他們的報導沒有揭露任何這些高官的違法證據，這一系列報導影響力非常大，讓全世界看到這些中共高官家族，是如何靠著政通人和獲得利益，賺進上千萬的美金。在該報披露這些報導前，中國駐美大使就已經先警告當時彭博社的總編輯麥特・溫克勒（Matt Winkler），說要是這些新聞見報，會發生「壞事」，但要是把它撤下來，那就會「有好事」。[43]結果該報還是報導了，而北京當局也把彭博網站禁掉，更限制其在中國銷售獲利極佳的彭博終端服務，也對該社部份記者下達禁令，讓他們無法取得入華簽證。

為此，彭博社只好聘用季辛吉，幫忙收拾殘局，改善與北京當局的關係。[44]季辛吉究竟給了彭博社什麼樣的建議，或是他是否有向中國領導人提起彭博社，這些我們都不得而知。但就在聘用季辛吉後不久，彭博社編輯部就抽掉一則報導，該報導原是要報導中國政府怎麼挺大連萬達集團創辦人王健林。二〇一三年十月，該社總編輯溫克勒向報社同仁表示他的看法，認為中國就像一九三〇年代的納粹德國，還指稱如果披露王健林的新聞，這些記者恐怕會被踢出中國，但這根本是子虛烏有：北京過去雖然曾限制個別記者進入中國，但是數十年來，卻從來沒有對一個大型外媒下過禁令。[45]但彭博本人卻也跟溫克勒同一個說詞。「要是一個國家發給你營業執照，但限制你有些事不能做，那你有兩條路可以走：要不你接過執照，然後照他要求營業，要不你就別在那做生意。」這是他在二〇一四年一月該報的市政廳會議上講的話。他又補充道：「有些人還指責我們這樣是可恥的行為。這沒有什麼好感到羞恥的。」[46]二〇一四年三月，彭博社董事長彼得・葛勞爾（Peter Grauer）據說竟然對香港分社的員工說，該報記者在香港的報導，害他的銷售團隊，不得不展開高難度的亡羊補牢工作，修補彭博社與北京當局的關係，並警告員工，要是他們再犯一次，整個公司都要「跟著他們一起無法超生」。

二〇一五年二月，彭博社終於刊出王健林的報導。標題是「中國億萬富翁朝好萊塢邁進」，報導中完全沒有負評，反而將他形容成「守紀律」和「簡單至上」的榜樣。[47] 據報，彭博社記者原打算報導王健林與中共高官家族的人脈關係，但報社高層把這部份抽掉了。[48]

彭博社可不是美國唯一一家向中國低頭的媒體。二〇一四年，來自香港的創投集團本匯鯨媒體投資公司（Integrated Whale Media）搜購了富比士媒體（Forbes Media）的多數股份，這可是美國最廣為人知的媒體公司。這個併購案到底影響該媒體日後的報導態度多少，很難一一證明。但是在併購案後，有好幾次，報社高層在中國相關報導上，都出手干預，也因此引來外界質疑，認為《富比士》（*Forbes*）雜誌失去了報導的獨立性，[49] 一名對中共素來不假辭色的知名人士，他在《富比士》寫的多篇文章也同樣被刪除。該雜誌隨後和中國銀行合資，發表了一份中國頂尖國際學府名單，於二〇二一年五月發行。美國媒體和金融機構合作並不少見。少見的是，和中國政府的官營機構合作。《富比士》發言人回覆筆者詢問的電子郵件，寫道「《富比士》的投資人，並不會干預《富比士》的報導獨立性，他們也不會影響《富比士》報導的決定……富比士與全球各地的金融機構都有合作，中國當然也不例外。」[50]

星巴克（Starbucks）創辦人霍華．舒茲（Howard Schulz）在二〇一九年曾經想過要競選美國總統，他的情形，則點出了懷有總統夢的億萬富翁在實現總統夢時，所面臨的利益衝突。舒茲長久以來一直相信星巴克在中國會做出成績。二〇一八年七月，他在全球最大的星巴克，上海星巴克時說：「我斬釘截鐵地斷言，唱衰星巴克中國發展的人是大錯特錯。」[51]但像舒茲這樣的生意人，怎麼能讓美國人相信，將來他坐上總統寶座後，會願意施行會損及他利益和畢生成就的政策？蘋果電腦和中國市場的觸及率，還比不上星巴克高，但當該公司在二〇一九年一月宣布，iPhone銷量在中國下滑時，其股價卻還是跌了近一成。[52]（要是這情形發生在星巴克股價，舒爾茲的個人淨值一天可以少掉數千萬美元。）二〇一七年四月，舒茲在北京清華大學演講，這裡既是習近平的母校，同時也是中國頂尖大學。「我們在中國上下開遍星巴克，但不是要開美國公司，我們在這裡是以中國公司的形式經營。」他這麼說。[53]對於在中國經營一個成功的外國企業，這個策略非常出色，但是，對於一位美國總統候選人而言，卻是非常不及格的表現，同時對於美國企業而言，也是非常讓人憂心的策略。

同樣的情形，也發生在彭博本人身上，他擁有彭博有限合夥企業（Bloomberg LP）八成八的股份，還是全球富人排行第二十名，據《富比士》估計，他個人資產高達五百九十億美元。[54]彭博社作為新聞媒體，是中國「最敬重的媒體，因為他們認為我們不說謊話。」彭博在二〇一九年時這麼說。香港一地占彭博社一百億年營收的百分之四，中國則占百分之一，但彭博在二〇一九年說，彭博終端在中國的市場「正在快速成長」。[55]

自我審查不僅限於批評中共時有所保留而已；同時也包括對於中國的稱讚有所保留。怎麼說呢？美國學術界很多人，經過多年的討論後，現在已經對北京對學術界的影響有所警覺。但有十多位學者和社運人士也私下跟我說過，正因為美國國內對中國日漸擔心，所以大家開始覺得，只要提到中國，就是不能有好話，要多批評，但這開始讓他們覺得也是一種對學術的不誠信。「每次只要我說中國好話，我就覺得該加上但書『儘管如此』，生怕會被人看成是中共的同路人，在幫他宣傳。」史丹佛大學教授徐軼青在二〇二〇年五月於推特上這麼寫道。

加州大學聖地牙哥分校的政治經濟學助理教授史宗瀚則告訴我，他擔心美國政府因為想保護美國學術機構不受北京發動的情報工作、或是商業間諜所侵犯，可能反而會「造成一些華裔美人某種程度的自我審查」，因為他們也會擔心，萬一被人認為對美國不夠效忠的話，會有不好的下場。而自從新冠疫情開始後，全美各地對亞裔美人的可鄙暴力行為，更讓他們更加的恐懼。

這種自我審查的情形，甚至已經影響到華府內部在政策形成時的過程。二〇二〇年四月，華府一家智庫的外國政策分析師在編輯武器管制白皮書時，想要在其中納入中國軍事專家的意見。但國會山莊內部的人卻告訴他，要是他邀請中國方面的專家，那國會就不會正視這份報告，因為他們不相信中國人的說法。不管是智庫、或教育機構，實在都應該在對於中共影響提高警覺的同時，想辦法調整心態，讓自己能夠廣納言路，讓一些論述中國和中共方面，出色的第一手和第二手資料得以呈現。

學術界這種關於中國言論，自我審查拿捏之不易，最具代表性的，或許就發生在沈大偉（David Shambaugh）身上，他是喬治・華盛頓大學（George Washington University）的政治學教授，也是美國最知名的中國專家。他經常被邀請到像美中關係全國委員會（National Committee on United States–China Relations, NCUSCR）的知名非營利機構去演講，他對我形容自己是「在中國研究領域，最直言、敢言的學者」。

二〇一五年三月，沈大偉在《華爾街日報》寫了一篇文章，文中力陳「中國共產黨統治的最後階段已經開始」，該文被廣泛流傳，文中尚波主要在談中國最不能談的一個議題。「共產黨在中國的統治，不會無聲無息地就劃下句點。」他這麼寫道：「其結束很有可能是場歹戲拖棚，搞得生民塗炭又充滿暴力血腥。習先生最後在權力鬥爭或是叛變後被罷絀，這個可能性我覺得並非不可能。」[56]

該文刊出後，沈大偉遭到中共的報復。「自此以後中共政府就對我祭出處罰。」他在二〇一八年三月於布魯金斯學會的活動中這麼說。[57]「我在個人和專業上，都為此付出了慘痛代價。」他又說：「中國政府會挾怨報復，這事絕不是憑空捏造或是無稽臆想，這個代價，讓所有人在開口說話前，都不得不好好想想。」雖然他沒有明說，但我問過的好幾位都說，在該文刊出後，中國政府一改過去待他為頂尖中國學者的禮遇，對他的尊重降了好多：中國方面的這些學者，對他的想法和建議都開始顯得興致索然，邀請他出席的重要會議數量也少很多，這在一向講究學術地位的華府中，等於是明著把你踩到地上了。

二〇二一年八月，沈大偉對我說：「這件事要緊的並不在尊重上，而是邀請。在《華爾街日報》那篇文章刊出後，一直到現在，只要是那邊的機構，原先會邀請我的，現在全都和我斷絕往來。有人私下對我透露，因為上面下了禁令不准邀我。」他這麼說，又說：「在這之前，我申請訪華護照，從來沒有被拒絕過。」

以沈大偉的情形而言，損及他與北京當局關係的，並不是因為提到三個T，而是因為他預測中共垮台。「二〇一五年預測中共垮台一文，他顯然是道出自己的心聲。」一名中國學者這麼說，他希望匿名。「而他也因此付出了代價，喪失了進出中國的管道、以及和中方學者、分析家還有官員交流的機會。」

對於中共的弱點方面，學者裴敏欣和沈大偉有些觀點相近，但他也對我說，他極力避免蹈沈大偉的覆轍，他說：「我自己的寫作中，我不會用『垮台』這類聳動、禁忌的字眼。」所以他會選用「慢慢鬆動」。他說：「比較安全的方法，是描述過程，不要預測事件。」

但沈大偉的遭遇，已經讓其他學者都開始自我審查了。但其實，在《華爾街日報》一文刊出數年前，沈大偉自己在二〇一二年底，曾在美中關係全國委員會上，對一群年輕學者，針對公開評論中國一事上，表達過截然不同的看法。「早晚，會有記者打電話來請你就台灣、西藏或天安門等事發表看法。」沈大偉道，根據在場三名年輕學者的說法：「這時候，你就該把電話擱著，跑得越遠越好。」當我向沈大偉求證，他是否真有說過這番話時，他透過電子郵件回應道：「我完全沒說過這種話，絕對不可能說出這種話，也絕不會相信這種事。」但就如裴欣敏，這位克雷蒙特．麥肯納學院教授所言，美國學者對於公開涉中事務，「務必要謹言慎行。」「我們多少知道哪些紅線不能踩。但當然啦，這些紅線也老是在移動。」我在二〇二一年八月，發電子郵件請教沈大偉時，他重申《華爾街日報》一文的標題：「中國垮台即將到來」（The Coming Chinese Crackup）》，錯誤呈現了他二〇一五年當時的觀點，也錯誤呈現他現在的觀點。而且他還說，自己現在的看法也不一樣了。他認為，習近平已然「知道中共的弱點和嚴重挑戰何在。」而現在的中國共產黨「比以往更強大、更有紀律，也更不腐敗。」

在二〇一九年以前，在中國工作的美國學者或是記者，往往像是帶著一團火球在行走：自己沒事，尤其是白種人男性的話，更是安全，但是你接觸到的人，都會遭殃。哥倫比亞大學教授黎安友（Andrew Nathan），他和上述的林培瑞共同擔任《天安門文件》（*The Tiananmen Papers*）編輯，該書中有許多被人私自帶出中國的中共文件，相當具有爭議性。黎安友和林培瑞兩人，長久以來申請訪華護照都被拒於門外。黎安友同時也是哥倫比亞大學的研究倫理審查委員會（Institutional Review Boards）成員，負責監督研究倫理。他跟我說，該委員會只要遇到想要採訪或訪問中國異議人士做研究的學生，往往會退回他們的申請，因為「這樣會害到那些被訪談的人，這等於是以人作為研究對象，這會有研究風險，不應該進行。」

之後中共鎮壓新疆，讓美中關係進一步惡化，習近平的權力更為集中，這讓情形出現翻轉：變成是研究的對象，反過來會造成研究者的危險。二〇一八年十二月，加拿大外交官麥可．柯維奇（Michael Covrig）被中共毫無理由羈押，隨後更在二〇二一年三月接受審判，但他只是接受非營利組織，國際危機組織（International Crisis

Group）的委託，在中國進行研究，同時另一名加拿大導遊麥可・史帕佛（Michael Spavor）也同樣被無理羈押，這兩件事，讓中共言論審查的事，擴及到西方人民的人身安全上。「身為博士生，學校在這些事件後給我們的許多建議就是，選擇不需要到中國進行實地訪查的研究。」加州大學爾灣分校的博士生列夫・納賀曼（Lev Nachman）這麼說。[58]

而學界這種因應情勢的務實心態，與北京當局對外國人態度越來越不明朗的轉變，正好出現在同一時期。「我在指導博士論文時，總是會想到資料取得的問題。」黎安友說。他還說，他會要學生選博論主題時，不要談北京當局的權力鬥爭，也不要談中國平民與人民解放軍的關係，倒不是因為這些議題很敏感，而是因為相關資料不易取得，會增加研究上的難度。「可行性本來就該是選題時的考量，」他這麼告訴我。但也有些學生懂得在選論文題目時，就先思考這方面的問題。「我想要選可以不用到中國，就能安心又有效率做研究的題目。」紐約新學院（New School）博士學生這麼說，他的研究是談中國政界高層在公開言論時，如何引用中國的哲學傳統。他說：「因為我不想做研究時，還要擔心中共會不會限制我進出中國的問題，更不想擔心在那邊做研究的問題。」

自我審查這東西也不是無所不在。到目前為止，我還沒遇到有美國學界人士，指稱自己因為觸怒北京而仕途受阻的。我也沒聽說，有學校是因為拒絕自我審查，因此被孔子學院斷絕合作關係，或是被北京當局強迫關閉其中國分校。而上了中共黑名單，「反倒讓人鬆一口氣」米爾沃德這麼說，「再也不用擔心」他對我說。「從前我會擔心」自我審查這件事，林培瑞說：「不得已要走旁門左道，現在就完全不用了。」

但其實，自我審查只是美國應對中國崛起，一個更大議題下的亮眼子議題。美國是否該為此抗議？還是要以大局為重，稍事退讓？還是要痛下殺手？美國的整體政策，究竟是要跟中共共存，還是要強化它、或是削弱它，還是推翻它？這個是需要透過全國性的討論來達成的共識。（支持中共的學者也應該獲得一個平台，他們自己也應秉持學者的風骨，去主張自己的看法。）儘管許多美國學者對於美國在全球的領導地位持保留看法，許多研究中國的教授，已經把中國研究得夠透澈，足以讓他們得到結論，確定自己並不想活在由北京政府所統治的世界。在當前中共正在新疆種族大屠殺的時候、在中國正大規模採用數位監控的現在、在越來越難去中國當地進行實地研究的情況下，知道還是有一些學者，很有技巧地在挑戰中共的觀點，挑戰其對資訊的管控，這真的很讓人為之振奮。應該有更多的美國人加入他們的行列，好好的想想，要如何回應中國日益擴張的影響力，不要兀自為了自身利益，而志願當了習近平言論審查的遵行者。

第三部　有個這樣的朋友

第七章 友誼及其缺點

有多少生命可以免於死亡？如果美國事先就能設想，會有一種傳染病發源於中國，並擴散到全世界，造成疫情大流行？二〇〇六年，馬克斯・布魯克斯（Max Brooks）出版的小說《末日之戰》（World War Z），就是這麼假設的。小說之中，殭屍末日引發中國內戰，隨後，一艘中國核子潛艇發射了核彈，一舉炸毀中共中央政治局委員們藏身的防空洞。[1]這場殭屍災難的第一位病人，是一名住在中國國際大都市重慶市附近的小男孩。在殭屍肆虐全球後，西藏宣布獨立，其首都拉薩成了殭屍疫情下的世外桃源，獨自繁榮，成為全球人口最多的城市。在西藏舉行的公平、自由選舉中「社會民主黨，以壓打性的勝利，徹底擊潰駱馬黨（Llamist Party）。」布魯克斯這麼寫道，「街道上依然洋溢著狂歡者的呼嘯聲。」[2]

如果改編自該小說的同名電影《末日之戰》，能夠忠於原著的話，類似的情節就會搬上大螢幕了。可惜的是，二〇一三年該片上映時，卻完全沒有提到西藏。該片早期的版本中，有一場戲是，片中角色說殭屍疫情源自中國，但發行該片的派拉蒙影業

（Paramount）卻進行審查，修改了劇情。[3]「說中國發生殭屍疫情，不就在暗指其政府防疫不力。」布魯克斯對我解釋為什麼電影公司這麼修改。而疫情擴散到全球引發災難，更是「暗示中國政治體制有缺陷」。後來電影版的《末日之戰》中，一字未提中國。

相對於《末日之戰》的處理，電視影集《末日孤艦》（The Last Ship，二〇一四至二〇一八），談的是另一場全球性疫情，導致全球八成人口死亡。劇中疫情雖非源自中國，卻在中國造成叛變，叛軍領袖處處與美國唱反調。「傳聞說他把身邊所有高階將領都剷除，然後就在他們腐爛的屍體旁守著，等到疫情結束。」一名退役的海軍情報官這麼講劇中的中國總統、兼前國安部長彭伍（Peng Wu）。[4]「我跟你說，」劇中另一名美國官員則說：「彭伍是個惡棍，就是這麼簡單。」[5]《末日孤艦》忠實地呈現了創作者幻想世界的原貌，一刀未剪，沒有閃躲刪改。相反的《末日之戰》卻未能如此。而事實上，從另一個美國產業的示範，我們就能瞭解，其實跟中國打交道，不用像好萊塢低頭至此。

為什麼我要這麼強調，好萊塢不願依原著，將中國寫成片中病毒來源這件事呢？因為好萊塢的幻想，會影響我們對於現實世界的處理方式，以及我們想像力的極限。導演薛尼．鮑迪（Sidney Portier）一九六七年的經典電影《誰來晚餐》（Guess Who's

Coming to Dinner）一片，講的是一對不同種族的伴侶，這之後二〇〇五年拍得很唯美的牛仔之愛《斷背山》，好萊塢透過虛構、想像的主題，推動族群、性別議題，讓平等得以逐步實現在現實世界中。但好萊塢也同樣有邊緣化族群的壞榜樣，二〇一五和二〇一六年，奧斯卡金像獎中所提名的二十位最佳演員名單中，全都是白人演員，讓「#奧斯卡好白」（#OscarSoWhite）的主題標籤瞬間在網路爆紅，將許多人對於多元種族的呼聲全都表露無遺，這讓我們看到，好萊塢也具有邊緣化想法的能力。好萊塢為了錢，有多願意供中共使喚，要瞭解這點，最好的方法，就拿相近的文化產業來與之對比：看看這些產業，在談到中國時，能夠多麼維護言論自由，卻又依然欣欣向榮，大發利市。換言之，也是有夠種的美國機構和個人，可以不需要想方設法和中國當朋友。許多人寧可不和他交朋友，而且往往能夠更忠於自己，顧及自己的底線。

對筆者這樣很少看電視的人而言，長時間追劇，看一些提到中國的電視劇，就好像來到沒受到中國汙染的世外桃源一樣。倒不是因為我喜歡看到劇中把中國人刻劃為敵人或是受害者，而是因為在看了數十部電影，全都是用無血無肉的乏味方式美化中國人後，讓我很想看看有人性的中國人刻劃，就算是有著人性複雜的一面和缺點，但那才是有血有肉、人真正的樣子啊。

之所以一直追劇，是因為我想要看看，在其他領域，美國人是如何面對其領導世界地位可能失去時，是怎麼處理的。中國將來有可能會取代美國，成為世界最強大的國家嗎？該不該讓這情形發生？而如果該讓它發生，又該怎麼優雅地將這位置交出去？而要是不該讓它發生，那美國又該怎麼去阻止？透過文化產業，美國人就可以去面對這個美國生死存亡的問題去思考、去辯論。

而我們也的確看到，電視和音樂產業的作法，完全證明了，好萊塢一再堅持，要應對中共，只有這個方法的說法，顯然只是出於軟弱。電視和音樂產業，享有的言論自由，好萊塢連想都不去想就放棄了：透過電視上的戲劇、脫口秀、諷刺作品、情境喜劇、歌曲，這些領域的名人，毫不客氣地拿中共的痛處和短處來分析、揶揄、甚至大加諷刺。「電視界的生態和電影完全不同。」《末日孤艦》劇集的製作人布萊德．富勒（Brad Fuller）在二〇一六年時說。「拍電視我們從沒被人這麼說：『不行，電視影集裡不能讓中國當反派』這種說法。」[6]電視節目一直以來，在談到中國時，幾乎不管什麼議題，從政治到貿易、種族、和疫情方面，都直言不諱到讓人意外的程度。電影《全境擴散》（Contagion，二〇一一）同樣也是談疫情，這部十年前的疫情大片，片中的病毒是從香港和澳門擴散出去的，不是中國，這差之毫釐，可是有意的失之千里。驚悚電視劇《諜海黑名單》（The Blacklist）二〇一四年有一集，劇情講一名中國科學家，獲知中國有祕密細菌作戰計劃，之後逃出中國監獄，向美國政府揭露實情。[7]

許多政商學術高層，避之唯恐不及的中國議題，導致美國人無法對其最重要的外國關係、獲得最正確的瞭解，這情形，在電視界卻完全看不到。這真是讓人額手稱慶的大好事。

之所以電視界會這麼不同，主要是因為這個產業長久以來和中國的關係所致。電視產業的高層，從來就不像好萊塢電影界那樣，癡心妄想著要吃到中國市場這塊大餅，而且他們也從沒遭遇過像電影《達賴的一生》這類的事件，被中國追殺。中國的陰影，從來沒有籠罩過電視產業，不像電影產業那樣。

一九九八年十一月，就在迪士尼總裁埃斯納，為了《達賴的一生》，向中共總理朱鎔基道歉的同一個月，美國電視上出現了一集完全在中國拍攝的影集：這是《德魯凱利秀》（*The Drew Carey Show*）中的一集，劇中德魯困在中國一個小村落裡。[8]「在美國我們都以為中國是在地球另一端，」該劇集的導演說：「這一集我們的笑話要呈現出，德魯被送到離美國最遠的地方，中國就是這樣的地方。」[9]

二十一世紀頭十年間，中國對電視製作人也是同樣的遙遠。媒體大亨梅鐸（Rupert Murdoch）曾想要讓中國出現外國的電視頻道，他這個夢想廣為人知，卻一敗塗地，他在二〇〇五年時說：我們「撞牆了，」此舉讓全美各電視公司從此對中國市場死心斷念。[10]（音樂產業在中國被盜版的情形，遠勝於電影和電視DVD產品：二〇〇七年，一個商業團體曾估計，在中國市面上八成五的音樂CD都是盜版的。[11]）

而電視節目比起電影來，更難輸入他國。幽默占電視娛樂中很大一塊，其占比遠比電影高，這是很具有文化區隔的產品。外國市場在遇到實境電視節目和比賽型的節目時，往往比較喜歡購買節目授權、用自己的方式翻拍，而不是直接引進美國節目。[12]「中國觀眾喜歡電影的壯觀畫面。」琳賽．康納（Lindsay Conner）這麼說，這位律師的工作是在中美娛樂產業的交易案中，穿針引線。「中國不特別需要美國的電視喜劇和戲劇節目。」更不用說美國新聞節目了，這部份的作風對中國而言，更是太直言不諱，也更以美國為主軸。

也因為這樣，二十一世紀美國電視節目，比較能忠實反映美國人民對於中國的看法。二〇〇三年，犯罪劇集《法網遊龍：特案組》（Law & Order: Special Victims Unit）中，有一集劇情講的是一名年輕西藏異議分子的死，她在中國遭到酷刑後，才逃到紐約市。「在獄中，她被脫光衣服，關在小籠子裡，不給她東西吃，還不斷被毒打。」劇中的社會運動人士向調查人員解釋道。「而且在這之前就已經先用電擊槍電她下體了，卻還嫌不夠。」[13]

二〇〇八年十月，《南方公園》（South Park）卡通劇集中有一集，講的是北京奧運會開幕式上，一大群鼓手，分秒不差同步擊鼓，嚇得才九歲的阿ㄆㄧˇㄚ（Eric Cartman）

做惡夢。他對同學大頭（Butters）說：「中國人要占領全世界了，都沒有人阻止！」「我們現在要阻止中國人。」（「啊，我今晚不能阻止中國人！」大頭答道。「我要跟我爸一起組模型小汽車。」[14]

二〇〇八年十二月，金融風暴水深火熱之際，律政喜劇影集《波士頓法律風雲》（Boston Legal）有一集，幾位主角的律師事務所被中國律師事務所看中，打算展開收購。「好消息是，他們打算保留本事務所多數律師，所以公司的接管過渡階段將能夠……」事務所一名資深合夥人在該公司的掛名合夥人面前這麼解釋，後者由威廉·夏特納（William Shatner）（譯注：《星際爭霸戰》寇克船長）扮演，但夏特納沒等他說完就插嘴道：「我目睹了他們接管西藏的過程，並不欣賞。我們事務所不會賣給那群共產黨。」他一邊說，一邊拔出兩把漆彈手槍，朝著那群中國律師狂射，嚇得眾人四散逃竄。「我可不想落到他們手中。」事務所另一名資深合夥人這麼說，該角色由知名女演員甘蒂絲·柏根（Candice Bergen）飾演。「正如希拉蕊·柯林頓說的：『出錢的最大，你兇不起來。』中國或許有一天會成為美國的老大，這道理我懂，那是新的世界秩序。」[15]

到了二十一世紀第二個十年，好萊塢越來越順從中國時，電影界和電視界在呈現中國上的差距，就越來越大了。電影《黑帽駭客》（Blackhat，二〇一五）和電影劇

《駭客軍團》（Mr. Robot，二〇一五至二〇一九），講的是相同的劇情，都是一群出色但厭世的美國駭客，卻陷入與中國有關的疑案中。但是，相似處到此為止。《黑帽駭客》中，一群陰森的恐怖分子，駭入核子反應爐，意圖藉由搞亂全球商品價格大賺一票，而片中的駭客主角則和聯邦調查局，以及一名人民解放軍的中尉合作。片中的聯邦調查局特別幹員說：「我們經常和中國競爭，但偶爾能和他們面對面共事，也是不錯的想法。」[16]該片把人民解放軍刻劃成理性又有秩序的組織，努力減少美國境內的駭客情形。該片由美國傳奇影業（Legendary Pictures）發行，隔年大連萬達就買下這家公司，《黑帽駭客》是特別經過劇本審查、美化後，要拍來討好北京當局的。拍攝該片期間，美國電影界的高層曾就一系列該片中與中國相關議題溝通過，熟知內情人士告訴我。「上面交待，舉凡在中國內地的場景，都不能出現槍，也不能有槍戰戲，因為『中國沒有槍』。」（筆者去函傳奇影業，請他們就此事回應，但並未獲得回信。）

電視劇《駭客軍團》則是講駭客主角夢想幻滅的過程，此劇比《黑帽駭客》更能反映真實世界。劇中，中國併吞了剛果。[17]片中有個很在乎時間的角色張濟，打扮成男人時，是中國國家安全部部長；但以女變性人現身時，則是中國駭客組織黑暗軍團（Dark Army）的領袖。劇中聯邦調查局幹員在北京時，則戴著口罩。在新冠疫情爆發前，中國空汙嚴重時，很多中國人和外國人真的都會戴口罩出門。在二〇〇八年以後，我從沒見過其他電影中，任何在北京的美國人戴口罩的。

一九九六年電影《ID4星際終結者》（Independence Day）中，總統給大家看一張表框的大照片，當中是他和達賴喇嘛的合照，兩旁則是他和妻子的合照、以及和教宗的合照。二〇一六年該片再拍續集時，達賴喇嘛已經不見蹤影。影評人唐諾・克拉克（Donald Clarke）對該片多所批評，該片有很多中國產品置入性行銷，選角也都是一些不會演戲的中國花瓶女明星，克拉克批評該片是「對中國唱的情歌，帶點酸意」。[18]但，在二〇一七年三月電視劇集《國務卿女士》（Madam Secretary，二〇一四至二〇一九）中，國務卿則說中國外長的西藏觀點是「長不大的小嬰兒」。[19]該劇播出前三個月，季辛吉才剛說服川普團隊，拒絕接見達賴喇嘛，該劇中，國務卿則前去探望垂危的達賴喇嘛，兩人有了一次感性的會面，劇末達賴喇嘛圓寂。

好萊塢當然也不是一成不變。過去十年間，數名美國導演都曾經公開、但溫和地挑戰過北京當局。昆汀・塔倫提諾（Quentin Tarantino）所拍《決殺令》（Django Unchained，二〇一二）的中國版，他就順應中方電檢要求，讓暴力場面溫和些，但還是被北京當局硬生生抽掉該片的院線；之後經過更進一步的審查刪改後，才終於允許該片上映。[20]「我有很多中國影迷，會在街上買盜版看，我不反對。如果換成是在別的國家，我就不能接受了，但要是中國政府要審查刪剪我的作品，那我寧可其人民可以看到完整版，不管用什麼型式都沒關係。」塔倫提諾這麼說，這也讓他成了好萊塢導演中，少數贊同盜版的人。[21]電影《雲圖》（Cloud Atlas，二〇一二）的共同導演拉娜・華卓斯基（Lana Wachowski）對中方媒體說，「那感覺很差，」《雲圖》被中國電檢刪了三十八分鐘後，才准許在中國上映。「但我想大家應該是可以在網路上看完整版。」[22]好萊塢影人像塔倫提諾和華卓斯基這類的，畢竟是少數：就連《雲圖》另一位導演湯姆・泰克威爾（Tom Tykwer）也不同意她的看法。「雖然中國版少了一點，我們還是全面支持主管機關的審查標準。」他這麼說。[23]

其實，像泰克威爾這樣的觀點，才是好萊塢的多數。到了二十一世紀第二個十年，好萊塢影人對於自己影片被刪剪、禁演、或是糟蹋，其自我安慰和鴕鳥心態之嚴重，已經到了讓人吃驚的地步。導演史提芬・索德伯格（Steven Soderbergh）的作品《全境擴散》（二〇一一）部份在香港拍攝，在北京上演時被電檢刪戲，他就對《紐約時報》說，「我並不覺得這有什麼不道德之處，也不會生氣。」「能看看別人怎麼詮釋你的作品，也是很有意思的事。」[24]導演詹姆斯・卡麥隆（James Cameron）在二〇一二年五月則坦承，美國的審查制度，並不像中國那麼「嚴苛」，但他「對於另一個文化的作法，並不應該妄加評斷。」此語是在北京在他《鐵達尼號》３Ｄ於中國上映時，遭到刪減後說的，該片在中國的票房超過美國，是好萊塢史上首部有此票房的影片。[25]美籍華裔導演王穎，是浪漫喜劇《女傭變鳳凰》（Maid in Manhattan）的導演，該片由珍妮佛・羅培茲（Jennifer Lopez）主演，二〇一一年他曾將中國電檢審查比作在該片拍攝過程中，在片廠接到電話，被高層指指點點，說：「片中誰誰誰的髮型不好看。這感覺是一樣的。」[26]

除了力挺西藏的影星李察・吉爾和莎朗・史東外，在好萊塢普遍對於中國的唯唯諾諾中，只有另外兩人敢於站出來。演員克利斯汀・貝爾（Christian Bale）二〇一一年在中國拍片時，讀到中國維權律師、視障異議分子陳光誠的事，得知他被官方軟禁在山東鄉間村落。貝爾事後說：「聽到一個應該被世人歌頌的人，卻遭到這種待遇。真的讓人想吐。」於是同年十二月，貝爾和CNN電視台一同去探望陳光誠。數月後，陳光誠得以搭機前往美國領事館，此事成了國際大事。二〇一二年十月，獲得自由身的陳光誠終於在紐約和貝爾見面。[27]我在二〇一三年於華府訪問了陳光誠，過程中見他笑得最開懷的時刻，就是他談到二〇一三年一月，貝爾陪他同遊迪士尼樂園的事。[28]貝爾「不怕失去中國市場」，陳光誠對我說。「這種事不是平常人做得到的。」但也有人，一樣對中共的作法看不過去，只是他們不作聲。「至少在創意人之間，如果和中國走到一塊，已經變成讓人不屑的事了，本來就該這樣。」一名知名的好萊塢劇作家在二〇二〇年八月這麼對我說，他過去作品中也有以中國為主題的，他希望我不要寫出他的姓名。「新疆根本就是他媽的集中營。」但好萊塢的作品始終還是被綁手綁腳，不能暢所欲言，多數影人也始終默不作聲。「我認為這情形是慢慢出現，不為人所察覺的。」電影製片賈德．阿帕陶（Judd Apatow）是另一位獨排眾議者。現在「新疆再教育營有超過一百萬穆斯林，但卻已經沒有人再提起此事了。」[29]

在不久前，香港都還是一個電影產業非常興盛的地方，其影片對中國和香港的呈現，也都非常忠實。但北京的壓力終止了一切。本書付梓前，香港製片人都提心吊膽，因為中共正在修改電檢法，日後只要被視為有危國家安全的影片，都可以禁演。而且就跟近年香港修法情形一樣，這些法案頒行後，都可以溯及既往：法案頒布前拍的舊片，若不符新法規範，照樣可以撤回上映執照。違者可處三年以下有期徒刑，易科罰金最高十二萬八千美元。[30]

部份好萊塢製作人辯稱，現在若拍攝對中國有所批判的電影，會沒市場，換言之，只要是真實呈現中國，片子就沒有票房。*但美國電視作品卻推翻了這種說法。美國電視作品反而顯示，這類議題在美國電視上，是有需求的，在中國也同樣有需

---

*但換個角度來看，如果不去批判、真實看待美國社會的種種問題，美國電影會拍成多扁平、單調、又會多惹人詬病？

求。數百部中國電影和電視劇中，都有中國人飾演的反派角色。中國多數媒體上，看不到外國人角色，如果片中需要有個反派，那就只能是由中國人出飾中國人。就連中共，偶爾也會批准有中國反派出現在其中的美國影視作品。《紙牌屋》（House Of Cards）這套講厚黑冷血政界勾心鬥角的電視劇，痛陳中國和美國政界的腐敗亂象，其第二季在中國的串流媒體上，就毫無問題獲許播出：或許是因為，據說中共高官王岐山很讚賞這套影集的緣故。

另一部諷刺影集《副人之仁》（Veep）中，自戀的副總統瑟琳娜．梅耶（Selina Meyer），由茱莉亞．路易斯—德瑞佛斯（Julia Louis-Dreyfus）飾演，她讓西藏脫離中共的統治，自稱此舉是「堪與人類登陸月球相比之成就」。但隨後，為了答謝中國政府在二〇二〇美國總統大選中拔刀相助，介入美國選舉讓她當選，她又答應把西藏歸還中國。她死後，她的發言人說：「她因短暫解放曾為人稱為西藏的國家，而為後人深深懷念。」[31]

美國電視圈這種顛覆的力量，來自其以批判且忠實的方式來呈現中國。而對於音樂產業而言，音樂本身的影響力，反倒不及音樂名人光環的魅力，因為這些名人，讓美國群眾和團體，得以抵抗中共汙染世界的眼光，並一再提醒美國人，對於中國的批評，應該也是美國人言論自由的一部份。

美國樂手在抗拒中共影響最具意義的作為，當屬他們對西藏的支持。在一九九〇年代西藏運動最高峰時期，美國樂手跟好萊塢名人一樣，都帶領時代。眾星中，緊跟在李察・吉爾之後，支持西藏運動的，就是野獸男孩樂團的共同創團人亞當・姚奇（Adam Yauch）。[32]直到他於二〇一二年過世為止，姚奇終生都是社會運動人士，他發起了密勒日巴基金會（Milarepa Fund），一九九四年西藏自由音樂會，就是由該基金會製作。（隔年他在達賴喇嘛於哈佛演講時，遇到日後的妻子，西藏獨立運動黛金莞杜（Dechen Wangdu）。[33]）

從迪士尼開始助長好萊塢摧毀西藏運動那些年開始，美國樂手就成了支持達賴喇嘛人士中的名流代表，這些人也是娛樂界批評北京踐踏人權最不遺餘力的一群。在槍與玫瑰（Guns N'Roses'）樂團首張專輯《毀滅欲》（Appetite for Destruction）發行時，是排行榜第一名專輯，該專輯發行二十多年後，該樂團發行了一張名為《中國民主》（*Chinese Democracy*，二〇〇八）的專輯。該樂團主唱艾索・羅斯（Axl Rose）受到史柯西斯《達賴的一生》的感動，專輯主打歌中唱道：「你把同胞推入地獄／長城如果動搖，要怪你自己。」[34]北京奧運即將舉行數月前，冰島流行歌手碧玉（Björk）來到上海演唱，結果因為她在「宣布獨立」（Declare Independence）一曲中，加進了「西藏」一詞，而被中國下達禁演令。流行歌手蘿兒（Lorde）和史汀（Sting），都在二〇一五年為達賴喇嘛八十大壽的專輯中獻唱，而女神卡卡（Lady Gaga）這位全球最受歡迎藝人，則在二〇一六年六月訪問達賴喇嘛，當中談到自信、幸福、飲食失調等問題。[35]「他們不准我們」進中國，嗆紅辣椒（Red Hot Chili Peppers）樂團鼓手查德・史密斯（Chad Smith）在二〇一八年十二月說道：「因為我們和達賴喇嘛有關係，他們不喜歡。」[36]

二〇一九年二月，我參加了第三十二屆西藏之家（Tibet House）音樂會，西藏之家是由哥倫比亞大學教授、同時也是佛教僧侶的羅伯・舒曼（Robert Thurman）於一九八七年所創，舒曼是女演員伍瑪・舒曼（Uma Thurman）的父親，伍瑪自己也是西藏之家董事會成員。[37]西藏之家慈善義演通常會在卡內基音樂廳（Carnegie Hall）演出，一向是娛樂界最大的西藏盛事。我原以為，二〇一九年的演出中，登台的都會是一些過氣或是沒名氣的樂手。而會後派對上，和一名設計師聊到演出的設計，他也說有點像是「一九八〇年代西藏加猶太教的復古感」，但其實，整場活動卻是星光熠熠，都是抗議中國人權活動中，很難請到的大人物。

「很難想像沒有西藏人同在的日子。」作曲家蘿莉・安德森（Laurie Anderson）這麼說，她是過世知名搖滾樂手盧・里德（Lou Reed）（譯注：盧・里德是Velvet Underground主唱）的妻子，之後她更帶領觀眾一起尖叫十分鐘，以療癒身心。接著則是七十二歲的龐克女神派蒂・史密斯（Patti Smith）演唱尼爾・楊（Neil Young）歌曲，她對著卡內基音樂廳舞台吐口水，而她樂團的成員藍尼・凱伊（Lenny Kaye）則大叫：「我們要自由西藏，」引來觀眾齊聲歡呼。「讚美大自然，」史密斯以低沉的嗓音結束歌曲後，大步邁向後台。黛比・哈利（Debbie Harry）則唱了「玻璃心」（Heart of Glass）（譯注：黛比哈利是知名樂團Blondie主唱，此曲是其成名曲）的改編，她身上披著一件披肩，上頭寫著：「別再折騰地球了。」知名電視脫口秀主持人史提芬・荷伯（Stephen Colbert）則在台上開玩笑說：「我來這裡，實在是因為要敲達賴喇嘛上節目通告實在太難了。如果他的經紀人剛好在這裡，請和我接洽。」

這些參與表演的藝人，難道都不擔心，這樣會影響他們在中國的演出機會、或是銷售成績嗎？「我事先有考慮過，」伯納・桑納（Bernard Sumner）在二〇一九年於西藏之家慈善義演後這麼說，他是歡樂分隊（Joy Division）和新秩序（New Order）兩支樂團的創團人。他說，但到頭來，再怎樣，都不值得他犧牲自己的信念。對樂手而言，要做這決定是比較容易的。樂手和作家一樣，比電影演員和導演，更能夠控制自己的作品，電影從業人員都要向製片、還有公司高層交待，公司老闆手裡控制的是每部片子動輒上千萬元的預算。再者，中國本土的西洋音樂市場，遠比電影市場要小很多。新冠疫情之後，中國超越了美國，躍升為世界最大電影市場，其音樂市場則僅僅是世界第七大。[38]過去從沒聽過，美國唱片產業高層，曾經因為怕觸怒北京當局，而下令或去電歌手、要求他們更改歌曲內容的情形。

音樂和電視界能夠始終是中國魔掌伸不到的世外桃源嗎？

但是，電視產業也難逃電影界的命運，幾年下來紛紛被人收購整合，旗下擁有電視台的母公司，也開始擔心，其電視內容，會不會哪天也開始被北京當局盯上。[39]二〇一九年五月，在CBS和維亞康姆（Viacom）合併前七個月，其頻道上的電視劇《傲骨之戰》（The Good Fight）播出一集，是以中國為背景。這部律政劇的背景設在川普執政的年代，劇中常會出現音樂橋段，用以諷刺當下時事，像是當年盛傳一時的川普「尿尿影片」。（譯注：這支影片據說是川普下榻莫斯科總統套房時，為了羞辱前總統歐巴馬夫婦也住過此套房，故意找了兩名妓女在床上尿尿。該劇集律師群在觀看該片時，出現的音樂是莫札特《安魂曲》中的〈垂淚經〉。）五月該劇這一集中，影集製作單位本來準備了一段演出，安插在劇中，裡面唱的是在中國被禁的東西：像是小熊維尼、空椅子象徵已逝諾貝爾得主劉曉波、天安門廣場等等。但是CBS電視台卻要該劇製作單位撤掉這首歌。該劇製作單位於是以集體請辭為要脅。雙方溝通後，各退一步，該劇在原本上音樂的地方換上白字黑底字板，上面寫著：「CBS審查抽掉此段內容。」[40]這字板就靜默地出現在劇中長達八秒半。「我們對於該集動畫短片的主題有些擔憂。」CBS電視台的聲明這麼說。「字板是我們和製作單位討論過，雙方同意的解決之道，算是一種創意。」[41]這拉黑的一幕，出現在劇中非常的突兀，更諷刺的是，這首被抽掉的歌曲曲名就是〈在中國被禁〉。

蘋果電腦、迪士尼、網飛（Netflix）等都在分食電視串流大餅，但從表達自由的觀點來看，他們也同樣值得擔憂。據網路新聞媒體「BuzzFeed」報導，二〇一八年初，蘋果電視＋（Apple TV+）在打造自家原創節目時，該公司國際內容開發部門主管對製作人說，「避免將中國打造成負面形象。」[42]二〇一七年，蘋果在其中國版的應用軟體商店中，移除了一部電視劇，該劇是由在中國被禁靈修團體法輪功所支助的《中國解密》（China Uncensored）。二〇二一年八月，該節目在中國依然無法收看。另外，蘋果應用軟體商店中，也有數個依然有人使用的軟體，同樣在中國的蘋果商店中找不到，其種類各式各樣，有美國媒體、同志約會軟體、還有達賴喇嘛軟體。「我們不做兩件事，」蘋果電腦資深副董艾迪・庫伊（Eddy Cue）是該公司內容的主管：「露骨色情影片和中國。」[43]

那網飛會不會為討好北京當局而自我審查呢？二〇二〇年九月，網飛共同創辦人兼共同執行長里德・海斯汀（Reed Hastings）說：「過去幾年間，我們從沒花時間在中國上。」他講的不是真話。二〇一七年四月，網飛與愛奇藝簽了授權播放合約，愛奇藝是中國境內最大串流平台。[44]網飛有一部葷腥不忌的諷刺動畫《馬男波傑克》（Bojack Horseman），該劇在愛奇藝上才播了兩天，就被電檢撤下。[45]二〇一八年三月，愛奇藝總裁說該合約已經失效，因為「太多網飛的原創劇集都無法通過中國政府內容審查規定。」[46]二〇二〇年二月，網飛發布一份環境、社會、企業管理報告，當中列舉該公司自從二〇一五年以來，在全球不同國家移除其影片的九次紀錄：五次在新加坡、其他則分別在：沙烏地阿拉伯、越南、德國、紐西蘭。就公關的角度來看，這份報告是網飛的自我開脫，目的在證明，它不只在中國會向當局審查制度屈服，在其他國家也會。[47]

那網飛又怎麼處理自家原創影片中的中國元素呢？《洗鈔事務所》（The Laundromat，二〇一九）一片，由梅莉・史翠普（Meryl Streep）、賈瑞・歐曼（Gary Oldman）、以及安東尼奧・班德拉斯（Antonio Banderas）等人主演，全片是以巴拿馬文件（Panama Papers）大量外流資料中，所揭露的貪腐情節為主題。該片中，雖然有一幕是中國高官薄熙來和妻子谷開來的政治醜聞，還提到以法輪功成員為強迫器官摘取對象等主題。但此主題，卻又完全投中國政治正統思潮所好，那正是他們所要塑造的薄、谷兩人形象：這是一對貪官汙吏夫妻，是中國政治的特例壞分子、而非普遍常態。「習近平表明得很清楚，再也不容忍貪贓枉法。」谷開來在片中這麼說。《全境擴散》一片編劇史考特．伯恩斯（Scott Z. Burns），也是《洗鈔事務所》一片的編劇和製作人。筆者向他邀約採訪，他的公關問筆者意見：「中國在片中被刻劃成正面、還是負面的形象？」在筆者告訴她中國被刻畫得相當「貼近真實」後，她拒絕了訪問邀約。「他們不想多談中國，因為這是非常敏感的議題。」中國女演員李坤珏在該片中有個小角色，她這麼告訴筆者。[48]

「我認為，娛樂公司長久下來，還是得作出讓步。」海斯汀回應筆者關於進入海外市場，所做的審查修改問題時，在二〇一六年作出這樣的回應。「電視公司和電影片廠，已經在海外市場摸索好幾年了。」該公司的共同執行長泰德．薩蘭多斯（Ted Sarandos）也說，「我們自然也只好跟進。」也就是說，網飛又怎麼可能既和北京保持友好，卻又不失去美國本土的支持呢？

美國職籃ＮＢＡ二〇一九年十月的醜聞，就讓許多美國人開始體認到，和中國維持友好的可行性。該年十月四日，休士頓火箭隊（Houston Rockets）的總經理戴若．莫瑞（Daryl Morey）在推特上發了一則支持香港反送中示威的貼文，但迅即刪除，當時反送中運動已經持續有六個月之久。[49]當週週末，美國職籃的中國贊助商全數撤下贊助，中國籃球協會（Chinese Basketball Association）則暫停與火箭隊所有合作，而中國網路巨人騰訊則終止火箭隊所有比賽的串流轉播，莫瑞和球隊老闆隨即出面道歉。球團聯盟更以中文發出一則聲明，表示：「對於該則不當言論，我們極為失望。」但在美國，大量的球迷和政治人物，卻對聯盟這麼窩囊的作法，紛紛加以撻伐。數日後，全美籃球協會（National Basketball Association, NBA）總裁亞當・蕭華（Adam Silver）發布另一則聲明，表示支持言論自由，隨後事件乃逐漸平息。[50]

事件雖平息，卻讓人看到了美國企業夾在美中之間，想要兩面討好的不易。要是他們公開向北京低頭，美國這邊不會同意。但要是他們不向北京低頭，那北京這邊不會同意。「我們美國人，在中國生意做很大……戴若・莫瑞並沒有錯。」前美國職籃球星俠客歐尼爾（Shaquille O'Neal）在二〇一九年十月提及該休士頓火箭隊總經理、以及他挺反送中貼文時這麼說。「我們有權表達自己的想法，我們有權路見不平時，仗義相助。」[51]但另一位美國職籃最大咖球星詹皇（LeBron James）卻對莫瑞大加批評，儘管詹皇本人在政治方面向來激進，被視為偶像，還經常高聲批評川普。[52]「他搞不清楚狀況。」詹皇這麼說。[53]「很多人會因此受到傷害，不只是經濟上的傷害、實質上、感情上和精神上都會受到傷害。」[54]

這件事到頭來，還是讓北京當局占了上風。二〇二〇年十月，差不多就剛好離莫瑞刪掉那則推特貼文一年時間之後，他宣布要離開火箭隊。[55]而就在莫瑞該聲明發表前六天，中國官方電視頻道央視終於再次轉播ＮＢＡ賽事，一年來因為莫瑞貼文事件而停止的轉播才終於又開始。二〇二〇年十二月，莫瑞說，他對於為香港「所做的事感到心安理得。」但他又說，「我也很擔心。可以避免的話，還是不要惹怒地球上第二強大政府。就我這件事而言，我就沒能避免。」「要是美國維持了數十年的對華政策日後將有所改變，」ＮＢＡ發言人麥可．貝斯（Mike Bass）在筆者去信針對此事所提的多道問題後，以電子郵件回覆筆者，「我們，就跟其他在華營運的美國企業一樣，當然也要跟著改變，並開始重新定位我們在全球的布局。」[56]

北京這些行動背後藏著什麼樣的戰略呢？北京當局讓外國人和ＮＢＡ這樣的大型組織都看到，有相當多樣的議題，都會觸怒中國和其十四億人民，而一旦他們不高興了，那就會限制美國人在中國很多方面的機會。「中國長久以來一直很擅於運用這個手法，就是把獲得一些真實和虛構利益的機會當成籌碼，這些機會包括：入華簽證、市場占有率、合資許可、研究合作、企業首次公開募股費用，以及來到北京中南海紫光閣拜見高不可攀高層的殊榮。而交換的代價則是對中共視為『紅線』的議題保持緘默和贊同。」長久以來報導中國新聞的記者露西．洪恩比（Lucy Hornby）這麼說。

過去對中方處理美國企業不平等待遇的批評，多半在其技術移轉、國家扶植本土企業、以及竊取智慧財產權等事上。但北京不僅僅要外國企業協助中方獲得經濟上的利益。它也要外國企業協助北京推動其政治利益。北京用非常細膩、複雜的手法，對美國企業威逼利誘，就是要它們去推動中共的價值，去散播中共的觀點、並將中國議題的自我審查套用在其企業文化上。而只要讓它得逞，這些企業就將中國大外宣成功行銷到國外去了。

北京當局還會挑一小部份人和大型組織，像是NBA或是賓士汽車來殺雞儆猴，北京在二〇一八年二月批評賓士，指責它不該在Instagram貼文中引用達賴喇嘛的話，而這段話則是賓士用外界無法得知的演算法選中的。[57]而一旦這大型組織退讓，不管是否出於被中共殺雞儆猴的原因，這時中方的黑手還會伸得更深更遠，要他們再多退一點。

二〇一八年一月，萬豪酒店（Marriott）針對訪客進行線上問卷調查，問卷中，香港、台灣、西藏、澳門全都被列為國家，同時間，萬豪一名美國員工洛伊．瓊斯（Roy Jones），又在執行萬豪酒店交派的酒店官方社群媒體頁面更新工作時，在推特上為西藏獨立建國相關頁面按了個讚。[58]北京拿萬豪開刀，因為該公司在中國生意興隆，有近三百家分店，而且還在持續成長。北京很重視西藏獨立在國外被視為中國嚴重禁忌一事，因此將萬豪中文網頁和手機訂房軟體一連關閉七天。

萬豪酒店隨即道歉，像應聲蟲一樣照著中共大外宣的說法表示，該公司並不「支持顛覆中國主權與領土完整性的分離主義團體。」並將四十九歲的小編瓊斯開除，瓊斯的薪水是一小時十四元美金。「我只有這份工作，」瓊斯在二〇一八年三月的採訪時這麼說。「到這把年紀，很難再找工作了。」[59]這對很多當員工的人而言，真的很難自處。二〇一九年，美國庫存圖像供應商快門庫存（Shutterstock），開始針對其中國部份的圖像檔案搜尋進行審查。[60]結果該公司超過一百八十名員工聯署抗議，快門庫存公司的首席營運長對這些抗議者說，不爽公司決定的可以辭職。[61]其中一名員工史提方．海登（Stefan Hayden）真的請辭，當時他還差兩年，就可以領到公司頒發的「員工貢獻」獎。顯然公司高層想安撫北京時，「原有的價值就可以隨時拋棄，」海登這麼對我說。

美國企業協助捍衛中共觀點的手法之一，就是打壓負面訊息；莫瑞刪掉自己推文就屬於這類、好萊塢電影移除中共可能視為批評的內容則是另一類，像是《末日之戰》中刪掉提及中國的部份。美國娛樂公司動視暴雪（Activision Blizzard）也這樣過，有一名職業電玩玩家比賽贏到一萬美金，但是因為他在賽後採訪時，高喊：「解放香港、時代革命！」動視暴雪於是判他要歸還這一萬美元。（在遭到外界批評後，動視暴雪減輕了處罰。）[62]北京的目的並不是要傷害這些公司，也不是要讓他們不能在中國立足。它只是要這些公司遂行中共的意志而已，不只是在中國，也包括全球各地。「中國不只要你照它的意思而已，」前新加坡大使比拉哈里・考西坎（Bilahari Kausikan）在二〇一八年六月說。中共要你「自動揣摩上意去做。」[63]儘管騰訊擁有動視暴雪百分之五股份，但動視暴雪的決定，卻不太可能是有中國方面介入去要求它這麼做。就跟一些學者和好萊塢影人一樣，它們都自動內化北京的要求。[64]

而有些公司，還會把中共的觀點變本加厲來強化。萬豪酒店在經歷二〇一八年事件後，宣布要進行「八點改正計劃」以便「重獲信心和信賴」。[65]根據《香港自由新聞》（*Hong Kong Free Press*）報導，計劃包括要擴大「全球員工教育訓練」，也就是說，要教其員工瞭解中共的大外宣。[66]精品品牌凡賽斯（Versace）有一次發表的聲名，更是卑躬屈膝更甚於此。二〇一九年八月，該公司因為一件汗衫上的字疑似支持香港獨立，因此被迫發表聲明，表示該服飾品牌「熱愛中國，堅決尊重其領土的主權。」[67]

習近平稱這是「語言力量」，是「把中國故事說好」來形塑故事的能力。[68]外國企業和其員工都是為中國說話的出色代理人。美國儘管常因軟實力被人讚美，中國卻會靠著代理實力而獲得最後的勝利。中國退休職籃明星姚明現任中國籃球協會主席，該協會是政府附隨組織，裡面中共的影子很濃。如果是姚明讚美中國，美國人不會感到意外。但如果連休士頓火箭隊巨星大鬍子哈登（James Harden），為其球隊道歉，並公開宣稱「我們愛中國」、「也愛中國所有的一切」時，那才真能讓人相信是出自肺腑之言。[69]（就連演員約翰・希南（John Cena）二〇二一年五月，因誤稱台灣為國家，而於事後發表的道歉影片中，顯得道歉過了頭：「抱歉，抱歉，我真的很抱歉。請大家瞭解，我愛中國和中國人民，也尊重他們。」卻還是讓人覺得很真心誠意。[70]）大鬍子哈登的道歉或許出自真心，但卻也讓他成了助長北京的大外宣工具。

有時候，當中國在教訓外國公司時，也不說是依據哪條法律，或是該如何修正悔過。像中國運動用品品牌安踏（Anta），光只是一句ＮＢＡ用語錯誤，隨即立刻取消正在商談的合約。[71]為了修補關係，ＮＢＡ高層就要拉低姿態，但中共或政府卻只會輕描淡寫地點一下，不會明講該朝哪個方向修正。「ＮＢＡ和中國合作多年了，」中國外交部長耿爽在二〇一九年十月記者會上說。「話該怎麼說、事情該怎麼辦，他自己應該很清楚。」

企業之所以低頭，並不是因為它們認同或尊重北京的觀點。它們低頭，是因為不想遭到北京制裁：中國網路巨擘騰訊原本與ＮＢＡ簽定五年十五億美元的合約，在火箭隊事件爆發後，騰訊就想毀約。[72]ＮＢＡ向來對華姿態就很低，也立刻低頭，運動網站Deadspin就說，那是因為北京「真的有辦法能讓ＮＢＡ荷包破個大洞，這是很多美國抗議ＮＢＡ球迷想做的事，但他們只能在自家草坪上燒球鞋抗議，而北京卻真的有這個本事。」[73]北京是真的有這個本事：ＮＢＡ事後估計，這樁醜聞害它們足足少賺四億美元。[74]

但也有時候，對於自己的要求，北京政府會向外國企業講得非常明確。像在二〇一八年四月，中國民航局就向四十八家外國航空公司發出公開信，要求他們，舉凡公開內容，都需將台灣標示為中國的一省，不然就會遭到制裁。川普政府立刻以異常直率的口吻發出聲明，表示北京此舉無異於奧威爾《一九八四》小說中的情節，純屬無稽，中共強將其政治觀點，要求美國民眾和私人企業接受，此風日益猖獗，不可助長。」但二〇一八年七月，美國三家主要大型跨國航空公司聯航（United）、美國航空（American）和達美航空（Delta），全都屈服於中共壓力下，在網站上將台灣降為中國一省。[75]

如今大型國際航空公司都不再把台灣當成國家後，萬一哪天這些公司的員工、廣告、分支機構不小心口誤，那就會成為新聞焦點。能夠先自我審查，總比摸不清楚規則，哪天踩到紅線才讓進帳大減保險得多。二〇一八年一月，中國國家互聯網信息辦公室下令，要零售服飾業者Zara和全球最大醫療器材公司美敦力（Medtronic）兩家公司，在下午六點前發出道歉聲明，因為他們的網站上，全都將台灣列為獨立國家。[76]該辦公室還要求這兩家公司「要全面自我檢查」，以確保網站上其他部份，沒有類似疏失存在。兩家公司二話不說，全都照辦。二〇二〇年五月，北京要求美國視訊會議公司 Zoom，封鎖多個悼念天安門慘案的線上週年紀念活動，這些活動都是由在美中國異議分子所舉辦。而 Zoom 也照辦了。[77]Zoom 稱自己取消這些活動是為了「遵守」當地法規。

Zoom 的說詞，其他科技公司也用，只要遇到北京要求他們審查自家內容，他們都以此為藉口。比如說，人才媒合軟體領英（LinkedIn）在二〇一四年發行中文版平台後，就說自己之所以審查在美貼文的原因，是要遵守中國法令。[78]「Zoom 說自己必須遵守當地法令時，」喬治華盛頓大學（George Washington University）法律系教授唐諾・克拉克（Donald Clarke）說，「它言下之意其實是，『我們不覺得照中國政府要求是什麼天理不容的大事，何苦為這種小事跟自己荷包過不去？』」[79]中國法律制度非常不透明，而且也不是對所有人一視同仁。Zoom 遵守的那個規定，並不在中國憲法法條之內，畢竟中國憲法是允許言論自由的，Zoom 之所以這麼做，是因為中國官員告訴它這事在中國違反，就只是這樣。

前萬豪酒店員工瓊斯說：「我們員工從沒接受過中國社會價值的訓練，不懂如何和中國打交道。」[80]但就算提供訓練，北京的喜怒無常，也讓外界很難捉摸。究竟是哪些內容、什麼時候、又是為什麼會犯錯，都難以預料、又沒有一個準，結果就是所有的外國人和外國機構在和北京打交道時，都要戰戰競競，而且，這反而更中北京下懷。「中國政府沒有制定一套守則，規定什麼能做、什麼不能說。」中國學者麥克斯·歐伊特曼（Max Oidtmann）說。「中國審查制度刻意設計成要人人噤若寒蟬，自我審查越嚴越好。」

北京要企業自我審查的原因，並不是因為它不能容忍異議，或是中共體質脆弱到批評它一下它就垮了。中共要企業自我審查，單單只是因為它知道大家都會乖乖聽話。這方法它歷經數十年一步步打造出來的，靠著吸收越來越多外國人和外國公司前來投靠，讓它得以成功經營這個制度，推廣中共大外宣。不過，有時太超過，火還是會燒到自己：比如，ＮＢＡ那件事，要是拖得太久，可能會讓中國球迷的怒火不僅燒向美國聯盟，也燒回北京當局，但這幾年下來，已經讓它成功打造了一個由西方商界高層所組成的北京護衛隊，這些人步步為營，生怕一個不小心就得罪北京。

也因為這樣，他們會處處維護北京的利益，替它說盡好話，卻也為他們招來罵名，被外界指責是雙標、偽善。在一月六日因川普煽動，而造成的美國國會大廈多起死亡的暴動後，有數十家美國大型企業都說，若共和黨國會議員不願投票贊同選舉人票認證，他們要重新審視對共和黨的政治獻金，也有的直接決定要暫停獻金。（這些人既然可以勇敢不為共和黨出頭，為什麼就不能勇敢不為共產黨出頭。）[81]

很多企業，像迪士尼，想要兩面討好，遊走在美國價值和與中國交情之間。NBA事件在美國讓美國職籃飽受共和與民主兩黨抨擊，這也讓迪士尼醒悟。「我們從上週的事瞭解到，這類事有多複雜。」艾格在莫瑞二〇一九年十月那篇推特後幾週說。[82]「採取的立場，若會在某方面傷到我們公司，那是很大的錯誤。我不認為這種事，應該透過公開表態來處理。」

其他美國商界高層主管跟艾格一樣，有這種錯誤的看法，以為在中國做生意，可以完全不碰政治。「我們遭遇強烈反彈，我想要表明，我們球隊並不帶政治立場。」休士頓火箭隊的老闆提爾曼．費替達（Tilman Fertitta）在事件爆發後，這麼跟ESPN聯播頻道說。[83]「我們只是來打籃球的，沒有要冒犯任何人。」他在推特上這麼寫道。「我們不是政治團體。」[84]二〇一八年十二月麥肯錫（McKinsey）管理諮詢公司發表聲明：「我們不支持政治活動，也不從事政治活動。」[85]

關於這點，艾格、費替達和麥肯錫如果不是搞不清楚狀況，就是在裝傻。對現在的中國而言，迪士尼、NBA和麥肯錫都算是政治團體。因為為了在中國成功，他們已經選擇跟中共站在同一邊了。NBA是和中國教育部合作的。NBA既然一再重申中共的立場，又在推文中說出「無疑嚴重傷害了中國籃球迷的感情」這樣的話，那就是十足的政治表態了。（而且它也跟中共各機關一樣，在英文和中文聲明中的訊息，完全不同。[86]ＮＢＡ英語聲明寫道：「本球團的價值，是支持每個球員在他們視為重要的事務上，自行獲取資訊，並且分享其個人觀點。」（比起中文聲明要溫和得多。）[87]據《紐約時報》報導，麥肯錫先後擔任過中國百大國營企業中，至少二十二家的諮詢顧問工作，這些企業都是中共黨國一家的分支機構，而且麥肯錫在二〇一八年還在新疆持有一個休閒渡假村，位置就在中共新疆集中營數英里外。[88]而麥當勞也一樣，他在中國就聲稱自己「捍衛中國領土主權」，而萬豪國際也為自己支持顛覆行動道歉——這些做法有哪一點不是政治至上？[89]

ＮＢＡ事件一發生，迪士尼立刻要求公司內部自我審查。ＮＢＡ爭議發展到最高點時，ESPN頻道的資深新聞部主任要求，該頻道的新聞播報「要避免論及任何與中國和香港有關的政治消息」，這份來自Deadspin網站所整理的備忘錄，得自該頻道外流的資料，堪稱這則二〇一九年最大條體育新聞事件過程，最駭人聽聞的處理原則。[90]ESPN新聞中，甚至出現一張地圖，當中台灣被列為中國一部份、爭議性的南海九段線也納入中國。[91]「這張地圖，過去我只在中國看到過，沒在其他國家見過。」專研中國法的法學專家古舉倫（Julian Ku）在推特上這麼寫道。[92]而迪士尼擁有ESPN八成的股份。

美國電視界不用討好中共，好萊塢和ＮＢＡ卻沒有被放過。「想吸中國的熱奶嘴，就要犧牲自由理想。」卡通《南方公園》一名好萊塢製作人，他在傷腦筋構思要怎樣才能寫出可以通過中國電檢的傳記電影劇本時，片中的主角小朋友這麼解釋。「我現在能夠瞭解好萊塢劇作家的感受了，」片中十歲的主角屎蛋（Stan）一邊修腳本，一邊看著頭上緊盯著他的中國警衛時這麼說。片中還有米老鼠身上的汗衫寫著他愛習近平，並指責超級英雄雷神索爾（Thor），說他不夠舔中。後來《南方公園》被北京當局從中國電視頻道上下架，該卡通的劇組在推特上寫出「官方」道歉文：

就跟ＮＢＡ一樣，我們歡迎中國審查制度進駐我們的家鄉和心裡。我們同樣熱愛金錢勝於自由和民主。習近平一點也不像小熊維尼。本週三晚上十點請收看本卡通第三百集！偉大的中國共產黨萬歲！願今年秋季高粱豐收！這樣大家沒事了嗎，中國？」[93]

二〇一六年十月，ＮＢＡ接收了新疆首都烏魯木齊地區的一座再教育營區。（迪士尼旗下ESPN運動頻道持有中國ＮＢＡ的股權）在當地的美國教練，不斷受到警方騷擾；因為是外國人，他們租不到房子，只能住旅館：一名教練還毫無原因被警方羈留了三次。然而，更扯的是，ＮＢＡ在新疆駐地訓練，等於是在美化這樁當今世上最殘酷的屠殺事件。「在那裡訓練，最難的地方不在遭到歧視和騷擾。」柯本．勞伯特（Corbin Loubert）在推特上這麼寫道，他的領英資料上顯示，他從二〇一八年六月到二〇一九年五月間，擔任ＮＢＡ運動員的肌力與體能教練。「最難的是，必須無視當地維吾爾族人所受到的歧視和騷擾。」

ＮＢＡ說它早在二〇一九上半年，就已經終止在新疆訓練營的訓練活動，[94]但迪士尼和新疆的牽連可還沒完。《花木蘭》這部改編自一九九八年同名動畫的真人電影，於二〇二〇年九月發行，該片原本是萬眾期待的，但有個地方卻讓人心痛，但原因不在其劇情。[95]該片講述古代中國女扮男裝、代父從軍、英勇救主、光宗耀祖的故事。該片雖讓中國人自豪，但它做的其實並不特別明顯：除了替習近平最看重的通商古道絲路說話外，該片和現代中國幾乎沒有太大連結。《紐約時報》稱此片「有點好笑，又有點悲傷，倒是有很多壯麗的景致。」[96]

該片的問題出在其片尾工作人員名單。片中壯麗的景致背後，藏著大家沒看到的陰暗面。迪士尼在中國許多地區拍攝《花木蘭》一片（也有前往別的國家）。[97]片尾名單中，迪士尼特別感謝協助拍攝的十多個中國機構，當中有四個是新疆地區中共宣傳部門，另外還有同樣位於新疆的吐魯番市公安局，這些機構都是協助中共執行違反人道行為的單位。這實在太讓人震驚了，所以容筆者再說一遍：地處中國西北的新疆地區，是當今全球侵犯人權最嚴重的所在，而迪士尼竟然去感謝位於此地的四個官方宣傳部門和公安局。[98]中共對新疆維族人強制施行節育計劃，導致該地區的生育率，從二〇一七年到二〇一九年足足下降了四成八，這是聯合國從七十年前開始在全球收集生育數據以來，單一地區最嚴重的下跌。「對該族群強制採用節育手段」就符合法定種族屠殺的定義。[99]也就是說，迪士尼不僅與一個正在進行種族屠殺的地區合作，還出言感謝遂行此罪行的政府部門。[100]

迪士尼為什麼就非和新疆合作不可呢？它大可不必的。要拍出片中那些迷人的山光水色，不僅在中國有許多其他地區可以去取景，全世界也有更多國家可以去。但這麼一來，迪士尼卻昭告世人，好像這一違反人道的罪行沒什麼了不起一樣。

《花木蘭》一片和新疆的關係究竟為何，我們並不清楚；在迪士尼影片總裁尚．貝利（Sean Bailey）致英國政府的信中，他說片尾的名單是該公司聘用的中國公司所提供，而該片開拍到新疆拍攝的時間，也只有短短四天。但事實上，該片劇組有些人，像是設計葛蘭特．梅傑（Grant Major），在新疆和鄰近地區就待了好幾個月的時間，而從該片導演妮姬．卡羅（Niki Caro）的 Instagram 帳號上更可以看到，早在二〇一七年九月勘景時，她就已經至少到過新疆一次。[101]一九四六年，迪士尼發行《南方之歌》（Song of the South），片中充斥大量讓人聽了很不舒服的種族歧視字眼，還美化黑奴農場的生活。[102]後來迪士尼自知理虧，就撤下該片；現在我們要找該片來看都很難。《花木蘭》一片則是自《南方之歌》以來，迪士尼最具爭議性的電影作品。原因不在其劇情內容，而是在其為了拍攝而做的種種讓步，讓人不恥。

美國電視界所拍攝關於中國的影集中，我個人最喜歡的一幕出現在《辦公室》（*The Office*）中，這部詼諧諷刺劇，講的是小鎮上美國上班族的生活。「我這一生向來相信美國第一。」劇中的蠢蛋老闆麥可．史考特（Michael Scott）在二〇一〇年播出的其中一集中說。「而非美國居次。英國才是排在第二位。中國則應該是第八位。」老闆一角是史提夫．凱瑞爾（Steve Carell）所飾演，這個老闆這番話，是在牙醫診所看了雜誌後，發現「中國是條沉睡的巨龍，正在慢慢甦醒。」[103]

「去轟炸他們。」辦公室裡總是滿腹牢騷的杜懷特（Dwight）說。「二〇二〇年時，他們就會成為全球最大的經濟體，他們現在快速成長，到時候我們都沒飯吃了。」杜懷特這番誇張的言論，不是要激起仇華情緒。而是在嘲弄有些人的無知和恐懼，那種恐懼從十八世紀，馬爾薩斯（Malthus）寫下人口論原理時，就一直存在，至今依然有人信奉，這種理論主張，如果較貧窮的國家，也跟美國等富裕國家一樣，消耗資源的話，那地球的資源會用罄；只要把他們炸個人去樓空，這個問題就解決了。

拿別人的無知來嘲弄，讓人有種發洩的快感；這不但不會讓人更擔憂，反而會讓人不再那麼擔憂。

數百年來，美國人和英國人一直將中國比喻為沉睡的巨獸。從十九世紀至今，許多書和文章，在提到中國時，都會一再重覆一段話，誤指為拿破崙所說：「讓中國繼續沉睡，因為一旦她醒了，就會撼動全世界。」數十年來，這句老生常談屢見不鮮。「過去五十多年，或更長的時間，每當中國這尾巨龍稍微擺尾，就有美國觀察家緊張地斷定，那一定是巨龍即將甦醒的時刻。」美國記者赫若．艾薩克斯（Harold Isaacs）在一九五八年這麼寫道。[104]一九九七年《經濟學人》雜誌還曾抱怨，此言太過流行，還因此「激發數千篇文章的靈感。」[105]這類文章的數量到現在又多了一千篇，其中還包括二〇一七年十二月《金融時報》上論及石油價格的文章，以及二〇二〇年十月，視博恩（又名基督教廣播網）（Christian Broadcasting Network）上提到習近平的文章、二〇二一年一月《富比士》雜誌上關於中國崛起的文章、以及二〇一四年十月《紐約郵報》社論，提及該年香港民主示威的事。[106]一九九四年，《紐約時報》兩位記者，尼可拉斯．克里斯多夫（Nicholas Kristof）和雪若．伍當（Sheryl WuDann）聯名出版了一本暢銷書《中國甦醒》（*China Wakes*）；早此二十年，前法國外交官亞蘭．培瑞菲特（Alain Peyrefitte）則出版了暢銷書《當中國甦醒》（*When China Awakes*），此書之後則有二〇〇六年的《中國撼動全世界》（*China Shakes the World*），以及二〇一七暢銷書《錢暴後的暗處：操作下的二十一世紀藝術市場》（*Dark Side of the Boom: The Excesses of the Art Market in the 21st Century*）中有一章單論中國，章名亦為「中國甦醒」。[107]

這句話中國則翻譯成「沉睡的雄獅」，在中國被傳誦的程度，還甚於西方：中國使用率最高的搜尋引擎百度上，就可以找到一百七十萬則「沉睡的雄獅」，其中大多數都指這句話出自拿破崙。[108]「在中國，這句話流傳很廣。」中國知識分子田方萌在中文版的《紐約時報》上這麼寫道，「從一些中學生八股的愛國作文，到專家寫的重要國際事務分析，都很常見。」[109]就連習近平都在二〇一四年三月於法國的演講中，都引用這句話。[110]

這句話為什麼會這麼廣為人知呢？因為這句話讓美國和中國，都能夠假裝沒看到中國現在的重要性，將之推遲到將來。美國人因此可以依然擁抱美國在世上無人能比的假象，將有人後來居上的這種焦慮，放到將來去擔心，不要去想它已經失去全球優勢的事實，無視於目前美國在全球秩序中漸居下風，以及中國在其中漸居上風的情形。

面對這個問題，美國人有三個選擇。是要優雅、默默地讓位給中國去稱霸、就像英國在二次大戰後那樣，然後美國屈居第二？美國企業應該不會樂見此事，美國人民也不太可能會接受。二〇二一年二月一份皮尤中心的問卷就發現，有六成七美國人對中國有負面觀感，比二〇一八年時的四成六高。[111]

而且對中國感到焦慮的，還不是只有美國而已。該皮尤問卷中也調查了其他國家，包括瑞典、澳洲、英國、南韓，它們的焦慮更勝於美國。美國在全球的地位和名聲在川普任內受到重創，但在拜登上台後，美國在全球的形象已經逐漸好轉。

既然這樣，美國政府是否該想辦法推翻中共呢？或許這是一種方法。在背後推動、甚至製造革命和政變，這手法很複雜而且傳出去不好聽，這方法過去美國在全球十多個國家從阿富汗到越南都試過、也學到了教訓，在中國搞革命，不僅會讓全球經濟動盪，也不保證繼任者會比習近平更不獨裁專政。中國雖然有諸多不是，尤其是新疆的情況，但也不是沒有更壞的可能。例如，如果讓中國民主化了，但它卻選出一個民粹統治者，利用中國人普遍的仇日心態，把美國捲入腥風血雨的第三次世界大戰。

那美國是否該想辦法削弱中共的權力、限制其實力，像是其軍力以及其國防力量，但另一方面則強化對華貿易連結，並與北京在氣候變遷議題上合作呢？這可能正是拜登政府最想要做的事：本書於二〇二一年九月付梓時，拜登還沒揭示其對華政策。但它將發展美國經濟擺在優先，並極力避免與中國發生戰爭。但這是否保證美中未來數十年，可以達成共識，開始和平共存，或至少不用兵戎相見，讓生民塗炭呢？

還是，拜登要坐視北京日益壯大，追過美國，然後等到有一天雙方開戰時，才發現中國已成為可怕的對手了呢？許多支持第二種戰略的人，就主張美國應該強化美國競爭力、扁平化民主體制、在科學和數學研究和教育上投資更多資源。當然，這裡面還要考慮到美國的全球戰略，但再怎麼說，這並沒有直接處理到中國崛起的問題。

美國政商界掌權人士對於該如何與中國打交道這事，看法兩極。和中國交好的，比較傾向採用類似第一和第三種策略。迪士尼和蘋果等企業，都宣稱自己和中國做生意完全不涉及政治，但實際上卻將美國推向第一種選項。從小布希政府開始，美國國防部裡就有部份單位被派來進行第二種戰略的準備。這裡面有些官員認為，美國現在其實已經是在對中國作戰了，只是沒有宣戰而已，而事實上，中國也正在和美國作戰，同樣也是沒有宣戰。

我個人是堅信，中共對美國所維持的世界秩序，是一個存在的威脅，這個世界秩序儘管並不完美，卻一直能防範第三次世界大戰的發生。要是有一天，中國的政治體制能夠發展成像台灣或日本那樣的民主體制，那我相信美國會願意和中國分享，並將權力讓給中國；這時，也就是成了第一種選項。但我認為，這種事可能幾十年內都不會發生。

我認為第二種選項，儘管風險相當高，對美中都比較好。雖然，第三種選項似乎可以阻止第一種選項發生。這點雖然很少為人提及，卻是相當顯而易見，但這事畢竟不是我所能決定的。

而這樣的抉擇問題，全球很多國家也正在面對。分析師姆旺沙・查威二世（Mwansa Chalwe Snr.）寫道，尚比亞人就想不通，為什麼中國在自己國內「大力掃蕩」貪汙，卻放任其在海外猖獗。澳洲知識分子大衛・布羅菲（David Brophy）稱其二〇二一年的著作《中國恐慌》（*China Panic*），是要尋找一種符合道德的中間力量，來面對中國問題，也就是「澳洲在杯弓蛇影和一味逢迎之外的另一種選項」。當新冠疫情結束後，美國終究也會面臨相同的問題，開始針對中國和自己的未來去辯論。[112]

美國人民的想法呢？打從季辛吉與中國總理朱鎔基在一九七一年會面以來，美國對華關係經歷過十多位以老白人為主的政要之手。來自共和與民主兩黨的政治人物，經常會和選民談到中國。但他們卻很少和選民開誠布公地聽取彼此的意見。「我不懂你們為什麼老說中國是威脅。」美國財政部長門努欽曾在川普任內初期，於總統辦公室會議上這麼說。「你們都活在華府的泡泡裡，華府外根本就沒人認為中國是威脅。」[113]但，事實上在二〇二一年二月由皮尤研究中心所作的民調卻發現，八成九的美國人，要不認為中國是競爭者、就是視中國為勁敵，絕對稱不上合作關係，而另一個同期進行的蓋洛普民調（Gallup）就顯示，四成五美國人視中國為美國頭號大敵。[114]

在賓州的鋼鐵工人、密西西比州的教師、以及印地安那州的牧師們對於美國未來有什麼想法？你去問就會知道。

錢學森這人很難相處。「學生都怕死他了，」他在加州理工學院（Caltech）的一名同事這麼說他，錢於一九四〇和一九五〇年代，任教於這所大學。「他有一種中國皇帝的威嚴。」在作家張純如（Iris Chang）一九九五年所著錢學森傳記《中國飛彈之父：錢學森之謎》（*Thread of the Silkworm*）一書中提到，一九五〇年代初期的錢學森「是非常傲慢的人，而他在學術研究方面一連串的進展，更讓他的傲慢到了讓人難以忍受的地步。」錢學森在當時，堪稱是全球噴射推進研究的第一把交椅，因為有他，美國在一九四〇年代的戰蹟才能那麼輝煌。也因為這樣，儘管他不是美國公民，美國陸軍還是頒給他等同上校的官階。

但一九五〇年二月，麥卡錫參議員（Joseph McCarthy）的演說中指稱，有一〇五名共產黨滲透到美國國務院。從此紅色恐懼瀰漫全美。而錢學森因為據稱在一九三〇年代曾經參加過中共的會議，所以被美國陸軍撤銷其陸軍研究的身分。接著更將他逮捕。最後更在一九五五年，將錢學森送回當時唯恐天下不亂的中國，而偏巧中國當時正積極開發飛彈計劃。遣送錢學森回中國「是美國幹過最蠢的事」，前美國海軍部長丹．金波爾（Dan Kimball）曾說。「他如果是共產黨的話，那我也是了，是我們逼走他的。」[1]

麥卡錫時代的紅色恐慌，毀了上千名出色作家、演員、律師、政治人物的事業，知名的受害者，包括：劇作家亞瑟．米勒（Arthur Miller）、物理學家歐本海默（J. Robert Oppenheimer），以及詩人蘭斯頓．休斯（Langston Hughes）。但這些受害者，對美國國力所造成的嚴重損失，都比不過那位強悍、驕傲的錢學森。因為錢學森隻手「推動了中國軍事科技中火箭科學的革命。影響不容小覷。」柏克萊電機工程教授恩尼斯特．庫（Ernest Kuh）在書中這麼對張純如說。[2]錢學森一手帶動中國一九六〇年代的火箭發展；中國因此得以在一九六六年試射載有核子彈頭的彈道式飛彈，在當年引發了全球性的核彈危機，程度就跟二〇一七年北韓的飛彈危機一樣。而更糟糕的是，錢學森在一九五八年六月發表一篇文章，文中他盛讚推動中國大躍進的農耕技術科學研究，這場一九五八年到一九六二年的農業實驗，最後造成中國有數千萬人死於饑荒。一場這麼大型的人禍，當然不會只有一個禍首；但是錢學森可說是始作俑者、難辭其咎。他「寫了那麼篇文章，等於為毛澤東此用該科學理論推動大躍進背書。」科學史家許良英這麼說道。*「當該文見報後，毛澤東立刻就大張旗鼓推動大躍進政策。該文給了毛澤東錯誤的信心。正是因為這樣，該文等於直接造成了隨後的中國饑荒。

那美國人要如何做，才能一方面制止中共來從方面對美發動的毒害影響，並在另一方面不落入麥卡錫式的種族偏見、導致杯弓蛇影、徹夜難眠，因而適得其反呢？美國人應該從錢學森事件中學到教訓，從而明白，對這類事最好的反應，應是從戰略和道德兩方面著手。將錢學森遣送回中國，不僅僅違反了美國的道德價值，同時也助長了中國在火箭發展上的聲勢，因為有他的協助，中國的火箭研發技術大概快了十到二十年的時間，因此讓美國有點措手不及，同時，這也助長了中國大型饑荒，使之更加慘絕人寰。

川普對中國、中國人民、以及新冠病毒的不厚道說法，讓北京找到藉口，可以自稱是在全球各地捍衛其人民，使其不致遭到美國種族歧視的傷害，所以，這種作法，只會適得其反，讓北京當局在和美國對抗時，更站得住腳。川普在二〇一八年八月和企業高層晚宴時，曾提到一個國家，說：「該國來美留學的學生，幾乎都是間諜。」大家都知道他說的是中國，在場一名來賓跟《政客》（Politico）政治新聞公司說了此事。[3] 川普還嘲笑黛安・費恩斯坦（Dianne Feinstein）參議員，說她竟然僱用華人司機，但

＊該起饑荒發生四十年後，張純如在中國接受訪問，她指「許多資料皆忿恨不平地指責錢學森」該文誤導。

其實，早在這之前，在聯邦調查局告訴費恩斯坦該司機有可能是間諜後，她就已經將之開除了。[4]而且川普還經常把新冠病毒稱為「中國病毒」或是「功夫流感」（Kung Flu）。

無獨有偶，歷史不乏川普、錢學森這類例子。錢學森受到不公平的待遇、以及川普的不留口德，不過是美國政府長久以來，對於中國人和華裔美人不公平待遇，這情形早從十九世紀下半葉就已經非常普遍了。一八七八年，加州參院調查發表一份名為〈中國移民：其社會、道德與政治效應〉（*Chinese Immigration: Its Social, Moral, and Political Effect*）的報告。報告中指「加州地區對於不道德行為、嫖妓、以及失業率的不安，全都來自中國移民。」史學家尚．菲爾澤（Jean Pfaelzer）在二〇〇七年著作《驅離出境：對美籍華人發動的遺忘戰役》（*Driven Out: The Forgotten War Against Chinese Americans*）一書中這麼提到。數年後，國會通過一八八二年「排華法案」（Chinese Exclusion Act），中國人於是成為所有外來人種中，第一個被禁止入美的。「中華帝國如烏雲般，籠罩著太平洋岸未開墾諸州。」參議員拉法葉．葛羅佛（La Fayette Grover）（民主黨—奧勒岡州）在一八八二年三月這麼說。「中國人民有可能如蝗蟲般蜂湧而至，」眾議員霍里斯．佩吉（Horace Page）（共和黨—加州）也贊同這種想法。「想要讓華人歸化成美國人，這想法有多荒謬？」他問道。這項法案一直到一九四三年才被推翻，但卻還保留了部份法條。[5]這種對華人的不平等待遇一直延續下去。一九六一年，劇作家羅伯・亞倫・亞瑟（Robert Alan Aurthur）為韓戰採訪前總統杜魯門（Harry S Truman），當時杜魯門已經卸任八年。杜魯門在採訪中越喝越醉，亞瑟寫道，接著就開始大喊：「黃種華人」，還有「瞇瞇眼中國佬」（Chinks）。[6]

一九七〇年代和八〇年代，日本經濟崛起後，日製汽車、電視和相機在美國市場上處處力壓美製產品，美國因此掀起一波排日種族主義，但是即使到這時，美籍華人還是未能逃離種族歧視的命運，眾議員約翰・丁格爾（John D. Dingell）（民主黨—密西根州）竟然可以說出日本人是「小黃種人」這種話而沒有被追究。[7]一九八二年，在排華法案足足滿百年後，兩名失業的汽車工人，共同殺害了美籍華人陳果仁（Vincent Chin），而原因似乎與兩人誤認他為日本人，所以把自己失業的原因怪罪到他頭上有關。該案開庭後，法官只判兩名犯案的白人三年緩刑。「這種人不該去坐牢，」法官這麼說。此事惹出全美示威抗議，也讓亞裔美人開始意識到，應該要為權益遊說國會、抗議、並組成人權團體。[8]

一九九六年的「中國門」醜聞，不僅讓美國人警覺到，北京對美國政治過程干預的危險；同時再次掀起反華種族主義，讓亞裔美人在美國政府的參政機會停止成長。一九九七年，《國家評論》（*National Review*）雜誌某期的封面上，柯林頓總統夫婦被畫成暴牙、瞇瞇眼。[9]「這整件事最讓我感到遺憾的，」鍾育瀚（Johnny Chung）是「中國門」事件中，負責將中國軍方情報組織的錢捐給民主黨全國大會的中間人，他說：「就是競選經費醜聞帶給亞裔美人負面的衝擊，連帶的也衝擊到華裔美人，而這有一部份也是我造成的。」

「中國門」醜聞所引發的恐慌，也催生了美國史上最大的反情報作戰失誤。台裔美人李文和（Wen Ho Lee），原本是美國洛斯阿拉莫斯國家實驗室（Loas Alamos Laboratory）的核武科學家，但他在一九九九年十二月被捕，並被當局以五十九項罪名起訴。這之後他被單獨監禁長達兩百七十八天，且不得交保，但最後他所有的罪名都被撤銷，只有一項處理敏感文件不當的小罪名被成功起訴。法官事後向李文和道歉，柯林頓總統則說：「整件事讓我很困擾。」但美國政府卻始終沒有特赦李文和。[10]有些亞裔科學家也因李文和案，以及長久以來亞裔被不公平對待之事，而聯合杯葛美國研究實驗室。「我覺得白人並不容易瞭解這種偏見。」在洛斯阿拉莫斯工作的華裔美籍科學家李卓桓（Huan Lee）道。[11]

二十世紀後半葉，美國成鄉開始更動一些有歧視性的地名。一九八〇年，伊利諾州有一個城叫作北京（Pekin）（也有北平鴨的意思），城名源自十九世紀，當初在此定居的人，以為只要從這裡鑿一個洞穿過地球，就可以直達中國首都北京城。但它最近決定要把城中高校球隊的隊名「北京瞇瞇眼」（Pekin Chinks）改為「北京龍」（Pekin Dragons）。不久，當地的溜冰場也不再被稱為「瞇瞇眼溜冰場」（Chink Rink）。[12]

但截至二〇二一年八月為止，全美還有差不多二十多個地名，裡頭出現「中國佬」（Chinaman）這樣貶抑性的字眼。[13]包括：俄勒岡州的中國佬山徑（Chinaman Trail）、路易西安那州的中國佬灣（Chinaman Bayou）、新墨西哥州一個名為老中國佬（Old Chinaman）的礦坑，以及科羅拉多州從丹佛市往南開四小時的中國佬峽（Chinamans Canyon）。另外在愛達荷、蒙大拿、德州、奧勒岡等州，都有名為「中國佬帽」（Chinaman Hat）的小山可以登頂，這名稱可能是因為這些小丘陵狀似十九世紀末中國苦力戴的那種斗笠。就連加州這個向以社會平等自豪的州，也還有一條名為「中國佬溪」（Chinaman Creek）的小河，就在離沙加緬度三小時車程的森林裡。

二〇〇八年全球金融危機時，中國剛好幾乎毫髮無傷，於是引發了美國有一個時期的「恐華／擁華」（Fear the Chinese/ Be the Chinese）心態，這是文化評論者奧利佛・王（Oliver Wang）發明的詞。[14]耶魯大學法學院教授蔡美兒（Amy Chua）二〇一一年一月在《華爾街日報》上的專欄中，標題為「為什麼中國媽媽就是比較優秀」（Why Chinese Mothers Are Superior）的文章，以及她的暢銷書《虎媽的戰歌》（*Battle Hymn of the Tiger Mother*）（譯注：蔡美兒是菲律賓福佬移民，從小在家都講福佬話，她的姓「蔡」拼成英文Chua，是福佬話發音。Tiger Mother是福佬話「虎豹母」的英譯。）點燃了美國全國上下的戰火，讓大家開始討論，有沒有可能，中國文化真的比較優秀。「中國越強大，華裔美人就越會被視為其強大的載具。」前白宮幕僚劉柏川（Eric Liu）在二〇一四年寫道。「中國越是膽大妄為，華裔美人的行事就越會讓外界解讀為膽大妄為。」隨著美國人對中國窺視的擔憂日增，被依美國經濟間諜法（U.S. Economic Espionage Act）起訴的被告中，中國人姓名占比就越多，這個數字，從二〇〇九年到二〇一五年足足上升了五成二，遠比一九九七到二〇〇九年多出三倍。[15]而被誣告的中國姓名人士比例，也多出一倍。就像黑人常愛指控的「只要黑人開車就有嫌疑」，這種種族偏見，華裔美人被指為間諜，「也成為一種新興的濫訴罪名」，法律學者金崇世（Andrew Chongseh Kim）就寫道，同一句話可以改為：「亞洲人做研究就有嫌疑。」[16]

川普時代，就是這樣，越來越多中國人和華裔美籍的研究者、教授、學生遭到懷疑。二〇一八年，川普首席移民顧問史提芬・米勒（Stephen Miller），曾經向川普力陳，要他停止提供發放中國籍學生留美學生護照。[17]之後中美關係如江河日下，再加上新冠病毒肆虐，讓華人在美處境更為不堪。二〇二〇年三月，一名男性刺傷三名亞裔，其中兩名傷者才分別只有兩歲和六歲，而他傷人的原因，竟然只是因為對方是「華人，會傳染新冠病毒」（但結果三人都是緬甸人）。[18]二〇二〇年八月，美國務卿龐佩奧曾說，川普任內曾考慮過，要限制中國學生來美留學人數。[19]本書付梓時，因為地緣政治的壓力、美國對於具有軍事和國安背景中國留學生的審查日嚴、美中兩國對於新冠疫情的恐慌，以及中國人擔心在美人身安全諸多因素，造成來美中國留學生人數銳減。「最有利於中國的事，」紐約皇后學院（Queens College）校長、也是《黃種人：黑白以外的美國族裔》（*Yellow: Race in America Beyond Black and White*）一書作者吳華揚（Frank Wu）道：「就是美國把所有中國移民趕出去。」[20]

美國應該如何一方面對中國提高警覺，但另一方面不致落於種族歧視呢？或者換另一種講法，對那些覺得種族主義這項指控，純粹是左傾媒體的欲加之罪的人而言，要怎麼保護美國人的理念，不受北京侵犯的同時，還能不落人口實，被指為種族偏見？

中國崛起，以及中共日漸壯大，對全球的威脅，好巧不巧又正好呼應了美國歷史中，造成種族歧視的根源所在：紅色恐慌和黃禍。「我們想要達到的，就是不僅把中國的威脅視為是其政府發動的威脅，而是其整個社會發動的威脅，」聯邦調查局局長克里斯多夫・雷伊（Christopher Wray）在二〇一八年二月的這份演說，後來被廣泛引用。「因此我認為，美國也應該發動整個社會去反應。」[21]但要整個社會集體提高警覺，尤其是對美國這樣一個不久前還有著毀滅性反華歧視的國家而言，在道德上和戰略上都是錯誤的。美國政府如果帶頭歧視中國，只會正中中共下懷，因為這正好讓它更理直氣壯，可以自稱是要為全球華人挺身而出。

在美國兩黨始終無共識的政治氛圍下，中國是唯一個凝聚兩黨共識的領域。但許多美國人，尤其是左派美國人，卻不瞭解。眾議員裴洛西（Nancy Pelosi）和參議員查克．舒馬（Chuck Schumer），對於美國有必要對抗北京步步進逼的看法，實際上是和參議員泰德．克魯茲和馬可．魯比歐是一致的。（譯注：前兩位是民主黨、後兩位是共和黨）。民主黨的戰略擬定者，現在應該要想辦法讓民主黨中主張美國孤立主義的派系活躍起來，這可以讓民主黨同意，要將制衡中國的戰場，移回美國，而不是放在中國。另一方面，共和黨的策士則應該基於國家安全的理由，極力避免想把中國人民和友中人士，如艾格和洛克等人妖魔化的企圖。北京和友中人士的作為，已經夠對他們自己不利了，美國人沒必要去幫他們火上添油。

二〇二一年七月，一個由超過四十個激進團體所組成的政治組織，向拜登政府遞交一封陳情信，信中力促政府要「終止新冷戰」，開始與中國合作，以對抗氣候變遷。但民主黨，尤其是其中激進派系，應該要理解，想要對抗氣候變遷，並且讓美國人民接受這個政策，對抗中國反而是更有效的戰術。為什麼這麼說？因為北京當局受到氣候變遷的傷害，要遠比美國大。中國現在是全球最大的汙染源，其所排放的溫室氣體量遠高於所有開發國家的總合，不達標的空氣品質和水質，對中國人民形成了極為沉重的健康負擔。與中國合作，反而會讓美國失去立場，無法擔起責任，督促中國溫室氣體排放量。而且這也是不符合道德良知的政治手段。[22]

美國人對此事的用詞很重要。中國人在電影中一面倒的只有正面形象，這當然很有問題，但是，也不能因為這樣，好萊塢又走回過去的老路，重覆傅滿洲和查理陳這類的刻板印象。新聞從業人員應該要謹慎，在提到中國行動時，避免使用有動物聯想的字眼。「要理解美國媒體在播報中國，以及其與美國交手時所用的詞彙，只要做一個實驗就可以：想像該報導如果不是講人，而是在講病源、或是寄生蟲。」劉柏川這麼寫道。他舉了一個例子：「中國駭客如兔子般無孔不入，進到美國銀行帳戶，以及美國軍方列管的伺服器。」[23]

移除地名中原有「中國佬」的字眼，只是一個開始。這不是對於當地歷史的忽視，也不是審查。「中國佬」這字眼，華裔美人之間會用來稱呼彼此。前衛嘻哈團體2 Live Crew團員，饒舌歌手克里斯多福・黃・溫（Christopher Wong Won）一九九二年的單飛首張專輯，就名為《中國佬》（Chinaman）。[24]劉柏川自己二〇一四年的回憶錄，書名也是《中國佬門都沒有》（*A Chinaman's Chance*），這句美國俗語的意思是說：「幾乎不可能，」很可能是源自十九世紀末中國苦力的遭遇，他們只要上美國法庭，想要獲得公平審判，或是避免被種族屠殺的機會，是「門兒都沒有」。（不能拿「中國佬」和英國佬（Englishman）和愛爾蘭佬（Irishman）相比，因為後兩者沒有貶低人的意思。）美國人就知道，「白廢渣」（white trash），或是n字（黑人）、或是kike（罵猶太人），這些字眼，講的人是什麼族裔差別很大。「家人之間難免會有抱怨，但要是換成是外人罵到自己媽媽，那可能就開揍了。」吳華揚對我說。「這跟關係親密程度，還有字會有正反兩種意思有關。」

改掉有侮辱性字眼的地名，是一種非常在地的積極作法，馬克・蒙莫尼葉（Mark Monmonier）這麼說，他是雪城大學（Syracuse University）地理學教授。十一月，科羅拉多州伽菲郡（Chaffee）地方官員，針對是否該將該郡「中國佬峽溝」（Chinaman Gulch）改名的事展開討論，該峽谷位於「中國佬峽谷」（Chinamans Canyon）西北一百三十英里處。[25]在不記名投票表決後，更名方案被推翻，其中一人的意見認為，中國佬峽溝「很生動，且一講就能聯想到該地」。

但有時候，由政府施加壓力比較有效。二〇〇一年，愛達荷州的「瞇瞇眼山頂」（Chinks Peak），終於改名為「中國頂」（Chinese Peak），在這之前亞裔美人已經倡議更名多年未果，最後是由美國地名委員會（U.S. Board on Geographic Names）出面更動的。[26]今天就想要幫上忙？現在明尼蘇達州北部的「中國佬湖」（Chinaman Lake）正在收集更名請願書。[27]加州首都沙加緬度市附近還有條「中國佬溪」（Chinaman Creek），您可以打電話給該市的地方官員，籲請他們正式更名。更有效的行動則是籲請美國地名委員會，將「中國佬」一字列入禁用地名名單中。[28]

二〇一八年六月，美國國務院打算進一步，限制核發申請就讀高科技製造業、航空業、機器人等產業相關的中國留學生護照，正在康乃爾大學擔任研究員的中國物理學家程揚揚，寫了一篇標題為：「別對我這樣的中國科學家關上門。」（Don't Close the Door on Chinese Scientists Like Me）[29]「即使還沒實施，但光是聽到有可能施行這麼充滿歧視性的政策，就已經顯示不信任，覺得每名中國公民都可能是間諜，除非證明自己無辜，否則有罪推論，而這已經坐實了中國政府的說法，證明他不僅得以控制其領土，也控制其人民，連遠在海外的華人也不例外。」她這麼寫道。

有小部份的中國留學生，的確是會監視同學、打小報告，也的確有部份中國人，會偷竊美國科技，將之交給中國，以圖利個人，也有些中國人會助長、推行中國政策，傷害美國人。但是美國是一個開放、自由的國度，而且數百萬華人及未來華裔美人所能給予美國的貢獻，這些都抵消了上述的負面影響。「即使中國間諜的疑慮的確有其存在必要，美國政府在中美外交關係緊張的當下，最明智的做法應該是，讓中國留學生和學者得以享受美國校園自由的學術環境，從而把他們爭取到美國這邊。」中國專欄作家、也是耶魯博士生董一夫這麼寫道。[30]

美國政府應該更歡迎中國人前來美國工作、留學、生活，並強調它並不擔心華裔美人的忠心。拜登應該以美國總統的身分，向華裔美人所受到的不公平待遇道歉。向錢學森公開致歉，會是很好的第一步。

二〇二〇年一月在曼哈頓的美國華人博物館（Museum of Chinese in America）裡，我遇到史學家陳國維（Jack Tchen），這座博物館是他在一九八〇年共同創辦的。同一天，哈佛教授、同時身兼川普律師的亞倫．戴休維茲（Alan Dershowitz）正好也批評川普彈劾案，認為該案未達彈劾標準。戴休維茲儘管對以色列的忠誠，但也沒有任何人會指控他對美國不忠，陳國維這麼說，他又說：「華裔美人也應該有同樣的待遇。」

這方面，在提到穆斯林時，經常謹守道德分寸、表現可圈可點的小布希總統，應該是美國人學習的楷模。在九一一恐攻事件後才六天，他前往華府伊斯蘭中心（Islamic Center）演說。「提到伊斯蘭時，我們想到的是一個能帶給全球十億人口安慰的信仰。」他說：「美國公民中，有數百萬穆斯林，穆斯林對我們這個國家的貢獻居功厥偉。在我們的社會裡，有穆斯林在當醫生、在當律師、在當法律系教授、在軍隊服務、是創業家、店老闆、是照顧孩子的爸爸媽媽。這些人都應該獲得我們的敬意。」[31]另一個楷模則是前國務卿龐佩奧，他跟川普不同，他說：「我今天講話要特別精準。」二〇二〇年十二月在喬治城科技大學演講上他這麼說：「說到『中國』時，我指的是中國共產黨。我和大家一樣，非常喜愛、看重華裔美人，以及住在美國和中國的所有華人。」拜登總統現在就可以掌握時機，好好以他們為模範，對全球華人和華裔美人展現這樣的氣度。[32]

二〇二〇年二月，哈佛大學化學系系主任查爾斯·李伯（Charles Lieber），因為涉嫌對美國政府隱瞞與中方關係而被捕，這件事讓華裔在美遭到種族歧視的風向出現轉變。「這記警鐘敲得特別大聲，原因在於此人的地位、族裔以及其所在單位都不同。」歐巴馬總統任內白宮科學顧問小泉圭（Kei Koizumi）這麼說。而其影響所及，已經「不限於華人或像我這樣的亞裔人士了。」[33]

也因此，有問題的是中共和友中人士，而不是華人。

這個故事中的反派人物，只是剛好有些人是華人，但也有很多人不是華人。對於那些不滿北京對美國影響的人而言，請他們要看清這件事：真正對美國利益傷害最大的是季辛吉，過去四十年來，透過讓美國卸任外交官貪腐行為正常化、並誤導美國對中國產生過於美好想像，他所造成的負面影響，遠超過任何一位華裔商人、駭客、間諜的能耐，不論他持的是中國籍或美國籍。

最後一點：我再強調幾遍都嫌不夠的就是，在對抗中共負面影響上，華裔美人是我們的盟友；「盟友」二字聽起來似乎指他們是外人。但華裔美人還是自己人，就像內布拉斯加人、黑人和猶太人一樣，都是美國人。「美國歡迎所有人種，不論是華人、愛爾蘭人、德國人、窮不窮、有沒有犯過罪，一視同仁：只要是選擇來這裡的，這裡都是你的避護所。」詩人華特·惠特曼在一八八二年惡劣的排華法案施行後這麼說：「我們或許曾經短暫偏離這個原則，但時間會帶我們找回初心。」[34]

謝辭

這本書不好寫。寫作過程中，有許多人的幫助：依字母順序，分別為：

Misha Auslin、Doug Baldasare、Amanda Bennett、Christian Caryl、Nick Consonery、Robert Daly、Jeremy Dauber、Miri Pomerantz Dauber、Kwame Dougan、Julien Dumoulin-Smith、Josh Eisenmann、Sherri Ferris、Deborah Fikes、Uri Friedman、Amanda Ghanooni、Zack Hosford、Melinda Liu、David Nudo、Cara Parks、Lisa Faith Phillips、Jenny McArdle、Iskander Rehman、Orville Schell、Micah Springut、Devin Stewart、Dan Stone、Abigail Teller、Jenifer Vaughan、Jeffrey Wasserstrom、David Wertime、Minky Worden等等，還有許多人因為不想出示真名而無法提及。謝謝大家。

另外，此書和過去幾年我寫的一些文章一樣，都有一群出色的研究人員協助。這些人是Will Cooke、Margaux Garcia、Jace Gilmore、Jin Liu、Isaac Rose-Berman、Sophia Weng等。

另外要感謝筆名為大衛・強森（David Johnson）的這位筆友：謝謝你對我和我的想

法的信心，感謝你的支持。

安・麥丹尼爾（Ann McDaniel），謝謝你多年的建議和指點。在你身上我學到很多。

這個領域有很多出色的新聞報導，Bethany Allen-Ebrahimian、Megha Rajagopalan、Zachary Dorfman、John Judis、Ed Wong、Mike Forsythe、Ken Silverstein等人，貢獻良多。

另外，此前出版的佳作，幫助此書成形。我一再引用了潘文美中關係研究權威大作《美國與中國：十八世紀末以來的美中關係史》；詹姆斯・曼（James Mann）在此議題上數部大作；張少書（Gordon H. Chang）的著作《決定性的連結：美國關注中國的歷史》（*Fateful Ties*）以及馬利德（Richard McGregor）《中國共產黨不可說的祕密》（*The Party*）等書。我同時也大量參考了Julia Lovell、Aaron L. Friedberg、Josh Rogin、Evan Osnos、Clive Hamilton、Mareike Ohlberg、Bob Davis、Lingling Wei、Dexter Roberts等，多位作者的重要著作。

我的經紀人魏瑟斯本（Kim Witherspoon）為我全力不懈的努力，並總是提供出色建議；她願意和我合作是我的幸運。同時也感謝她出色的團隊，包括：Maria Whelan和William Callahan等人。

Andrew Miller和Maris Dyer把這本書照顧得很好；謝業你們的編輯和支持。

我的家人一路來都非常支持：我愛你，媽媽、爸爸、Aarlo、Hughie、Avery。

喬許叔叔和史提芬叔叔，謝謝你們培養我愛閱讀和愛學習的熱情。

在我十七歲還懵懂無知的年紀，我爸媽允許我在暑假時到新疆旅行：謝謝你們幫助我學習。

這段期間對於在中國的社運分子是特別黑暗的時期。在我於中國那六年期間，我在很多很棒的人身上學到很多，這些人在此都不能具名。

多年前在北京時，我曾經到過市內不太新潮地帶的擁擠公寓中作客，那是兩名中國人權運動人士的家，他們邀我去茶敘。結束後要出門時，和一名相當虛弱的老先生擦身而過，他穿著中山裝，眼神非常銳利。兩名人權運動人士向他微笑招手。「他是誰？」我問道。

「他是上級派來監視我們的鄰居，」他們說，「但他吃過很多苦，所以我們對他儘量客氣點。」

但願日後的中國，會像他們這樣，而非習近平。

附注

前言

1. Grindr, "What's Up with Grindr?"; Wang, "Chinese Web Tycoon Zhou Yahui Agrees to Pay Wife $1.1 Billion for a Divorce."
2. Rogin, "Can the Chinese Government Now Get Access to Your Grindr Profile?"; Stone Fish, "China Has Access to Grindr Activity."
3. Mozilla, "Should You Trust Your Dating App or Sex Toy?"
4. Viswanatha, "U.S. Warned Jared Kushner About Wendi Deng Murdoch."
5. Lehman, *Great American Prose Poems.*
6. Columbia Law School, "Merit Janow"; Zhang, "China's Sovereign Wealth Fund Releases Annual Report"; China Investment Corporation, "China Investment Corporation 2019 Annual Report."
7. "Global Dream Forum NYC 2019 Agenda."
8. China Development Bank, "Prospectus Supplement."
9. Bank of China, "Announcement: Appointment of Independent Non-executive Director of the Bank."
10. Zoellick, "Can America and China Be Stakeholders?"
11. Isaacson, *Kissinger,* 745.
12. Brinkley, "U.S. Finds Technology Curb Fails to Cut Flow to Russians."
13. Larkin et al., "Association Between Academic Medical Center Pharmaceutical Detailing Policies and Physician Prescribing"; Orenstein, Tigas, and Jones, "Now There's Proof."
14. Van Groningen, "Big Pharma Gives Your Doctor Gifts."

第一部

第1章　歷來美國對中國的影響

1. Swisher, *China's Management of the American Barbarians,* 48.
2. Paine, *Theological Works,* 180.
3. Chang, *Fateful Ties,* 22–25, 47.
4. Asia for Educators, "Commodore Perry and Japan (1853–1854)."

5. Perry, *Narrative of the Expedition,* 75.
6. Abeel, *Journal of a Residence in China,* 153.
7. Spence, *God's Chinese Son.*
8. Gentry and People, *Death Blow to Corrupt Doctrines,* 31.
9. Pomfret, *The Beautiful Country and the Middle Kingdom,* 91–92.
10. Lorge, *Debating War in Chinese History,* 231.
11. Livingston, *Independent Reflector,* 52:2682.
12. Westad, *Restless Empire.*
13. Pantsov, *Mao,* 73.
14. Westad, *Restless Empire,* 139.
15. Reinsch, *American Diplomat in China.*
16. City of Honolulu, "City to Dedicate Statue and Rename Park to Honor Dr. Sun Yat-Sen."
17. Li, *China's America.*
18. Reed, *Missionary Mind.*
19. Yuan and Goodnow, "Perils of Advising the Empire."
20. Pomfret, *The Beautiful Country and the Middle Kingdom.*
21. Barth and Chen, "What Did Sun Yat-sen Really Die Of?"
22. Li and Hong, *Image, Perception, and the Making of U.S.-China Relations,* 180.
23. Pomfret, *The Beautiful Country* and the *Middle Kingdom,* 136.
24. Brady, *Making the Foreign Serve China,* 22.
25. Geopolitical Monitor, "Brief History of China's United Front."
26. Mahnken, Babbage, and Yoshihara, "Countering Comprehensive Coercion"; Mao, *Zhongguo shehui ge jiejie de fenxi*、中國社会各階級的分析 [Analysis of the classes in Chinese society].
27. Beauchamp-Mustafaga and Chase, "Borrowing a Boat Out to Sea."
28. Liu Jifeng 劉戟鋒、Lu Xiao 盧瀟、and Liu Yangyue 劉楊鉞、"Zhànlüè xinli zhan de jishu zhicheng" 戰略心理戰的技術支撐 [Technical support for strategic psychological warfare].
29. Kwok, " 'Real Game-changers' Needed for the Govt to Curb Violence."
30. MacFarquhar, "Made in China"; Price, *Lives of Agnes Smedley;* Brady, *Making the Foreign Serve China.*
31. Stone Fish, "Can Politico Pull Off Its New Partnership with a Chinese-Owned Paper?"
32. Marxists .org, "U.S. Neo-revisionism."
33. Mao, "Farewell, Leighton Stuart."
34. Ng, "Xi Jinping Mourns 'China's Great Friend' Sihanouk"; Lovell, *Maoism.*
35. Auerbach, "Home from China."
36. Snow, *Red China Today,* 619.
37. "Du Bois, 91, Lauds China," *New York Times.*

38. Mao, "New Storm Against Imperialism."
39. Chao, "Let One Hundred Panthers Bloom"; Kelley and Esch, "Black Like Mao."
40. Howe and Trott, *Power Peddlers,* 29.
41. Karolides, *Literature Suppressed on Political Grounds,* 96.
42. Nixon, "Asia After Viet Nam."
43. National Security Agency, "Memorandum for Henry A. Kissinger."
44. Brady, *Making the Foreign Serve China,* 196.

第二章 利益之交

1. Williams, "Spinning Their Wheels in China."
2. Horne, *Kissinger,* 83.
3. Zhan 張 and Zhou 周，"Guojia Anquan Jiguan shi zenmeyang yi zhi duiwu?" 國家安全機關是怎樣一支隊伍？[What kind of organization is the National Security Agency?].
4. Roth, "Obituary: Melvin Lasky."
5. Wong, "How China Uses LinkedIn to Recruit Spies Abroad."
6. Xue 薛，"Renmin lingxiu Zhou Enlai" 人民領袖周恩來 [The people's leader Zhou Enlai].
7. Zhou 周，"Zhou Enlai tongzhan yishu zai qingbao gongzuo zhong de yunyong" 周恩來統戰藝術在情報工作中的運用 [Zhou Enlai's art in utilizing the United Front in intelligence work].
8. Mattis and Brazil, *Chinese Communist Espionage,* 102.
9. *Disinformation* (Rid testimony).
10. Brady, *Making the Foreign Serve China.*
11. Isaacson, *Kissinger,* 365.
12. "Kissinger Bests His Chief in Poll," *New York Times.*
13. Kissinger, "Eulogy for John Whitehead."
14. Isaacson, *Kissinger,* 709; Claiborne, "Columbia Post for Kissinger Opposed."
15. Egan and Lescaze, "Kissinger, Simon: Visible, Wealthy."
16. Isaacson, *Kissinger,* 694–708.
17. Gelb, "Kissinger Means Business."
18. Isaacson, *Kissinger,* 730; "Big Business of Being Henry Kissinger," *BusinessWeek.*
19. Gelb, "Kissinger Means Business."
20. "Deng Wants More Economic Reforms for China," UPI.
21. Halberstam, "New Establishment"; Allen, Richard Allen Oral History.
22. Halberstam, "New Establishment."
23. Savranskaya and Blanton, *Last Superpower Summits,* 493.
24. Isaacson, "Booknotes, Kissinger: A Biography"; Martin, "Helmut Sonnenfeldt, Expert on Soviet and European Affairs, Is Dead at 86."

25. Isaacson, *Kissinger,* 749.
26. Groot, *Managing Transitions,* 108.
27. Kissinger, "Kissinger at China Ventures—Image 2."
28. "Rong Yiren tongzhi shengping" 榮毅仁同志生平 [The life of Comrade Rong Yiren].
29. "Biography of Rong Yiren," China Vitae.
30. Church, "China."
31. Zhu, "Inside Story of When China's State-Run TV Criticized the Party."
32. Johnson, "Jesus vs. Mao?"
33. Li, *China's America,* 132.
34. Wasserstrom, *Popular Protest and Political Culture in Modern China.*
35. Buckley, "Rise and Fall of the Goddess of Democracy."
36. Kissinger, "Turmoil on Top."
37. "George H. W. Bush, Press Conference, June 5, 1989."
38. Ibid.
39. Engel, *China Diary of George H. W. Bush,* 47.
40. Vogel, *Deng Xiaoping and the Transformation of China,* 649.
41. Reuters, "Asian Nations Pick Sides in U.S. Race."
42. Suettinger, *Beyond Tiananmen,* 69; Dowd, "2 U.S. Officials Went to Beijing Secretly in July."
43. Pincus, "Kissinger Says He Had No Role in China Mission."
44. Kissinger, *On China,* 421.
45. Tyler, *Great Wall,* 366.
46. Liu and Cai, "Waiguo yao ren mingren kan Zhongguo" 外國要人名人看中國 [How foreign dignitaries and celebrities see China].
47. Lampton, *Same Bed, Different Dreams,* 24.
48. "George H. W. Bush, Press Conference, June 5, 1989."
49. Fialka, "Mr. Kissinger Has Opinions on China—and Business Ties"; Kissinger, "Europe Returns to Center Stage as the Fulcrum for World Tension."
50. Liu, "Trading Relationship Between Taiwan and the United States"; U.S. Census Bureau Foreign Trade Division, "1995: U.S. Trade in Goods with China."
51. Mann, *About Face,* 318.
52. Taipei Economic and Cultural Representative Office in the United States, "Brief Introduction of Twin Oaks."
53. McGuire, "Tsai Ing-Wen's U.S. Transit Stops in Historical Context."
54. Mann, "China's Feelings of Betrayal on Taiwan Fed Anger at U.S."
55. Weisskopf and Richburg, "China Special Report."
56. Kaiser, *So Damn Much Money,* 243.
57. Suettinger, *Beyond Tiananmen,* 213.
58. Tucker, *China Confidential,* 481.
59. Reuters, "2 Will Leave A.I.G. Board."

60. Kovaleski, "Gingrich Backs Ties with Taiwan."
61. Sciolino, "Schooling of Gingrich, the Foreign Policy Novice."
62. Mann, "Between China and the US."
63. Tenet and Freeh, "CIA/FBI Report to Congress on Chinese Espionage Activities Against the United States."
64. Sciolino, "China, Vying with Taiwan, Explores Public Relations."
65. Gerth, "Democrat Fund-Raiser Said to Detail China Tie."
66. Johnston, "Democratic Fund-Raiser Tells of Dealings with Chinese Donors."
67. Lampton, *Same Bed, Different Dreams,* 105.
68. Friedman, "Beyond Stupid."
69. Committee on Governmental Affairs, United States Senate, *Investigation of Illegal or Improper Activities in Connection with 1996 Federal Election Campaigns Final Report.*
70. Marcus, "Dole Registers as Taiwan Foreign Agent."
71. *Late Show with David Letterman,* show 1040.
72. *Johnny Chung: Foreign Connections, Foreign Contributions.*
73. "White House Turnstile," *New York Times.*
74. Kelly, "On the White House Subway."
75. Holmes, "Boeing's Campaign to Protect a Market."
76. Silverstein, "Mandarins."
77. Christopher, *In the Stream of History,* 31.
78. Sanger, "Two Roads to China."
79. Holmes, "Boeing's Campaign to Protect a Market."
80. Areddy, "Chinese Birdman Who Got U.S. Aircraft Giant Boeing Flying"; Thomas, "Boeing and US-China Relations."
81. Pomfret, *The Beautiful Country and the Middle Kingdom,* 215–17.
82. Holmes, "How Boeing Woos Beijing."
83. Faison, "China to Buy 30 Planes for $1.5 Billion from Airbus Industries."
84. Sanger, "U.S. Blames Allies for Undercutting Its China Policy."
85. Sanger, "Two Roads to China."
86. U.S. Census Bureau Foreign Trade Division, "1996: U.S. Trade in Goods with China."
87. Bradsher, "Rallying Round the China Bill, Hungrily."
88. Dreyfuss, "New China Lobby."
89. Fritz, "Big Firms Plant Seeds of 'Grass-Roots' China Lobby."
90. Bradsher, "Rallying Round the China Bill."
91. Pincus, "Kissinger Says He Had No Role in China Mission."
92. Mufson and Kaiser, "U.S. Insurers Lavishly Court China's Market"; Caruso-Cabrera, "Greenberg on Tiananmen."
93. Quinn, "Chubb Aims for License in China."

94. Drinkard, "China's Best Lobbyist"; *Campaign Finance Investigation Day 2.*
95. All Politics, "Clinton Defends China Trip, Engagement Policy"; O'Neill, "Bush to Visit Before Clinton"; Pomfret, "Business Takes Back Seat on China Trip."
96. Studwell, *China Dream,* 120.
97. Associated Press, "China Licenses Four Foreign Insurers."
98. Miller and Pasternak, "Problems with a Globe-Trotting Father."
99. Lampton, *Same Bed, Different Dreams,* 103–4; Basken and Forsythe, "China Lobbies U.S. on the Cheap, Aided by Boeing, Ford, Chamber."
100. Public Citizen's Global Trade Watch, "Purchasing Power."
101. Dreyfuss, "New China Lobby."
102. White House, "President Bush Speaks at Tsinghua University."
103. Reuters, "Deposition Lists Lucrative Deals for Bush Brother."
104. Carlson, "Relatively Charmed Life of Neil Bush."
105. Mellor and Patterson, "China's Chip and Connections."
106. Swartz, "Cast Away."
107. Carlson, "Relatively Charmed Life of Neil Bush."
108. Ignatius, "Bush's Brother, Other Americans Are Talking Business with China."
109. Flannery, "Fast-Growing Chinese Region Forms Ties Here."
110. "China's Size, Economic Boom Lure U.S. Chains Despite Uncertainties," *Nation's Restaurant News.*
111. Staff, "Brother of Ex–US Leader Hired by Firm"; Laurence and Hiebert, "Bush Family in China," 30.
112. Crowley, "Nixon off the Record."
113. People Staff, "Eight Days in Japan Earn Ron and Nancy $2 Million."
114. "Bulletins: Bush Joining Barrick," *Globe and Mail.*
115. Wells, "Rumble in the Jungle"; "Another Queasy Experience," *Newsweek;* Miller and Pasternak, "Problems with a Globe-Trotting Father."
116. Chinese People's Association for Friendship with Foreign Countries, "About Us."
117. Ministry of Foreign Affairs of the People's Republic of China 中華人民共和國外交部，"Zhonghua renmin gongheguo waijiaobu zhuyao zhizhe" 中華人民共和國外交部主要職責 [Main responsibilities of the Ministry of Foreign Affairs of the People's Republic of China].
118. Kyodo, "Senior Chinese Official May Visit Japan Next Month."
119. Lippman, "Bush Makes Clinton's China Policy an Issue."
120. Garza, "Arms Deal Will Test Bush Ties."
121. Bush, "Letter from the Chairman."

第三章　美國認可

1. Bush, *Decision Points,* 427.
2. Wallace, "Hu's Boeing Visit Is a Hit with Workers."
3. Embassy of the People's Republic of China in the United States of America, "President Hu Jintao Attends the Welcoming Ceremony Hosted by President Bush."
4. Becker, " 'Side by Side Against Terrorism.' "

5. Allen and Pan, "Bush Begins China Visit."
6. Dowd, "He's Ba-a-a-ack!"
7. Buckley, "Firing Line Debate."
8. Overell, "Masters of the Great Game Turn to Business."
9. Associated Press, "Indonesia Gets an Adviser—Kissinger."
10. Turner, "Kissinger Should Disclose Clients, Albright Says"; Hancock, "Clinton Advisers Trade on Contacts."
11. "Congressman Says Kissinger Benefits from Arms Deals."
12. D'Arcy, "Kissinger Still Wears Cloak of Secrecy."
13. "Raw Data: Kissinger's Letter to the President," Fox News.
14. Woodward, *State of Denial,* 117.
15. "Kissinger in China," Yale University Library; Barron, Perlez, and Lee, "Public Lives."
16. ICEO, "Mogen Datong zai Zhongguo he Jixinge xiansheng you shenme guanxi?" 摩根大通在中國和基辛格先生有什麼關係？ [What is the relationship between JPMorgan Chase in China and Mr. Kissinger?].
17. "Chinese Leaders' Activities," BBC.
18. "Chinese State Councillor Calls on US to Oppose Taiwan Independence," Xinhua News Agency.
19. Pomfret, "Secret Taiwan Fund Sought Friends, Influence Abroad."
20. Knowlton, "Bush Warns Taiwan to Keep Status Quo."
21. Kahn, "Warnings by Powell to Taiwan Provoke a Diplomatic Dispute."
22. "Vanuatu Scraps Deal with Taiwan," BBC.
23. Pottinger et al., "Cnooc Drops Offer for Unocal, Exposing U.S.-Chinese Tensions."
24. Zoellick, "Whither China?"
25. Christensen, *China Challenge,* 2.
26. Kissinger, "Speech at the Graduate University of Chinese Academy of Sciences in Beijing."
27. 2006 USCBC Member Priorities Survey, "US Companies Gain in China, Still Face Hurdles."
28. Pollack and Bradsher, "China's Need for Metal Keeps U.S. Scrap Dealers Scrounging."
29. Fishman, *China Inc.,* 178.
30. Heintz, "Jobs and the Resurgent Economy / Outsourcing CEOs."
31. Buffett and Loomis, "America's Growing Trade Deficit Is Selling the Nation Out from Under Us."
32. Fuchs and Klann, "Paying a Visit."
33. Lorenz, "Courting Beijing's Wrath."
34. Wayne, "Trading on Their Names."
35. Hancock, "Clinton Advisers Trade on Contacts."
36. Li and Hwang, "Xinhua Interviews Clinton Security Advisor Sandy Berger on Promoting US-China Ties."
37. Liao Qi 廖奇，"Lao Bushi fang Hua zhong mi 30 nian qian zuji tan Beijing bianhua tai da" 老布什訪華重覓三十年前足跡嘆北京變化太大 [Retracing his footsteps from 30 years ago, Bush senior laments that Beijing has changed too much].

38. Westcott and George, "How George H. W. Bush Became Beijing's 'Old Friend' in the White House."
39. Lanfranco, "Analysis: American Dynastic Diplomacy."
40. Xinhua, "Zhonggong Zhongyang yinfa 'Shenhua dang he guojia jigou gaige fangan' " 中共中央印發《深化黨和國家機構改革方案》[The Central Committee of the Communist Party of China issues "Deepening Party and State Institutional Reform Plan"].
41. Sun 孫，"Lao Bushi jiang xianqi di Jing Gang bao zhi neng zhu qi zi fengfu fang Hua shouhuo" 老布什將先期抵京 港報指能助其子豐富訪華收穫 [Bush senior will arrive early in Beijing while Hong Kong's newspapers will help enrich his son's visit to China].
42. "China's Hu Jintao, US Ex-president Bush Hail 'Progress' in Ties 7 Mar.," BBC; "President Hu Jintao Meets Former US President Bush, Hail Sino-US Ties," BBC.
43. Abramowitz, "Bush 41 in China."
44. Barboza, "China Overtakes Japan to Become No. 2 Global Economic Power"; Chang, *Fateful Ties,* 242.
45. Guarino, "Where Is Apple Headed After Steve Jobs?"
46. Aleem, "Another Kick in the Teeth."
47. Autor, "Trade and Labor Markets."
48. Aleem, "Another Kick in the Teeth."
49. Sorkin and Barboza, "China to Buy $3 Billion Stake in Blackstone."
50. Tsinghua University, "List of Advisory Board Members."
51. Bradsher and Yuan, "China's Economy Became No. 2 by Defying No. 1."
52. Paulson, *Dealing with China,* 240.
53. Isikoff, "Chinese Hacked Obama, McCain Campaigns, Took Internal Documents, Officials Say."
54. Lynas, "How Do I Know China Wrecked the Copenhagen Deal?"
55. Singel and Kravets, "Only Google Could Leave China."
56. Dinmore and Dyer, "Immelt Hits Out at China and Obama."
57. Landler, "Obama's Journey to Tougher Tack on a Rising China"; Clinton, "US Embassy Cables: Hillary Clinton Ponders US Relationship with Its Chinese 'Banker.'"
58. Landler, "Obama's Journey to Tougher Tack on a Rising China."
59. Clinton, "America's Pacific Century."
60. Calmes, "A U.S. Marine Base for Australia Irritates China."
61. Garnaut and Liu, "Stern Sentenced to 10 Years by Chinese Court."
62. Garnaut, "Henry Kissinger Paid $5M to Steer Rio Tinto Through Stern Hu Debacle and Consolidate China Links"; Garnaut and Needham, "Rio Turns to Kissinger for Help."
63. Rio Tinto, "Shanghai Employees—Update 8."
64. Barboza, "Through a Joint Venture, Rio Tinto Strives to Repair Its Relations with China."
65. Chellel, Wild, and Stringer, "When Rio Tinto Met China's Iron Hand."
66. Barr and MarketWatch, "GE Says CEO Comments Reported out of Context."
67. Powell, "How America's Biggest Companies Made China Great Again."

68. Immelt, *Hot Seat.*
69. McDonald, "Kissinger Assails 'Deplorable' Comments on China by Both U.S. Candidates."
70. Xinhua, "Kissinger's Pride in 40-Year China Experiences."
71. Embassy of the People's Republic of China in the United States of America, "Vice President Meets Kissinger to Discuss China-U.S. Ties."
72. Xinhua, "Kissinger's Pride in 40-Year China Experiences."
73. Stephens, "Henry Kissinger on China."
74. Kissinger, *On China,* 184.
75. Nathan, "What China Wants."
76. Helfand, "Mayor in East Asia."
77. Sikba and Dardick, "Chinese President Hu Jintao to Visit Chicago."
78. Tareen, "China's President to See Chicago Chinese Institute"; "Chinese President Hu Jintao Talks Business in Chicago," BBC.
79. Kapos, "Mayor Richard Daley Says Chicago's Making a Big Push into China."
80. "Daley Rides the Rails in China," NBC News.
81. U.S. Department of Justice, "FARA Quick Search—Tur Partners, LLC."
82. Tur Partners LLC, "Registration Statement"; Office of the Attorney General, "Report of the Attorney General."
83. Embassy of the People's Republic of China, "Vice-Premier Liu Yandong Meets with Mayor of Chicago Rahm Emanuel."
84. Daley, "Short Form Registration Statement."
85. "Biography of Liu Yandong," China Vitae.
86. Xi 習，"Zai Zhongguo Gongchandang di shijiu ci quanguo daibiao dahui shang de baogao" 在中國共產黨第十九次全國代表大會上的報告 [Report to the 19th National Congress of the Communist Party of China].
87. Wang, "Tips from the Top."
88. Dalian Wanda Group, "Wanda Group Announces Receipt of All Necessary Approvals for AMC Acquisition."
89. Kamen, "Here's Why the Chinese Government Hated Gary Locke."
90. "40 People in 40 Years: Gary Locke," *China Daily.*
91. Stone Fish, "Why Can't Ex–Chinese Leaders Travel Abroad?"
92. "Nobel Peace Prize 2002."
93. Chin, "Beijing Aims to Blunt Western Influence in China."
94. Fan 范 and Luo 羅，"Zhuli 'xiwang yingcai' qingnian xuezhe" 助力「希望英才」青年學者 [Assisting "promising and talented" young scholars].
95. Carter Center, "China."
96. Carter Center, "Carter Center in China."
97. Brennan, "Jimmy Carter Took Call About China from Concerned Donald Trump."
98. Manevich, "Americans More Negative Toward China over Past Decade."
99. Wike, "6 Facts About How Americans and Chinese See Each Other."
100. Diamond, "Donald Trump: China Is 'Raping Our Country.' "
101. Hilsenrath and Davis, "How the China Shock, Deep and Swift, Spurred the Rise of Trump."

102. Banfield, "Democratic Party Unrest; Trump Meets Kissinger."
103. Crowley, "Kissinger Primary."
104. Zhou, "Trump Wasn't Going to Do 'a Fucking Thing' if China Invaded Taiwan."
105. Schmitz, "Kushner Family, China's Anbang End Talks over Manhattan Real Estate Deal"; Rauhala and Wan, "In a Beijing Ballroom, Kushner Family Pushes $500,000 'Investor Visa' to Wealthy Chinese."
106. Smith and Phillips, "China Hails Trump's Appointment of 'Old Friend' Terry Branstad as Ambassador."
107. Stone Fish, "Wilbur Ross Remained on Chinese Joint Venture Board While Running U.S.-China Trade War."
108. Reuters Staff, "Invesco WL Ross in JV with China's Huaneng Capital."
109. McGreal, "Sheldon Adelson."
110. Elliott, "Trump's Patron-in-Chief."
111. Shriber, "Las Vegas Sands Boss Adelson Told Trump to Tread Carefully with China."
112. WikiLeaks, "Macau Gaming Revenues Rise Sharply as Las Vegas Sands Boosts Engagement with Beijing Officials."
113. Leary, Mauldin, and O'Keeffe, "Sheldon Adelson Warned Trump About Impact of U.S.-China Trade War"; Rogin, *Chaos Under Heaven,* 245.
114. Pandey, "Trump: 'Xi and I Will Always Be Friends' Despite Trade Issues."
115. Trump, "Remarks by President Trump at Signing of the U.S.-China Phase One Trade Agreement."
116. Brady, *Making the Foreign Serve China,* 45.
117. Mirsky and Fairbank, "Mao and Snow."
118. Li, "Trump to Get 'State Visit–Plus' Experience in China."
119. Zhou, "China Shuts Down Forbidden City in Personal Welcome for Trump."
120. "Excerpts from Trump's Interview with the Times," *New York Times.*

第二部

第四章 香格里拉

1. Louison, "Richard Gere."
2. Siegel, "Richard Gere's Studio Exile."
3. Hamilton, "Text—H.R. 2333, 103rd Congress."
4. Lopez, *Prisoners of Shangri-La.*
5. van Schaik, *Tibet,* 216.
6. Woeser, "When Tibet Loved China."
7. Mishra, "Holy Man."
8. van Schaik, *Tibet,* 204.
9. Polo, *Travels.*
10. Klein, "10 Things You May Not Know About Dwight D. Eisenhower."

11. French, *Tibet, Tibet,* 111.
12. Dodin and Rather, *Imagining Tibet,* 57.
13. Oppenheim and Chicago Tribune, "Dalai Lama Making First Visit to U.S."
14. Zehme, "Eddie Murphy."
15. Sanchez, "Dalai Lama Urges Tibetan Freedom."
16. Kerr, *Eye of the Lammergeier.*
17. "Nobel Peace Prize 1989."
18. Fitzsimmons, "Inside Story"; Goldman, "Buddhism and Manhattan."
19. Sherrill, "Little Buddha, Big Ego."
20. Nigro, *Spirituality of Richard Gere.*
21. McLeod, "Richard Gere"; Daccache and Valeriano, *Hollywood's Representations of the Sino-Tibetan Conflict,* 78.
22. Higgins, "Hollywood Elite Says Hello, Dalai."
23. Ebert, "Red Corner Movie Review & Film Summary (1997)."
24. Guthmann, "Gere's 'Corner' on Saving Tibet."
25. Schell, *Virtual Tibet,* 107–9.
26. Buruma, "Found Horizon."
27. Stewart, "In Current Films on Tibet, Hold the Shangri-La."
28. Buruma, "Found Horizon."
29. Stolder, "Beastie Boys, Smashing Pumpkins Headline Tibetan Freedom Concert."
30. Schell, *Virtual Tibet,* 180.
31. Su, *China's Encounter with Global Hollywood,* 1.
32. Fung, *Asian Popular Culture,* 59; Yu, "Visual Spectacular, Revolutionary Epic, and Personal Voice."
33. Chandler, "Mickey Mao."
34. Gargan, "Donald Duck Learns Chinese."
35. Su, *China's Encounter with Global Hollywood,* 53.
36. Rosen, "Hollywood and the Great Wall."
37. Tempest, "How Do You Say 'Boffo' in Chinese?"
38. Su, *China's Encounter with Global Hollywood,* 13.
39. CITIC, "Chongfan 'Taitannike'" 重返泰坦尼克 [Returning to *Titanic*]; Bezlova, "Cinema-China: 'Titanic' Scores an Ideological Hit."
40. Elley, "Red River Valley"; Sullivan, "China One-Ups Disney with Its Own Tibet Pic."
41. Waxman, "China Bans Work with Film Studios"; Weinraub, "Dalai Lama's Tutor, Portrayed by Brad Pitt, Wasn't Just Roving Through the Himalayas."
42. Yu, "From *Kundun* to *Mulan.*"
43. Schell, *Virtual Tibet,* 298.
44. Barboza and Barnes, "How China Won the Keys to Disney's Magic Kingdom."
45. Box Office Mojo, "Top Lifetime Adjusted Grosses."

46. Biskind, *Down and Dirty Pictures,* 153.
47. Masters, "Why Did Eisner Hire Ovitz?"
48. Greene, *From Fu Manchu to Kung Fu Panda,* 183.
49. Weinraub, "Disney Will Defy China on Its Dalai Lama Film."
50. Schell, *Virtual Tibet,* 299.
51. Weinraub, "Hollywood Feels Chill of Chinese Warning to Disney."
52. Rose, "Michael Eisner, Charlie Rose."
53. Miller, *Powerhouse,* 507.
54. "Interviews—Martin Scorsese, Dreams of Tibet," *Frontline,* PBS.
55. Rose, "Michael Eisner, Charlie Rose."
56. Mathison and Scorsese, "Kundun," Box Office Mojo.
57. Mathison and Scorsese, "Kundun (1997)," British Film Institute.
58. Zhu, *Zhu Rongji on the Record,* 93.
59. Ressner, "Disney's China Policy."
60. Cohen, "(In)Justice with Chinese Characteristics."
61. Peers, "Mouse in a Pout."
62. Barnet, "Chinese Exhibs Yank U.S. Pix to Protest Bombing"; Bates and Farley, "Hollywood, China in a Chilly Embrace."
63. Yu, "From *Kundun* to *Mulan.*"
64. Verrier, "Disney Seeks to Add China to Its World."
65. Lampton, *Same Bed, Different Dreams,* 336.
66. Dalai Lama, *My Land and My People.*
67. Stolder, "Beastie Boys, Smashing Pumpkins Headline Tibetan Freedom Concert."
68. Bates, "China Trade Deal Won't Be a Quick Hit for Hollywood."

第五章　好萊塢學會巴結北京

1. Brosnan, "It's Only a Movie!"
2. Gaylord, "Hollywood Aims to Please . . . China?"
3. "Jian zi ru mian!" 見字如面！ [Read literally!], *China Daily.*
4. Dickie, "Chinese Film Maker Sees Moral Angle."
5. Eimer, "Chinese Cinema Industry."
6. Forns, "Hollywood Films in the Non-Western World," 32–33.
7. Puzzanghera and Magnier, "Studios Still Bit Actors in China."
8. Paul, "Hollywood Zooms In On China."
9. China Power Team, "Do Chinese Films Hold Global Appeal?"
10. Puzzanghera and Magnier, "Studios Still Bit Actors in China."

11. Farley, "Entertaining China."
12. McGregor, "China's Film Ban Is No Barrier for the Fan."
13. Barboza, "Citing Public Sentiment, China Cancels Release of 'Geisha.' "
14. Eimer, "Chinese Cinema Industry."
15. Adams, "Mum's the Word."
16. "China Sinks Dead Man's Chest," *Guardian.*
17. China .org, "Chow Yun Fat Visits HK Disneyland to Promote Pirates 3"; CCTV, "Chow Yun Fat Visits HK Disneyland to Promote Pirates of the Caribbean 3."
18. Associated Press, "Chow's 'Pirates' Scenes Cut in China."
19. Newswire, "Hollywood's 'Babel' Too Steamy for China's Censors."
20. Newswire, "China Approves 'The Da Vinci Code.' "
21. Frater, "Asia Seems Steamy Season"; Coonan, " 'Pirates' Edited for China Release."
22. Kahn, "China Cancels 'Da Vinci' Movie"; Frater, "China Nixes Hollywood Pix"; Wang, "Authorities Deny Ban on Hollywood Movies."
23. Puzzanghera and Magnier, "Studios Still Bit Actors in China."
24. "In Wolves' Clothing," *Economist.*
25. McNary, "China to Miss Out on 'Dark Knight.' "
26. Spielberg, "Steven Spielberg to Hu Jintao on Darfur."
27. Cooper, "Spielberg Drops Out as Adviser to Beijing Olympics in Dispute over Darfur Conflict."
28. Bond, "Hollywood Assumes Crash Position"; Lang, "Hollywood's Global Expansion."
29. Tung, "Cinema Chains Ready to Cash In On Movie Boom."
30. Schwartzel, "Hollywood's New Script."
31. Fritz, *Big Picture,* 208–10; Guerrasio, "How 'Avatar' Paved the Way for the Huge Box Office Success of 'Avengers.' "
32. Nicholas and Orden, "Movie Mogul's Starring Role in Raising Funds for Obama"; Hodge, "Recap: Xi's Visit to the U.S."
33. Waxman, "How Hollywood and Joe Biden Got China to Drop a 20-Year Movie Quota."
34. Qin and Carlsen, "How China Is Rewriting Its Own Script."
35. Enav, "Hollywood Yielding to China's Growing Film Clout."
36. Evans, *Art of Persuasion,* 8.
37. Bernays, *Propaganda.*
38. *Merriam-Webster,* 11th ed., s.v. "rumor"; *Merriam-Webster,* 11th ed., s.v. "propaganda."
39. Jason, "Film and Propaganda."
40. Stein, "Famous Elbow Rub."
41. Chen, "Propagating the Propaganda Film."
42. Su, *China's Encounter with Global Hollywood,* 30.
43. Yuli, "China's Filmmakers Fine-Tune Patriotism for a New Generation."
44. Sauer, "Real America."
45. Hoad, "Looper Bridges the Cinematic Gap Between China and the US."

46. Langfitt, "How China's Censors Influence Hollywood."
47. Hoad, "Looper Bridges the Cinematic Gap Between China and the US"; Salisbury, "Fantastic Fest"; "Can Hollywood-China Co-productions Bridge the Audience Gap?," *Jing Daily.*
48. Pompliano, "Pomp Podcast #361 ."
49. WikiLeaks, "Sony Email 182471"; WikiLeaks, "Sony Email 189623"; WikiLeaks, "Sony Email 180113."
50. Lawson, "China Censors 'Men in Black 3' for Referring to Chinese Censorship"; Telegraph Staff, "Skyfall Heavily Edited by Chinese Government Censors."
51. Hipes, "Black List 2015 Scripts Announced with 'Bubbles' King of the Jungle."
52. Wagner, "Hollywood List Everyone Wants to Be On."
53. WikiLeaks, "Sony Email 200507."
54. Buckley and Bradsher, "China Moves to Let Xi Stay in Power by Abolishing Term Limit."
55. Xinhua, "Zhonggong Zhongyang yinfa 'Shenhua dang he guojia jigou gaige fangan' " 中共中央印發《深化黨和國家機 革方案》 [The Central Committee of the Communist Party of China issues "Deepening Party and State Institutional Reform Plan"]; Buckley, "China Gives Communist Party More Control over Policy and Media."
56. Denyer and Lin, "China Sends Its Top Actors and Directors Back to Socialism School."
57. Carroll, "Be Nice to China."
58. Tuckman, "License to Shill."
59. Nikel, "Norway Lets Tom Cruise Bypass Coronavirus Quarantine to Film 'Mission: Impossible 7.' "
60. Loria, "Global Box Office Down 72%, Digital Leads Home Entertainment in 2020."
61. MacLeod and Sanderson, "New A List Star Rises in the East."
62. Davis, "China's Censors Confound Biz."
63. Asia Blog, " 'Arrival' Actor Tzi Ma on Being Outspoken in Hollywood."
64. Batman Fandom, "Ra's al Ghul (Nolanverse)."
65. Rotten Tomatoes, "*Pacific Rim* Quotes."
66. The Hangover Fandom, "Leslie Chow."
67. Newby, "How Iron Man's Chief Villain Could Return."
68. Khatchatourian, " 'Star Wars' China Poster Sparks Controversy After Shrinking John Boyega's Character."
69. Lo, "Chinese Disney Fans Decry Black 'Little Mermaid' Casting."
70. Perez, "Disney's Choice to Cast Halle Bailey in 'Little Mermaid' Is Mostly Well-Received, Poll Finds."
71. Lin, "Is China Really Ready for Black Stories?"
72. Reuters Staff, "Wanda Inks $1.7 Billion 'Red Tourism' Site in China's Communist Heartland."
73. "Bu wang chuxin yi zheng rong suiyue" 不忘初心憶崢嶸歲月 [Do not forget the original aspirations of those memorable years], *People's Daily.*
74. Reuters Staff, "Wanda Inks $1.7 Billion 'Red Tourism' Site in China's Communist Heartland."
75. Wang, "Speech by Chairman Wang Jianlin at the Launch of Yan'an Wanda City–Wanda Group Mobile."
76. Kuhn, "Chinese Blockbuster 'Wolf Warrior II' Mixes Jingoism with Hollywood Heroism."
77. Box Office Mojo, "Wolf Warrior 2."

78. Xiaoyou Ge Entertainment 逍遙閣娛記，"*Zhan Lang 2* hou you yi jun shi dazuo"《戰狼 2》後又一軍事大作 [*Wolf Warrior 2* is another military masterpiece].
79. Shepherd, "Rowan Atkinson Is Reprising His Role as Mr. Bean for a Chinese Film."
80. McGovern, " 'Great Wall' Director Addresses Matt Damon Whitewashing Controversy"; Nguyen, "With 'The Great Wall,' Hollywood Has Made Whitewashing China's Problem."
81. Denton, "Great Wall Review (1)."
82. Mattis, "China's 'Three Warfares' in Perspective."
83. Kong tian lie, " 空天獵 (AKA Sky Hunter)."
84. Sohu News, "Lao shao jie yi, ren jian ren ai de 'Xueren qiyuan,' shi yong Haolaiwu de fangshi jiang le yi ge Zhongguo gushi" 老少皆宜，人見人愛的《雪人奇緣》，是用好萊塢的方式講了一個中國故事 [Suitable for young and old, the universally appealing *Abominable* tells a Chinese story in Hollywood fashion].
85. Child, "Tilda Swinton Cast as Tibetan to Placate China, Says Doctor Strange Writer."
86. Wong, " 'Doctor Strange' Writer Explains Casting of Tilda Swinton as Tibetan."

第六章　大學與自我審查

1. Haas, "Whiff of Discontent as China Bans Imports of Soft European Cheese."
2. Stevenson and Ramzy, "China Defends Expulsion of American Journalists, Accusing U.S. of Prejudice."
3. Butterfield, *China.*
4. Eric Fish (@ericfish85), "Houston Rockets fan in China posted photo on Weibo wearing a James Harden jersey while holding up a Chinese flag and a lighter, with the caption: 'I live and die with my team. Come and catch me.' They caught him," Twitter, Oct. 8, 2019, 1:29 p.m.
5. Stone Fish, "Leaked Email."
6. Wong, "End of the Harvard Century."
7. Stone Fish, "Huawei's Surprising Ties to the Brookings Institution."
8. "Cambridge University Press Battles Censorship in China," *Economist.*
9. Bland, "Outcry as Latest Global Publisher Bows to China Censors."
10. Allen-Ebrahimian, "How China Managed to Play Censor at a Conference on U.S. Soil"; Alford, "Letter to the Editor: In Response to 'The End of the Harvard Century.' "
11. Zheng, "Beijing Accused of Pressuring Spanish University to Drop Taiwanese Event"; Scholars at Risk, "Obstacles to Excellence"; Mcneill, "They Don't Understand the Fear We Have."
12. Report to Congressional Requesters, "U.S. Universities in China Emphasize Academic Freedom but Face Internet Censorship and Other Challenges."
13. Wayt, "NYU Shanghai Quietly Added Pro-government Course at Behest. of Chinese Government"; Feng, "China Tightens Grip on Foreign University Joint Ventures"; Feng, "Beijing Vies for Greater Control of Foreign Universities in China"; Redden, "Question of NYU's Control over NYU Shanghai Sits at Center of Faculty Suit."
14. Vise, "U.S. Scholars Say Their Book on China Led to Travel Ban."
15. Editorial Board, "Forget It, Georgetown, It's China."

16. Mullins, "Dartmouth encourages faculty to safeguard students as Chinese law targets free speech globally."
17. *Cambridge English Dictionary*, s.v. "self-censorship," accessed April 7, 2021.
18. Diamond and Schell, *China's Influence and American Interests*.
19. Allen-Ebrahimian, "University of Minnesota Student Jailed in China for Tweets Critical of Government."
20. Qiu, "Chinese Students Protest in America, Face Danger at Home."
21. Goldberg, "Hong Kong Protests Spread to U.S. Colleges, and a Rift Grows."
22. Millward, "Open Letter to US (and Other) Universities in Light of Zoom's Revelations About Collaborating with the Chinese Communist Party."
23. William Long, "Shanxi Hanbin yi nanzi feifa jinxing guoji lianwang bei chachu" 陝西漢濱丨男子非法進行國際聯網被查處 [Man from Hanbin in Shanxi province punished for illegal internet usage], *China Digital Times* 中國數字時代, May 19, 2020.
24. Woolcock, "Wipe References to China to Protect Students, SOAS Lecturers Told"; Craymer, "China's National-Security Law Reaches into Harvard, Princeton Classrooms."
25. Sharma, "China Fights Back with Sanctions on Academics, Institute."
26. Wen and Belkin, "American Colleges Watch for Changes at Chinese Universities."
27. School Office, "Guanyu bao song xinxi gongzuo fuzhe ren he xinxi yuan de tongzhi" 關於報送信息工作負責人和信息員的通知; Feng, "Chinese Universities Are Enshrining Communist Party Control in Their Charters."
28. Li, "Top Chinese University Stripped 'Freedom of Thought' from Its Charter."
29. Horwitz, "Chinese Students in the US Are Using 'Inclusion' and 'Diversity' to Oppose a Dalai Lama Graduation Speech."
30. Tie, "Sign the Petition."
31. Craymer, "China's National-Security Law Reaches into Harvard, Princeton Classrooms."
32. Walsh, "In Depth: Chinese Students at US Colleges Face Uncertain Future."
33. Robbins, "Historic Rise in Chinese Students at UC San Diego Stalls due to Sour Political Climate in US."
34. Mitchell, Leachman, and Saenz, "State Higher Education Funding Cuts Have Pushed Costs to Students, Worsened Inequality."
35. Petersen, "Outsourced to China."
36. Michael Gibbs Hill (@hillmg1), "These guys make Confucius Institutes look like they're doing it wrong. When Koch buys influence over the hiring of professors who can achieve tenure, he can steer the direction of how economics, a foundational discipline, is taught for decades," Twitter, May 2, 2018, 7:22 a.m.
37. Aspinwall, "US Asks Taiwan to Fill Void as Confucius Institutes Close"; Levine, " 'Deeply Alarmed' "; Petersen, "China's Confucius Institutes Might Be Closing, but They Succeeded"; Glaser and Chigas, "Decision to Close the Confucius Institute at Tufts University."
38. "As China's Power Waxes, the West's Study of It Is Waning," *Economist*.
39. Duggan, "UNH Creates an Anti-racism Plan, but Some Students Want More."
40. Link, "China: The Anaconda in the Chandelier."
41. Choate, *Hot Property*.
42. Berfield, "Business Ties of Bo Xilai"; "Xi Jinping Millionaire Relations Reveal Fortunes of Elite," Bloomberg News.
43. PEN America, "Darkened Screen."
44. O'Brien, "The Mayor vs. the Mogul."
45. Wong, "Bloomberg News Is Said to Curb Articles That Might Anger China."

46. O'Brien, "The Mayor vs. the Mogul."
47. French, "Bloomberg's Folly."
48. O'Brien, "The Mayor vs. the Mogul."
49. Picker, "Forbes Sues Integrated Whale Media over Deal."
50. Phoenix Hebei Network 鳳凰網河北。"Bank of China and Forbes China Release the '2021 Forbes China International School Rankings.' "
51. Tu, "Starbucks Spends $1.3 Billion for Full Stake in Fast-Growing China Market."
52. Eavis and Appelbaum, "Last Month, Investors Seemed Too Pessimistic."
53. Schultz, "Building a Trusted and Enduring Brand in China and Around the World."
54. Kranish, "Bloomberg's Business in China Has Grown"; Dolan, Wang, and Peterson-Withorn, "Forbes Billionaires 2021: Michael Bloomberg."
55. Nicolaou, "Bloomberg Profits from Conference Business in China."
56. Shambaugh, "Coming Chinese Crackup."
57. Shambaugh, "Defining Current Challenges."
58. Marsh, "Westerners Are Increasingly Scared of Traveling to China as Threat of Detention Rises." Chapter Seven: Friendship and Its Discontents

第三部

第七章　友誼及其缺點

1. Xu, "Xu Zhicai's Interview."
2. Brooks, *World War Z,* 12.
3. Shaw, "Fearing Chinese Censors, Paramount Changes 'World War Z' (Exclusive)."
4. Anders, "*Last Ship* Is One Huge Navy Ad."
5. Last Ship Transcripts, Forever Dreaming, "03x01—the Scott Effect."
6. Weintraub, " 'Last Ship' Producers on Elevating the Stakes in Seasons 4 and 5."
7. Makinen, "Episode of NBC's 'The Blacklist' Pulled from Chinese Websites."
8. " 'Drew Carey' Visits Streets of China," CNN; Carey, "High Road to China."
9. "Drew Carey Films Episode of His Comedy Show in China," ITN.
10. Szalai, "Chinese Get Tough on Big Media."
11. Sisario, "For All the Rock in China."
12. Haithman, "Why China Tunes Out American TV."
13. Law & Order Wiki, "Tortured."
14. "China Probrem Script," South Park Archives.
15. D'Elia, "Made in China."
16. Mann, *Blackhat.*
17. Mr. Robot Wiki, "Whiterose."

18. Clarke, "Independence Day 2 Review."
19. "Madam Secretary Transcripts Season 3, Episode 16," TV Show Transcripts.
20. Brody, " 'When Night Falls' and 'Django Unchained': Movie Censorship in China."
21. Ong, "Quentin Tarantino 'OK' with Chinese Fans Watching Illegal Versions of His Films."
22. Watt, " 'Cloud Atlas' Cut by 38 Minutes for China Audience"; Zhang, "Wachowski Laments China's 'Cloud Atlas' Cut."
23. Kao, "China Censors Cut 40 Minutes off Science Fiction Epic Cloud Atlas."
24. Cieply and Barnes, "To Get Movies into China, Hollywood Gives Censors a Preview."
25. Wong, "James Cameron on Chinese Filmmakers, Censorship, and Potential Co-productions"; "Titanic 2012 3D Release," Box Office Mojo.
26. Nixey, "Hollywood's Star Rises in the East."
27. Anderson, "Chen Guangcheng, 'Homeland' Honored by Human Rights First."
28. "Batman Star Christian Bale Visits Disneyland with Blind Dissident Chen Guangcheng," *South China Morning Post.*
29. Osnos, "Future of America's Contest with China."
30. Associated Press, "Hong Kong to Amend Law to Step Up Film Censorship."
31. Iannucci, " 'Veep' Camp David (TV Episode 2016)."
32. Pareles, "Rapper Conquered Music World in '80s with Beastie Boys."
33. Beastiemania, "Dechen Wangdu."
34. Flumenbaum, "China Bans Democracy, Declares War on Guns N' Roses."
35. Afp, "Kate Bush and Lorde Feature on Birthday Album for Dalai Lama"; Brzeski, "Lady Gaga's Dalai Lama Meeting Generates Backlash in China."
36. Buchanan, "Red Hot Chili Peppers Banned from China for Bizarre Reason."
37. "Board & Staff," Tibet House US.
38. Brzeski, "China, the World's Second-Largest Film Market, Moves Beyond Hollywood"; Smirke, "IFPI Global Music Report 2020."
39. Lee, "How Mega-mergers Are Changing the Way You Watch Your Favorite Shows and Movies."
40. Nussbaum, "CBS Censors 'The Good Fight' for a Musical Short About China."
41. Jacobs, "CBS Censors a 'Good Fight' Segment."
42. Kantrowitz and Paczkowski, "Apple Told Some Apple TV+ Show Developers Not to Anger China."
43. Nicas, Zhong, and Wakabayashi, "Censorship, Surveillance and Profits"; Smith, "Apple TV Was Making a Show About Gawker."
44. Brzeski, "Filmart."
45. Brzeski, "Netflix's 'BoJack Horseman' Blocked on China's iQiyi Streaming Service."
46. Bylund, "Netflix Just Started Reporting Renewable Energy Use and Content Removal."
47. Boren, "NBA's China–Daryl Morey Backlash, Explained."
48. Pape, "Kunjue Li Interview on Steven Soderbergh's The Laundromat."
49. Bonesteel, "NBA Commissioner Adam Silver Says League Supports Free Speech, Must Live with the Consequences."
50. Barrabi, "NBA's Shaquille O'Neal."
51. Feldman, "Shaquille O'Neal: 'Daryl Morey Was Right.' "
52. Osnos, "Future of America's Contest with China."

53. Rivas, "LeBron James Says Daryl Morey Was 'Misinformed' and 'Not Really Educated on the Situation' in China."
54. Ibid.
55. Deb and Stein, "Daryl Morey Steps Down as G.M. of the Houston Rockets."
56. MacMullan, "76ers' Morey Thought Tweet Might End His Career."
57. Our Foreign Staff, "Mercedes Apologises to China After Quoting Dalai Lama."
58. Ma, "Marriott Makes China Mad with Geopolitical Faux Pas."
59. Ma, "Marriott Employee Roy Jones Hit 'Like.' "
60. Ingram, "Chinese Censorship or 'Work Elsewhere.' "
61. Biddle, "Shutterstock Is Latest Tech Company to Censor Itself for China"; Ingram, "Chinese Censorship or 'Work Elsewhere.' "
62. Gonzalez, "Blizzard, Hearthstone, and the Hong Kong Protests."
63. Yong, "S'poreans Should Be Aware of China's Influence Ops."
64. Price, "U.S. Video Game Company Banned a Player During a Tournament for Supporting the Hong Kong Protests."
65. Xu, "Marriott Announces 'Rectification Plan' to Regain Trust."
66. Cheng, "Hotelier Marriott Unveils 'Eight-Point Rectification Plan' After Tibet and Hong Kong Geography 'Gaffe.' "
67. Sonnad, "Versace Is the Latest Major Brand to Express Its 'Deepest Apologies' to China."
68. Lim and Bergin, "Inside China's Audacious Global Propaganda Campaign."
69. ESPN News Services, "Harden Apologizes as Rift Grows."
70. Victor, "John Cena Apologizes to China for Calling Taiwan a Country."
71. Weibo Search: "Anta Nba."
72. Li, "Tencent, NBA Extend Partnership for Another Five Years in $1.5 Billion Deal."
73. Ley, "NBA Is Happy to Play China's Game."
74. Lashinsky and O'Keefe, "How the NBA Kept the Bubble from Bursting."
75. "Cheap Flights from San Francisco to Taipei," United Airlines.
76. McDonald, "China Rebukes Zara, Delta for Calling Taiwan 'Country.' "
77. Mozur, "Zoom Blocks Activist in U.S. After China Objects to Tiananmen Vigil."
78. Purnell and Xiao, "Facebook, Twitter, Google Face Free-Speech Test in Hong Kong."
79. Wang, "China's Zoom Bomb."
80. Ma, "Marriott Employee Roy Jones Hit 'Like.' "
81. Stone Fish, "Beijing Wants U.S. Business Leaders to Plead Its Case."
82. Palmeri, "Disney's Iger Staying Silent on Hong Kong Protests After NBA's China Row."
83. ESPN News Services, "China Suspends Work with Rockets over GM Tweet."
84. Tilman Fertitta (@TilmanJFertitta), "Listen. . . . @dmorey does NOT speak for the @HoustonRockets. Our presence in Tokyo is all about the promotion of the @NBA internationally and we are NOT a political organization," Twitter, Oct. 4, 2019, 11:54 p.m.
85. Bogdanich and Forsythe, "How McKinsey Has Helped Raise the Stature of Authoritarian Governments."
86. Stone Fish, "Stop Calling Xi Jinping 'President.' "

87. Deb and Stein, "N.B.A. Executive's Hong Kong Tweet Starts Firestorm in China."
88. Bogdanich and Forsythe, "How McKinsey Has Helped Raise the Stature of Authoritarian Governments."
89. Chen, "McDonald's Apologises for Advert Showing Taiwan as a Country"; Marriott International Newscenter (U.S.), "Statement from Arne Sorenson."
90. Wagner, "Internal Memo."
91. Crossley, "ESPN Criticised over China-NBA Coverage for Using 'Nine-Dash Line' Map."
92. Julian Ku (@julianku), Twitter, Oct. 9, 2019, 8:45 p.m.
93. South Park (@SouthPark), Twitter, Oct. 7, 2019, 2:22 p.m.
94. Deb, "Report: N.B.A.'s Academies in China Abused Athletes."
95. Cook and Bancroft, *Mulan.*
96. Dargis, " 'Mulan' Review."
97. Harrison, "All the Breathtaking Locations Featured in Disney's New Live-Action Mulan."
98. Editorial Board, "What's Happening in Xinjiang Is Genocide," *Washington Post.*
99. Associated Press, "China Cuts Uighur Births with IUDs, Abortion, Sterilization"; United Nations, "United Nations Office on Genocide Prevention and the Responsibility to Protect"; Simon, "China Suppression of Uighur Minorities Meets U.N. Definition of Genocide, Report Says."
100. Ruser and Leibold, "Family De-planning."
101. Reinstein, "Inside the Rich and Timeless Sets of *Mulan*"; Nikicaro, "Day 5—China Scout"; Wintour, "Disney Unapologetic over Mulan Credit Thanking Chinese Communist Party."
102. Tobias, "Song of the South."
103. Sullivan and Lieberstein, "Season 7—Episode 10 'China.' "
104. Isaacs, *Scratches on Our Minds.*
105. "China's Fitful Sleep," *Economist.*
106. Crooks, "China Shakes the World"; Thomas, "China's Xi Jinping's 'Mandate of Heaven' to Rule the World"; Ochab, " 'Let China Sleep, for When She Wakes, She Will Shake the World' "; Post Editorial Board, "Capitalist Tiger, Hidden Dragon," *New York Post.*
107. Kristof and WuDunn, *China Wakes.*
108. Baidu, "Baidu Search '睡獅'"
109. Tian 田, "Napolun zui zao tichu Zhongguo shui shi lun ma?" 拿破崙最早提出中國睡獅論嗎？ [Was Napoleon the first to put forth the theory of the sleeping Chinese lion?]
110. Sridharan, "China, the Sleeping Lion Has Woken Up, Says Xi Jinping."
111. Silver, Devlin, and Huang, "Most Americans Support Tough Stance Toward China on Human Rights, Economic Issues."
112. Chalwe Snr, "China Needs More Than Better Communication to Fix Its Africa Image Problem"; Brophy, *China Panic.*
113. Rogin, *Chaos Under Heaven,* 39.
114. Silver, Devlin, and Huang, "Most Americans Support Tough Stance Toward China on Human Rights, Economic Issues"; Younis, "New High in Perceptions of China as U.S.'s Greatest Enemy." Chapter Eight: Defending the Rights of Chinese and Chinese Americans

第八章　捍衛中國人民及華裔美人的人權

1. Osnos, "Two Lives of Qian Xuesen."
2. Chang, *Thread of the Silkworm,* xii–xiii.
3. Karni, "Trump Rants Behind Closed Doors with CEOs."
4. Hayes, "Trump Mocks Senator Feinstein Following Reports an Alleged Chinese Spy Worked for Her."
5. Office of the Historian, "Chinese Immigration and the Chinese Exclusion Acts."
6. Aurthur, "Wit and Sass of Harry S Truman."
7. Mathews, "Economic Invasion by Japan Revives Worry About Racism."
8. Little, "How the 1982 Murder of Vincent Chin Ignited a Push for Asian American Rights."
9. "Asian-Americans Say National Review Cover Is Offensive, Racist," Associated Press.
10. "President Clinton's Comments on Wen Ho Lee Case," Federation of American Scientists.
11. Glanz, "Fallout in Arms Research."
12. SI Staff, "Pekin Choose."
13. Kong, "Minority Groups Work to Change Names"; "Chinese Peak (Idaho)."
14. Coates, "Notes of a Native Tiger Son, Part 2."
15. Waldman, "U.S. Is Purging Chinese Cancer Researchers from Top Institutions."
16. Kim, "Prosecuting 'Chinese Spies.' "
17. Mitchell and Sevastopulo, "US Considered Ban on Student Visas for Chinese Nationals."
18. Kim, "Sam's Club Stabbing Suspect Thought Family Was 'Chinese Infecting People with Coronavirus.' "
19. Kelly, "Pompeo Says Trump Looking at Whether to Restrict Chinese Students from the US."
20. Magnier, "Fearing a New 'Red Scare,' Activists Fight Targeting of Chinese-Americans."
21. Kranz, "Director of the FBI Says the Whole of Chinese Society Is a Threat to the US."
22. Stone Fish, "Dear Progressives: You Can't Fight Climate Change by Going Soft on China."
23. Liu, *Chinaman's Chance,* 65.
24. Kay, "Christopher Wong Won, a Founding Member of 2 Live Crew, Dies at 53."
25. Wondra, "Chaffee Upholds Historical Accuracy for Chinaman Gulch."
26. Kong, "Minority Groups Work to Change Names"; Stone Fish, "America's Maps Are Still Filled with Racist Place Names."
27. James, "Rename Chinaman Lake."
28. Domestic Names Committee, "Principles, Policies, and Procedures."
29. Cheng, "Don't Close the Door on Chinese Scientists Like Me."
30. Tu et al., "How Should the U.S. Government Treat Chinese Students in America?"
31. Bush, " 'Islam Is Peace' Says President."
32. Pompeo, "Chinese Communist Party on the American Campus."
33. Magnier, "US Moves In On Top Universities over Fear of Chinese Funding, IP Leaks."
34. Wineapple, " 'I Have Let Whitman Alone.' "

國家圖書館出版品預行編目資料

美國第二：美國菁英如何助長中國取得世界霸權／
伊薩克・斯通・菲什（Isaac Stone Fish）著；顏涵銳 譯. -- 初版. --
臺北市：遠流出版事業股份有限公司, 2022.08
面：14.8 × 21公分
譯自：America Second: how America's elites are making China stronger

ISBN 978-957-32-9666-9（平裝）

1. CST：中美關係　2. CST：美國外交政策　3. CST：國際關係

578.52　111010552

美國第二

美國菁英如何助長中國取得世界霸權

作者／伊薩克・斯通・菲什（Isaac Stone Fish）
譯者／顏涵銳
總監暨總編輯／林馨琴
主編／陳秀娟
行銷企劃／陳盈潔
封面設計／張士勇
內頁排版／新鑫電腦排版工作室

發行人／王榮文
出版發行／遠流出版事業股份有限公司
地址：臺北市中山北路一段 11 號 13 樓
電話：（02）2571-0297
傳真：（02）2571-0197
郵撥：0189456-1

著作權顧問／蕭雄淋律師
2022 年 8 月 1 日　初版一刷
新台幣 定價 450 元（如有缺頁或破損，請寄回更換）

ISBN　978-957-32-9666-9

遠流博識網
http://www.ylib.com
E-mail: ylib@ylib.com